近代中国历史走向

困顿与抉择

毛　军　金万成　著

东北大学出版社
·沈　阳·

图书在版编目（CIP）数据

困顿与抉择/毛军　金万成著．—沈阳：东北大学出版社，2014．9（2025．7重印）
ISBN 978-7-5517-0707-7

Ⅰ．①困…　Ⅱ．①毛…　②金…　Ⅲ．①中国历史—近代史—研究　Ⅳ．①K250．7

中国版本图书馆 CIP 数据核字（2014）第 160485 号

出 版 者：东北大学出版社
地址：沈阳市和平区文化路 3 号巷 11 号
邮编：110004
电话：024—83680267（社务室）　83687331（市场部）
传真：024—83680265（办公室）　83680178（出版部）
网址：http：//www．neupress．com
E-mail：neuph@ neupress．com
印 刷 者：廊坊市文峰档案印务有限公司
发 行 者：东北大学出版社
幅面尺寸：170mm × 240mm
印　　张：22．25
字　　数：310 千字
出版时间：2014 年 9 月第 1 版
印刷时间：2025 年 7 月第 3 次印刷
策划编辑：石玉玲
责任编辑：郎　坤　王艺霏
责任校对：刘珏元　曹　壮　潘佳宁
封面设计：王宇彤
责任出版：唐敏志

ISBN 978-7-5517-0707-7　　　　定　　价：63．00 元

目　录

引言：

观念决定道路，道路决定胜败

百年近代历史，波澜壮阔，纷繁复杂。有学者认为，百年近代历史是“阶梯式的”“革命高潮”过程，也有学者认为是“近代化”的过程，还有学者提出是“救亡与启蒙”的过程。本书认为，百年近代历史是“困顿与抉择”的过程。

近代中国社会的困顿，主要来自两个方面：一是封建专制制度在其自身运行发展过程中所表现出来的落后性和不可避免的终结性带来的困顿；二是东西方文明的撞击，古老文明的陨落，西方殖民扩张带来的困顿。

大清帝国历经短暂的“康乾盛世”后，吏治腐败，经济低迷，军备废弛，文化黯淡，民不聊生。面对综合实力的急转直下，如火如荼的起义暴动，如何巩固现有的政治体制，是摆在统治者面前的最大问题。

步入近代，东西方文明的巨大落差，古老东方文明的陨落，西方对东方的殖民扩张已成定势，在所难免。马克思在《中国革命和欧洲革命》一文中，这样评价鸦片战争给中国带来的影响：“英国的大炮破坏了中国皇帝的权威，迫使天朝帝国与地上的世界接触。与外界完全隔绝曾是保存旧中国的首要条件，而当这种隔绝状态在英国的努力之下被暴力所打破的时候，接踵而至的必然是解体的过程，正如小心保存在密闭棺材里的木乃伊一接触新鲜空气便必然要解体一样。”

伴着第一次鸦片战争、第二次鸦片战争、中法战争、中日甲午战争、八国联军侵华战争，困顿逐渐加剧，抉择愈加迫切。近代中国社会进入了前所未有的一轮又一轮过山车式的抉择。

当我们把太平天国运动放到近代世界发展趋势和潮流中进行审视的时候，我们不难发现，太平天国运动没有跳出以往改朝换代的“惯性思维模式”，缺少“近代意义的新元素”。

西方的船坚炮利，震醒了睡梦中的大清帝国。“闭关锁国”状态下的“天朝大国”在半梦半醒之中，开始了“第一次近代化抉择”的洋务运动。

我们不应苛求，也不应该耿耿于怀于洋务派提出的“中学为体，西学为用”。在“中体”基础上的洋务“西学”，是近代中国面向西方抉择过程中不可逾越的必然阶段。要求洋务派在向西方学习的起步阶段，就能提出“西学为体，西学为用”是一种奢望，是一种历史的虚无。

“师夷长技以制夷”、“中学为体，西学为用”，在“万马齐喑”的大清帝国犹如一束耀眼的火炬，照亮了后人前进的道路。然而，洋务运动的“西用”最终没有完成对“中体”的吞噬和“致命一击”，洋务的星火，没有形成奋起直追的燎原之势。

抉择的过程是一个逻辑的链条。洋务运动开创了“西用”，戊戌变法迈出了“中体”改造的“第一步”。西方社会的启蒙是一个渐进的过程，而中国社会的启蒙在强大的外力压迫下，难以从容。西方殖民扩张的压迫，令中国的启蒙不能不伴着“物竞天择，优胜劣汰，适者生存”，不能不伴着民族情绪的高涨，不能不更多地表现为救亡图存。戊戌年间的“变法”，更多的不是基于对西方政治制度的理解，而是迫于救亡图存的需要。

戊戌变法开启了“制度层面”抉择的闸门。戊戌变法与洋务运动本应是某种逻辑的“传承”，而不应当表现为“水火不容”。可惜的是，康有为、梁启超等人并不是从洋务运动的领导者中“蜕变”而来的。变法，是一次权力的再分配。在叶赫那拉氏与光绪的角逐中，在后党与帝党的权力纷争中，毫无权术经验、布衣出身的康有为、梁启超自然无法把握维新运动的走势。戊戌变法仅存103天便宣告夭折，也就不难理解。

如果说戊戌变法是一次“遮遮掩掩式”的抉择，辛亥革命则是一次“决裂式”的抉择。辛亥革命结束了清王朝的统治，将在中国运行了两千多年的皇权政治扫入了历史的垃圾堆。男女平等、天下为公、天赋人权、自由平等、政党政治这些“近代名词”，随着“资产阶级共和国”的新鲜血液，开始注入中国社会。辛亥革命、中华民国临时政府、《中华民国临时约法》将彪炳史册。

如果说孙中山领导的革命党人从根本上动摇了大清帝国，真正实施对清王朝“致命最后一击”的却是掌握北洋军政大权的袁世凯。与其说袁世凯“窃取”了辛亥革命的胜利果实，不如说是孙中山将中华民国临时政府临时大总统的宝座“让位”于实力强劲的北洋军阀。

皇权政治被结果了，但围绕着权力的争斗、军阀间的混战依然持续。袁世凯复辟、二次革命、府院之争、张勋复辟、护法运动、新文化运动……抉择的指针总在不断地摇摆，困顿中的人们看不到正确抉择的曙光。“十月革命一声炮响，给中国送来了马克思主义”。马克思主义传入中国，给陷入困顿中的人们提供了抉择的新思路。有了共产党，“中国的面貌，从此焕然一新”。

国共合作使孙中山领导的国民党“脱胎换骨”，国共联手打败了旧军阀吴佩孚、孙传芳，中国社会发展的道路似乎出现了一次“新机遇”。国民党立足“三民主义救中国”，共产党立足“只有社会主义才能救中国”，国共分裂的具体原因看似扑朔迷离，偶然之中包含着必然。

目标的抉择，也是路径的抉择。在相当长的时间内，效仿苏联城市暴动的模式，是中国共产党内“不可争辩的真理”。然而，南昌起义、秋收起义、广州起义的相继失败，实际上宣告了苏联模式的破灭。毛泽东率秋收起义部队向井冈山进军，开展土地革命，进行“工农武装割据”，使人们逐步看到了星星之火可以形成燎原之势的曙光。共产党人的实践反复证明：“中国的革命，需要由了解中国的同志领导。”“以农村包围城市，最后夺取全国政权”路径模式的抉择，共产党人前前后后整整探索了十四年，付出了包括二万五千里长征在内的沉重代价。路径的抉择之所以出现反复和震荡，不仅仅是因为苏联“城市路径”成功经验所产生的强大的示范效应，更是因为马克思主义中国化本身具有的艰辛。

日本发动九一八事变，开始全面侵略中国。国民政府试图把日本的侵略局限在“东北一隅”，采取“提交国联”的“软弱外交”。蒋介石抓紧时间“安内”，试图全力“剿灭”共产党。

回首 81 年前的那场战争，我们应当得出这样的结论：中国的抗日战争，不是从 1937 年 7 月 7 日卢沟桥事变到 1945 年 8 月 15 日日本宣布无条件投降的八年，而是从 1931 年 9 月 18 日的九一八事变到 1945 年 8 月 15 日日本宣布无条件投降的十四年。九一八事变后，中国之所以没有能够掀起“全民族的抗战”，完全是蒋介石对日本侵略采取妥协态度的结果。蒋介石陷入失去民心的泥潭由九一八事变开始，他的“攘外必先安内”政策使国民政府必然失去民心，这也注定了他与毛泽东之间“掰腕”的结果。

日本对中国的步步侵略，打破了远东固有的政治格局，也使得中国国内政治得以重新布局。在国内、国际的巨大压力下，国民政府不得不以正面战场抗击日本。国民党的正面战场的确给日本以巨大的打击和牵制，在中国抗日战争中占有重要的地位。

然而，国共两党曾经由合作到破裂，国民党始终把共产党看成

“心腹之患”，“攘外必先安内”的逻辑思维严重影响了国民党全力抗日，严重阻碍了全民族抗日氛围的高涨。

中国的抗日战争是世界反法西斯战争的重要组成部分。第二次世界大战中，苏美两大阵营合作中交织着激烈斗争的状况，同样影响到国共两党。国共两党在抗日战争大背景下，面临着不同的境遇，提出了不同的政治主张。各种政治势力在博弈中合作，在合作中博弈，力量此消彼长，呈现错综复杂的局面。

三年的解放战争既是国共两党政治分歧的必然，也是第二次世界大战后冷战格局发展的必然。辽沈战役、平津战役、淮海战役、渡江战役惊心动魄，波澜壮阔。蒋介石退守台湾，毛泽东站在天安门城楼上高声宣布：中华人民共和国，中央人民政府今天成立了！

在生产力水平落后的国家能否建立社会主义，这一“卡夫丁峡谷”难题，曾一度困扰着社会主义的创始人马克思、恩格斯。同样，在半殖民地半封建社会的中国，能否建立社会主义，如何建立社会主义，这一中国式“卡夫丁峡谷”难题，是中国共产党人必须正面回答的问题。

历史留给人们很多的“谜”，揭穿“谜底”不仅需要智慧，更需要时间。面对书写的历史，人们可能无数次地追问：什么是历史的真实？什么是真实的历史？历史的真实永远不可能复原。历史的价值更多的不在于追问它的真实与否，而在于以什么样的基点和视角解读。这或许是历史所以成为历史，历史能够成为“一面镜子”的全部所在。

百年近代史，在困顿中一次次地抉择，在一次次的抉择后，又产生诸多新的困顿。困顿与抉择的交织与交替，构成了色彩斑斓的百年近代历史的壮丽画卷。

1840 年，是一段历史的结束。海洋文明与农耕文明的撞击，西方文明与东方文明的碰撞，使积淀了千年的“东方神话”轰然崩塌，留给人们的是“世纪的困顿”。

1840年，是一段历史的开始。“世纪的困顿”开启了“世纪的抉择”。“世纪的抉择”留给我们大多是思索：扑朔迷离的太平天国、灰飞烟灭的洋务运动、短命夭折的百日维新、波澜起伏的辛亥革命、摇摆不定的国民党、苦难辉煌的中国共产党历程。

困顿期待抉择，抉择注解困顿。

第一章　西力东渐

中华文明源远流长，与发源于尼罗河中下游的古埃及文明、发源于印度河和恒河流域的古印度文明、发源于幼发拉底河和底格里斯河的古巴比伦文明，并称为“世界四大文明”。

唐宋之际，中华文明屹立世界文明巅峰，一览众山小。

在步入近代社会之前，世界文明流向的总趋势是，由东向西传播，东学西渐。古老的中华文明通过一眼望不到尽头的弯曲丝路，伴着阵阵的沙漠驼铃，光耀西方。

三十年河东，三十年河西。西方工业文明迅速崛起，世界文明流向的总趋势发生了逆转——由西向东，西学东渐。

西力东渐不再是沿着弯曲的丝路，也不再伴有悦耳的驼铃，而是通过开辟的新航路，伴着血与火，伴着世界市场的开拓，伴着殖民奴役和殖民侵略。

在东西方文明的畸形碰撞中，古老的东方文明黯然失色，“亚细亚”的太阳开始陨落。

文明的“拐点”

古代农业文明源于东方，这时候世界文明的重心在东方。近代工业文明发端于西方，这时候世界文明的重心在西方。东西方文明巨大落差的拐点，出现在近代西方产业革命的兴起。

近代西方文明，伴着资本主义制度的建立，乘滚滚而来的产业浪潮，科学技术异军突起。古老的东方文明，依旧在农耕文明的轨道上“蠕动”，依旧呈现“日出而作，日入而息”式的轮回，吟唱着“悠然见南山”式的田园牧歌。源于英国、席卷欧洲的产业革命，不仅彻底改变了西方，也颠覆了千年世界文明的基本格局。

英国工业革命开始于曼彻斯特。曼彻斯特是英国第二大城市，从14世纪开始就成为英国羊毛和亚麻的集散地。曼彻斯特生产的呢绒、毡帽和粗棉布等纺织品，热销英国和欧洲各地。

1700年，英国议会颁布了一道贸易保护法令，法令规定：严格禁止从印度、波斯、中国等地进口印花布。受到贸易保护政策利好的刺激，一时间英国棉布市场的需求量激增。曼彻斯特的棉纺织工场主们为了攫取更大的利润，开始绞尽脑汁地提高棉布的产量。

梭子，是织布中的一个关键环节。通常，在操作织布机上的梭子时需要两个人相互配合。一个叫约翰·凯伊的钟表匠偶然间发明了飞梭。飞梭借助了一条特制的绳索带动织梭，织工拉动绳索，使梭子来回飞越梭道，一个人就能操控织布机。

飞梭出现后不久，一名叫哈格里夫斯的纺织工在回家推门时不小心撞翻了妻子正在使用的纺纱机。当他弯下腰来，准备把撞倒的纺纱机扶起来的时候，却被眼前的情形惊呆了。从来都是横着旋转的纱锭，由于纺纱机被撞倒，现在都变成了竖立式旋转。哈格里夫斯由此受到启发，研制出了用一个纺轮带动8个竖直纱锭的新式纺纱机，纺纱效率一下子提高了8倍。兴奋异常的哈格里夫斯用自己女儿的名字来命名这部新型纺纱机，叫“珍妮纺纱机”。

纺织童工克隆普顿将“珍妮纺纱机”改造成以水力为动力的“骡机”，使纺纱的速度比原来提高了近100倍。织布速度与纺纱速度出现的你追我赶的局面，成为英国工业革命多米诺骨牌中的“第一牌”。

如果说纺织业的变化是工业革命前的一场“热身”，蒸汽机的广泛运用则吹响了工业革命前进的号角。

蒸汽机的广泛使用源于一位没有受过高等教育的修理工——瓦特。瓦特，早年因贫穷没有受过系统的学校教育，很早就在父亲做工的工厂里做学徒。在这里，瓦特开始接触了一些机械，并对机械产生了浓厚的兴趣。凭借机械修理的手艺，瓦特被格拉斯哥大学聘用，在大学里做起了教学仪器修理工。

格拉斯哥大学浓厚的研究氛围深深感染了瓦特，他白天利用闲暇时间旁听教授们讲解的机械制造原理课程，夜晚在罗宾逊教授的引导下，开始尝试对蒸汽机进行改良实验。

经过刻苦钻研，瓦特研制出从两边推动活塞的双动蒸汽机。这种蒸汽机被称为“万能的原动机”，很快在生产中被广泛应用。

蒸汽机的出现，开辟了人类利用能源的新时代。后人为了纪念瓦特，将功率的单位称为“瓦特”，用符号“W”表示。

瓦特逝世后，人们对他发明的蒸汽机做了这样的评价：“蒸汽机武装了人类，使虚弱无力的双手变得力大无穷，健全了人类的大脑以处理一切难题。为机械动力在未来创造奇迹打下了坚实的基础，将有助于并报偿后代的劳动。”

工程师斯蒂芬孙将蒸汽机用于铁路运输，研制出了火车机车。斯蒂芬孙开动着“旅行者”号蒸汽火车机车，牵引着6节煤车、20节挤满乘客的车厢，载重90吨，以时速15英里在达林敦和斯托顿之间完成了人类首次铁路运输。

铁路以一种前所未有的低廉、快捷的运输方式，征服了英国人。

英国的铁路里程以几何级数增长。

1838 年，英国仅拥有 500 英里的铁路，到 1850 年发展到 6600 英里，到 1870 年发展到 15500 英里。一个星罗密布、四通八达的铁路网很快覆盖英国。

工程师富尔顿将蒸汽机运用于水上航行，建造了蒸汽轮船。富尔顿研制的“克莱蒙脱”号蒸汽船，在哈得孙河面以航速每小时 4 公里行驶了 150 英里，宣告了蒸汽轮船时代的到来。

在蒸汽轮船出现不到 30 年的时间里，英国人肯纳德就建立了 4 条从英国到美洲，横越大西洋的定期“海洋铁路”。

产业革命是一个连锁性反应的过程，技术革新在整个社会形成井喷式爆发。1770 年，英国的煤产量是 600 万吨，钢铁产量是 5 万吨，到了 1861 年迅速上升到5700万吨和 380 万吨，完成了从农业社会到工业社会的彻底转型。

英国工业革命的浪潮迅速波及整个欧洲，法国、德国紧随其后。1820 年，法国仅拥有蒸汽机 65 台，到 1869 年增加到 29000 台。1832 年，法国仅有一条全长 39 公里的里昂至圣艾蒂安铁路，到 1869 年铁路总长度已达 17924 公里。

1846 年，德国蒸汽机动力总量仅为 2 万多匹马力，到 1870 年增至 248 万匹马力。1835 年，德国仅有一条全长 12 公里的纽伦堡至费尔伯特的铁路，到 1870 年铁路总里程达到 18876 公里。

科技改变世界。马克思、恩格斯在《共产党宣言》中曾这样评价工业革命对世界所产生的影响：“资产阶级在它的不到一百年的阶级统治中所创造的生产力，比过去一切时代创造的全部生产力还要多。”

工业革命颠覆了世界文明的千年格局，完成了西方文明与东方文明之间的位置互换，使西方对东方的征服成为可能。

从文明的类型上看，东方文明源于大河流域，属农耕文明。农耕文明在人类早期文明的历史进程中曾放射出璀璨夺目的光芒。但农耕文明守望田园、顺天应命、封闭保守的特质，到了近代便凸显落伍。

西方文明源于海洋，属海洋文明。海洋文明所蕴含的对外扩张、抗击天命、民主自由的特质，到了近代其优势日渐凸显。

进入近代之前，东西方文明在民主思想的酝酿与发展层面上，经历了一个截然不同的发展过程。民主思想在西方源远流长。古希腊时期西方就涌现出梭伦、赫拉克利特、苏格拉底、柏拉图和亚里士多德等著名的思想家。这些思想家以希腊城邦国家的兴衰为中心，研究国家管理事务，阐发民主思想，奠定了近代西方民主思想发展的基础。

罗马人又把古希腊的民主政治理论加以应用，创建了个人尊严、人人平等观念，创立了较为完善的法律制度，深刻地影响了近代西方民主政治思想发展走势。

近代伊始，席卷西方的文艺复兴、宗教改革运动，使民主政治逐步摆脱中世纪基督教神学的束缚，开始直面现实政治问题。马基雅维利、布丹等启蒙思想家的出现，使近代西方民主政治思想进一步向世俗化迈进。

近代西方民主政治制度源于英国。13 世纪初，英国形成了以召开议会来决定国家重大事宜的议会制度。议会由国王和贵族院组成的上院与由平民和新兴阶层组成的下院构成。1689 年“光荣革命”后，英王接受《权利法案》，确立了君主立宪的政体。

英国的君主立宪制以责任制内阁为核心，国王仅仅是国家元首的象征，平常仅扮演仪式性的角色，实际上最高行政首长是首相。责任制内阁名义上对国王负责，实际上对议会负责。首相由议会多数党的领袖担任，手中握有行政权和立法创议权，成为事实上国家政治生活的最高决策者和领导者。

英国的君主立宪制政体影响了后来整个世界的政治体制，世界上许多国家都以英国的政治制度为参照建立起了各种政治体制。

17—18 世纪，随着资产阶级革命的兴起以及资产阶级政治统治的确立，英国、法国等西欧国家的民主政治思想空前繁荣，出现了斯宾诺莎、洛克、孟德斯鸠、卢梭等一大批杰出的政治思想家。这些启蒙思想家的出现，为近代西方资本主义制度的建立和完善提供了坚实的基础。

在西方社会确立和完善资本主义制度之时，东方社会普遍实行的还是封建专制制度。封建专制制度采取中央集权制，皇帝掌握国家最高权力，通过军政官僚机关管理控制国家的事务。皇帝个人专制独裁，掌握立法、行政、司法权，皇权至高无上和不可分割。地方政府在政治、经济、军事、文化上没有独立性，必须严格服从中央政府的命令，受制于中央政府。

中国最后一个封建王朝清朝，是由北方少数民族入主中原建立的政权。清朝严酷镇压知识分子的反清思想以巩固其统治，实行残酷的"文字狱"，将封建君主专制政治推向了顶峰。"文字狱"是专制政治胁迫知识分子的一种统治手段，往往从知识分子所作的诗文中摘取字句，罗织成罪。

明太祖朱元璋早年曾参加过元末农民起义，因此十分讨厌"贼"、"寇"等字眼，又因为他曾当过和尚，所以对"光"、"秃"、"僧"等字眼也非常讨厌。有一次，杭州府学徐一夔用"光天之下"、"天生圣人"、"为世作则"等词语赞美朱元璋，朱元璋却牵强附会，认为"光"是指光头，"生"就是"僧"，是在骂他当过和尚，"则"与"贼"近音，意在骂他是贼，竟下令把徐一夔杀了。

文字狱历朝皆有，但以清朝最多。清康熙在位61年，有较大文字狱11起。雍正在位13年，有大规模的文字狱20起。乾隆在位60年，竟制造了130多起酷刑文字狱。

康熙末年，戴名世在《南山集》一书中"多采方孝标《滇黔纪闻》所载南明永历帝时事，《与余生书》用弘光、永历等年号"，结果戴名世被斩首，受牵连的达300多人。

雍正年间，礼部侍郎查嗣庭在江西主持科举考试，出了一道试题为"维民所止"。这句话出自《诗经·玄鸟》，原文是"邦畿千里，维民所止"。"维"通"为"，"止"即住所，意思是说：都邑周边千里远，都是商民的居住地。清政府却根据“维”和“止”恰恰是“雍正”两字去了“头”，硬说这是要“砍”雍正的“头”。结果查嗣庭被押回京，关进监狱。面对飞来的横祸，查嗣庭连气带病，死在狱中。雍正依然气恨难消，命人戮尸示众，查嗣庭的儿子被处死，家属被流放。

乾隆时期，内阁学士胡中藻的一句“一把心肠论浊清”的诗句，只因“清”字前头加了个“浊”，便被加上“大逆不道”的罪名，惨遭杀身灭族之祸。

文化专制造成人人自危，知识分子不敢过问政治，纷纷采取逃避现实的态度，埋头故纸堆，从事烦琐的考据工作，闭眼不看现实，闭口不议朝政，脱离实际。“万马齐喑”的局面，严重阻碍了中国社会的发展和进步。明清之际，文化领域产生了黄宗羲、顾炎武、王夫之等进步思想家，自然科学领域出现了《徐霞客游记》《本草纲目》《农政全书》《天工开物》等一系列杰作。就当时中国文化所达到的学术水平而言，与欧洲的文艺复兴运动相差不是太大，但此后欧洲近代文化一日千里，而中国的文化像一潭死水，毫无生气。

近代思想家冯桂芬就曾指出，中西方的差异是“人无弃材不如夷，地无遗利不如夷，君民不隔不如夷，名实必符不如夷”。

海上丝路

东西方的交通从很早就已经开始，在汉朝中国人就开辟了一条由长安到达西方的陆上通道。这条陆上通路以长安为起点，途径河西走廊，然后分为两条路线。一条由阳关，经鄯善，沿昆仑山北麓西行，过莎车，西逾葱岭，出大月氏，至安息，抵达今天埃及的亚历山大。另一条出玉门关，经车师，沿天山南麓西行，出疏勒，西逾葱岭，过大宛，至康居，抵达今天的地中海沿岸。

古希腊、古罗马人称中国为“赛里斯国”。古代中国的丝绸等商品通过这条陆上通路源源不断地抵达西方，“赛里斯”即“丝绸”之意，可见古代中国的丝绸对西方的影响之大。

19世纪末，德国地质学家李希霍芬将连接东西方的这条陆上通路称为“丝绸之路”。后来，德国人胡特森撰写了一本书，名字就叫“丝路”。从此，“丝绸之路”的名字传遍世界各地。

“丝绸之路”不仅是东西方物质交换的途径，也是中国、印度、希腊三种文化的交汇带，中华文化通过丝绸之路传向印度、西亚、欧洲，希腊文明、印度文明也通过丝绸之路传向中国。诞生于印度的佛教就是通过丝绸之路传播到中国来的。

到了近代，西方人试图开辟由海上到达东方的“海上丝路”。葡萄牙人为获得黄金、象牙和黑人奴隶，最早开始了海上的探险。葡萄牙人从直布罗陀海峡沿非洲西海岸到达几内亚湾，驶入刚果河口，发现了非洲最南端的好望角并进入印度洋，开辟了从大西洋绕非洲南端到印度的海上航线，一跃成为海上强国。

出生于意大利热那亚的水手哥伦布从小就受《马可·波罗游记》的影响，对东方社会十分着迷。哥伦布后来定居西班牙，游说西班牙女王伊莎贝拉资助他从海上到达东方的冒险之举。在西班牙女王伊莎贝拉的资助下，哥伦布从西班牙巴罗斯港扬帆出发，踏上了寻找一条不同于葡萄牙人开辟的通向东方的“海上丝路”的征途。

哥伦布率领的船队在茫茫的大西洋中经过70个昼夜的艰苦航行，终于发现了一块陆地。哥伦布将这块陆地命名为“圣萨尔瓦多”。“圣萨尔瓦多”的意思是“救世主”。

哥伦布以为自己发现的这块陆地就是他心中向往的“印度”，实际上哥伦布发现的这块陆地并不是印度，而是现在中美洲加勒比海的巴哈马群岛。此后12年间，哥伦布曾4次率船队大规模航行，试图寻找通往“印度”的海上通道。他先后发现了多米尼加、波多黎各、牙买加、特立尼达等岛屿，并由洪都拉斯到达巴拿马海岸，在帕里亚湾首次登上了美洲大陆。

哥伦布至死也没意识到，他发现的这些地方并非“印度”，而是一块在欧洲人视野中从来没有出现过的“新大陆”。后来，意大利探险家亚美利哥·韦斯普奇到达美洲后，才真正认识到这是一个“新大陆”，后人将这块大陆命名为“亚美利加洲”。

继哥伦布之后，葡萄牙航海家麦哲伦在西班牙国王查理五世的支持下，率船队从西班牙桑卢卡尔港出发，经加那利群岛到达南美洲东岸，穿越南美大陆和火地岛之间，进入太平洋。后来，人们为了纪念麦哲伦，以他的名字来命名这片海峡为“麦哲伦海峡”。

麦哲伦船队进入太平洋，在菲律宾群岛与当地土著人发生冲突，麦哲伦被杀，船队继续航行途径马六甲海峡、印度洋、非洲南端的好望角，返回桑卢卡尔港，完成了人类历史上首次海上环球航行。

新航路的开辟与一场又一场的殖民活动狂潮并进。完成工业革命后，英国取代葡萄牙、西班牙成为新的海上盟主。

在殖民扩张的鼎盛时期，英国控制了世界人口总数的四分之一（约5亿人口），控制了世界领土总面积的五分之一（约3000万平方公里），后人曾这样描述当时英国的殖民扩张活动：“北美和俄国的平原是我们的玉米地，加拿大和波罗的海是我们的林区，澳大利亚有我们的牧羊场，秘鲁送来白银，南非和澳大利亚的黄金流向伦敦，印度人和中国人为我们种植茶叶，我们的咖啡、甘蔗和香料种植园遍布东印度群岛。我们的棉花长期以来栽培在美国南部，现已扩展到地球每个温暖地区。”从英伦三岛蔓延到冈比亚、纽芬兰、加拿大、新西兰、澳大利亚、马来西亚、新加坡、缅甸、印度、乌干达、肯尼亚、南非、尼日利亚、马耳他以及无数岛屿，地球上的24个时区均有英国的领土，英国被称为“日不落帝国”。

“亚细亚”一词，是古代腓尼基语，意为“东方日出之地”，与“欧罗巴”的“西方日落之地”相对应。当“欧罗巴”确立了资本主义制度，工业革命浪潮席卷之时，“亚细亚”还处于封建专制的统治之下。太阳已经很难再从“亚细亚”冉冉升起。

清朝崛起于白山黑水之间，仅用了几十年的时间便以十几万人问鼎华夏。因为是“小兵临大国”，清朝初期的皇帝大多能够保持如临深渊、如履薄冰的谨慎。

清朝入关后，从顺治到乾隆中期，经过四代人100多年的励精图治和休养生息，社会经济迅速发展，耕地和人口成倍增长。1645年清朝在册耕地只有4.03亿亩，1688年恢复到6.08亿亩，1754年增加到7.08亿亩。1651年清朝在册人口只有6000万，1691年增加到的1亿左右，1761年达到2亿，1801年达到3亿。

乾隆中后期，清朝开始走向衰败。乾隆6次南巡，从北京到杭州，往返近6000里。皇帝乘坐的5艘大船征调了3600名纤夫，皇帝使用的帐篷、器物、用具和衣饰等征调了6000匹马、400辆车、800只骆驼、近万名夫役。沿大运河两岸，乾隆所经之处，土路一律泼水清尘，石路石桥都用黄土铺垫。乾隆每到一处，文武官员朝服接驾，修行宫、搭彩棚、办筵席、进献山珍海味，土产方物。地方官吏借接驾之机，竭力摊捐派差，贪污受贿，敲诈勒索。大小官吏上任之时大多两手空空，离任返乡之时则车拉船载，浩浩荡荡。

乾隆时期，连续三任两淮盐政高恒、普福、卢见曾等人，贪污款项达1000多万两，相当于清政府年财政收入的四分之一。

和珅，满洲正红旗人，从一名普通的侍卫，官至户部尚书、兵部尚书、军机大臣，深得乾隆皇帝的恩宠。和珅当官搜刮了巨额财产，有人估算为10亿两白银。当时清政府的年财政收入不过5000万两，和珅的家产竟相当于清朝20年的财政收入，民间有“和珅跌倒，嘉庆吃饱”的说法。

乾隆中后期，强悍善战的八旗兵失去了往昔威风凛凛、英勇善战的气概，吸毒聚赌、包伶嫖娼、敲诈勒索，变成了不能打仗只会扰民的老爷兵。

18世纪末，白莲教起义爆发，波及湖北、四川等5省，历时9年余。清朝调动16个省的兵力，耗银2亿两才勉强将起义扑灭。

大规模的白莲教起义剥开了清王朝繁荣升平的“盛世外衣”，成为清王朝由盛到衰的转折点。而恰恰在此时，英国的军舰又开到了清朝的家门口。

5000:90万

清朝实行贸易公行制，实行严格的“闭关锁国”政策。清政府禁止所有地方、所有人从事对外贸易，只有设在广州的“公行”才有合法的从事对外贸易的资质。

“公行”名义上是民间组织，实际上是得到清政府批准和支持的准官方机构。清政府之所以乐于扶植“公行”，目的是想在官府与洋商之间设立一个中间机构，避免政府与外商直接接触。一方面，政府给予参加“公行”的行商以承销洋货和代办内地土货出口的独占权；另一方面，“公行”具有代替政府承担与外商交涉、担保外商纳税及约束外商在广州行动的职能。

鸦片战争前，中英贸易中国始终处于“顺差”，贸易额逐年递增。清朝长期处于“出超”的贸易状况困扰着英国。为了摆脱贸易中的被动，英国人将目光锁定在了鸦片走私上。

鸦片，早在唐朝年间就由阿拉伯输入到了中国，一直作为药材使用。最早向中国贩运鸦片的是葡萄牙人和荷兰人，他们以澳门为据点进行鸦片走私，但鸦片走私的数量还不是很大。

英国占领印度鸦片产地孟加拉成立了英属东印度公司后，英国人取代葡萄牙人和西班牙人成为向中国走私鸦片的主角，英国对华鸦片走私数量从每年4000箱急剧递增为每年2万箱。鸦片走私一本万利，一箱印度产鸦片“公班土”成本仅为200卢比，在印度境内的卖价为1785卢比，走私到中国就能卖到2618卢比。

1829年，东印度公司的鸦片税收超过了100万英镑，占英印政府年税收的十分之一。鸦片战争前到底有多少鸦片流入了中国已无法准确统计。印度历史学家做了大致的估算：1833 年到 1844 年 10 年间，平均每年走私鸦片约 25 万箱，近 30 万斤。按照当时的货币交换比例折算，清政府每年平均流出白银 335 万两。

一些地方官员不无忧虑地写道：吸食鸦片“始而沿海地方沾染此习，今则素称淳朴之奉天、山西、陕、甘等省，吞食者在在皆然。凡各署胥吏、各营弁兵，沉溺其中十有八九”。说政府官员和士兵中吸食鸦片的人占十之八九不免有些夸大其词，但吸食者已经不是少数人则是一个不争的事实。面对日益增多的“瘾君子”，湖广总督林则徐上书朝廷：“若犹泄泄视之，是使数十年后，中原几无可以御敌之兵，且无可以充饷之银。”

鸦片走私泛滥，白银大量外流，引起“银贵钱贱”。道光皇帝在一番犹豫之后，最终任命林则徐为钦差大臣，南下广州，开展禁烟运动。

林则徐，福建侯官（治今福州）人，曾任湖北布政使、河南布政使、江苏巡抚等职。在任湖广总督期间坚决主张严禁鸦片，提出具体禁烟方案，成绩卓著，得到道光皇帝的赏识。林则徐到达广州后以强硬姿态出现，发表声明：“若鸦片一日不绝，本大臣一日不回，誓与此事相始终，断无中止之理。”并传讯十三行洋商，责令转交禁烟谕帖，令外国鸦片贩子限期上缴所存鸦片，并写下“今后永不夹带鸦片”的保证书。

林则徐要求 3 天上缴所存鸦片的通告并没有得到外商的理会，各家行号只是象征性地上缴了 1034 箱鸦片。林则徐将拒缴鸦片的商人缉拿，同时下令派兵封锁海上交通，截断广州与黄埔的船运交通，封锁外商商馆。在强大的压力下，外商不得不将所藏匿的 20283 箱鸦片全部交出。

林则徐亲率各级官吏监督，令人将鸦片放入挖好的两个大池子里，池中放入海水，将鸦片浸泡半日后，再加上生石灰，池中的水开始沸腾，冒出淡淡的白烟。历经 23 天，23 万多斤鸦片全部销毁。

虎门销烟令鸦片价格暴跌。虎门销烟前，加尔各答出售的鸦片每箱超过800卢比；虎门销烟后，每箱鸦片的价格暴跌至400卢比以下。东印度公司的鸦片商贩如热锅上的蚂蚁，他们联合英国商界，给英国政府施加压力，试图“以最强有力的方式，一劳永逸地解决问题”。在给英国政府发出的请愿书中，他们写道：

“鸦片贸易是在不列颠政府和国会明令核准与授权的条件下，由印度政府鼓励和推动起来的。事实证明，鸦片贸易乃印度政府的一项收入来源，在过去20年中，每年这项收入从50万镑增加到近年的200万镑。”

“从帝国的观点来看，印度收入的茂盛，其重要性并不下于祖国更直接的财源，因为自从东印度公司对华茶叶贸易专利权废止以来，主要的正是由于有鸦片贸易的缘故，东印度公司才能够经常地每年从印度收进大量的款项并以如此有利的条件汇到英国去作为‘国内开支’之用。也正因为同一理由，所以英籍商人才能够顺利地采购大量的茶叶输入到英国去，而进口茶叶却又每年给不列颠政府获取非常重要的茶税收入。”

英国国会经过激烈的辩论，最后以271票赞同对262票反对，通过了对华军事行动，决定用武力支持鸦片走私贸易。

英国政府任命懿律和义律为正、副全权代表，“派遣舰队去中国海”。懿律率领由军舰16艘、运输舰28艘、武装汽船4艘、载炮540门及士兵5000人组成的“远征军”到达中国海面，战争一触即发。

英国政府虽然做出了出兵中国的决定，但5000人组成的“远征军”真要入侵中国，实际上也并非一件容易的事情。在当时的交通条件下，从英国本土航行到中国至少要4个月时间，从印度到中国也至少要1个月时间。英国远征军来到中国是一场没有十足胜算的“海盗劫掠式”的冒险之举。

清朝拥有25万八旗兵，66万绿营。90多万军队面对区区5000名劳师远征的英军，这本应该是一场实力对比十分悬殊的战争，但战争的结果是清朝以“没有任何悬念”的失败告终。原因为何?

浙江巡抚刘韵珂在定海、镇海、厦门相继失陷后，向皇帝报告说：这三个地方都已尽力做了防御的准备，“而该夷乃势如破竹”，原因是“盖其炮火器械，无不猛烈精巧，为中国所必不能及”。钦差大臣琦善也用“船炮不坚，兵心不固”八个字来说明广东失败的情形。

英国“船坚炮利”是事实，但比武器装备落后更为可怕的是大清帝国并没有真正认识到东西方文明的巨大落差，官员们仍躺在先祖创造的辉煌文明中做着“天朝大国”的美梦。

历史学家范文澜称赞林则徐是近代中国“开眼看世界第一人”。随着与外国人的接触，林则徐开始感到对外国的情形了解得不够。于是，他招募懂外语的人着手翻译《澳门新闻纸》《新加坡新闻纸》等外文报纸，了解西方鸦片生产、销售情况及对中国禁烟的反应。同时他还组织编译了有关西方船舰、火炮的资料。

林则徐开展的最大的“看世界工程”是翻译了英国人慕瑞编写的《世界地理大全》，中译本定名为“四洲志”。

《世界地理大全》是一本简要介绍世界五大洲30多个国家的地理、历史和政治状况的百科全书。林则徐将《世界地理大全》介绍给国人，对近代中国“走向世界”起了重要的启蒙作用。半个世纪后，康有为在评价林则徐时曾说：“林文忠公始译洋报，为讲求外国情形之始。”中国人睁眼看世界是从林则徐开始的。

鸦片战争中清政府作战失利，为了能够让英国罢兵，清政府下令罢免了禁烟功臣林则徐，“从重发往伊犁，效力赎罪”。在新疆期间，林则徐主张“屯田耕战”，防范沙俄对中国北疆的觊觎，倡导和推广水利浇灌的“坎儿井”。当地人为纪念林则徐，将坎儿井称为“林公井”。林则徐赴新疆出关时写了“苟利国家生死以，岂因祸福避趋之”的诗句激励自己，并与好友魏源相见，将《四洲志》等相关资料交给魏源，嘱其编撰成书。

魏源，湖南邵阳人，道光时期的进士。他曾以两江总督裕谦幕僚的身份，参与抗击英国的战争。在战争中魏源深感中西方存在的巨大差距，励精图治，着手撰写了《海国图志》。《海国图志》洋洋洒洒共50卷，囊括了世界各国地理、历史、政治、经济、宗教、历法、文化、物产，对强国御侮、匡正时弊、振兴国脉之路做了探索。

在《海国图志》中，魏源主张学习西方制造战舰、火器等先进技术，主张选兵、练兵、养兵之法，改革清朝的八旗和绿营，提倡创办民用工业，允许私人设立厂局，自行制造与销售轮船、火器等，提出"师夷长技以制夷"的主张。后人评价魏源的"师夷长技"的主张"去伪、去饰、去畏难、去养痈、去营窟"，"以实事程实功，以实功程实事"，是近代中国改良思想的先驱。早期资产阶级改良派冯桂芬、王韬及后来的资产阶级维新派领袖康有为、梁启超等人都十分推崇魏源。梁启超评价魏源说："治域外地理者，（魏）源实为先驱。""《海国图志》之论，实支配百年来之人心，直至今日犹未脱离净尽。"

《海国图志》在中国刊行7年后，陆续传到日本，当即引起日本朝野的高度重视，纷纷翻译刊印，争相传阅。日本政界的很多人认为，《海国图志》对日本了解世界各国的情况，学习西方先进科学技术，加强海防建设，有很大的启示和帮助。日本甚至将《海国图志》推崇为"海防宝鉴"、"天下武夫必读之书"。然而，《海国图志》在大清帝国遭到冷遇。有人将《海国图志》一书推荐给朝廷，清廷竟将《海国图志》束之高阁，不予理睬。

英国5000远征军在中国势如破竹，先后占领了鼓浪屿、厦门、定海、镇海、宁波等地。战场上的接连失败令道光皇帝十分惊慌，立即派耆英和伊里布赶到浙江去向英军求和。英军为了进行更大的军事讹诈，决定继续入侵长江，切断运河，直扑南京，掐住清政府税粮和税银两大要道，胁迫清政府接受全部侵略要求。

英军进犯吴淞口，上海、宝山相继失守。英军舰队抵达南京江面，耀武扬威地摆开阵势，架起大炮，宣称要开炮攻城。至此，清政府完全屈服，派耆英、伊里布赶到南京议和。1842年8月29日，在英国军舰“汉华丽”号上，耆英、伊里布代表清政府签订了中国近代史上第一个不平等条约——《南京条约》。《南京条约》共有13款，要点有：割让香港给英国；开放广州、厦门、福州、宁波、上海五处为通商口岸；赔款2100万银元；英国进出口货物纳税，“均宜秉公认定则例”。

第二年，英国政府又强迫清政府订立了中英《五口通商章程》和《五口通商附粘善后条款》，作为《南京条约》的附约，其中除了具体地规定《南京条约》的一些细则外，还增加了一些新条款，如英国人在中国犯罪，不受中国法律制裁；任何侵略者在中国获得特权，英国也同样可以享受等。

《南京条约》签订以后，美国、法国也效仿英国，先后强迫清政府订立了中美《望厦条约》和中法《黄埔条约》。

中法《黄埔条约》共36款，主要内容有：法国人在五口通商口岸有永久居住、自由贸易、设立领事、停泊兵船等权力，还可以建造教堂、坟地，清政府有保护教堂的“义务”；中国将来如改变海关税则，应与法国“会同议允后，方可酌改”；法国享有领事裁判权，法国人与中国人或其他外国人之间发生诉讼，中国官员均不得过问；等等。

中美《望厦条约》共34款，主要内容有：“倘中国日后欲将税率变更，须与合众国领事等官议允”；中国国民与美国国民发生诉讼事件，美国国民由美国领事等官员捉拿审讯，按照美国法律与惯例处理；美国国民在中国与别国国民发生争议，“应听两造查照各本国所立条约办理”，中国官员无权过问；美国兵船可以到中国任意港口“巡查贸易”，清朝港口官员须“友好”接待；停泊在中国的美国商船，清朝无从统辖；中美所签订条约12年后可以“修约”；如中国日后给他国以某种优惠，美国应一体均沾。

鸦片战争是近代东西方碰撞的一种必然结果，对中国社会产生了巨大影响。远在欧洲的马克思对鸦片战争做了这样的评论：“英国的大炮破坏了中国皇帝的权威，迫使天朝帝国与地上的世界接触。与外界完全隔绝曾是保存旧中国的首要条件，而当这种隔绝状态在英国的努力之下被暴力所打破的时候，接踵而至的必然是解体的过程，正如小心保存在密闭棺材里的木乃伊——一接触新鲜空气便必然要解体一样。”

大清帝国这尊“木乃伊”必然要“解体”，只不过其“解体”的过程伴着一次次的困顿、一次次的抉择。

第二章　惯性模式

清朝中后期土地兼并日趋严重，农村贫富分化加剧，大批农民为生存所迫自发无序移民，社会矛盾日益激化。清王朝吏治腐败，官场贪污索贿成风，军备松弛，已乱成“一锅粥”。

面对咄咄逼人的西方入侵，毫无良策，只能一味妥协。内忧外患，预示着清王朝的“气数已尽”，已经走向衰落与灭亡的边缘。

一个叫洪秀全的人，自称是“耶和华之子”，受“万能上帝的委托”，要建立一个“人人共享太平”的“天国”。

然而，洪秀全“求变”的抉择依然停留在改朝换代的思维层面，沿袭的是农民揭竿而起的“惯性做法”。

借助“洋上帝”

秦朝末年陈胜、吴广在起义初期，利用人们迷信鬼神的心理，事先在一块白绸条上写下“陈胜王”，塞进一条被人网起的鱼肚子里。秦朝的兵士从市场上买回鱼准备烹调时，发现了鱼肚子里的绸子，惊恐万分，认为是“神”在帮助陈胜、吴广。为了进一步加重“神佑”的氛围，吴广在夜里又偷偷跑到秦朝士兵居住的营房附近的一座破庙旁，燃起一片篝火，先装作狐狸叫，接着大喊：“大楚兴，陈胜王。”秦朝的兵士听了，更是害怕得不得了。

东汉末年黄巾军起义，张角创立太平道，到处散布：“苍天已死，黄天当立；岁在甲子，天下大吉”，借助“神”的力量营造起义氛围。元朝末年刘福通等人编造“石人一只眼，挑动黄河天下反”的歌谣，点燃了元朝末年红巾军起义。

农民起义在初期由于力量弱小，大多要借助“外力”，诸如“神”、“鬼”等的力量。洪秀全在领导太平天国起义的时候，为了让人们相信他的“魅力”，也借助了“神”的力量。只不过洪秀全与历代农民起义的不同之处在于，他所借助的“神”不是中国土生土长的“神”，而是来自大洋彼岸的“上帝”。

洪秀全，出生于耕读世家，7 岁起在村中的私塾读书。和当时所有读书人一样，洪秀全最初的想法是科举成名，光宗耀祖。村中父老也十分看好勤奋刻苦的洪秀全，认为他一定能够考取功名。可是洪秀全一连参加了 4 次科举考试，结果都是名落孙山。

科举考试的落败使洪秀全受到很大刺激，再也不愿意翻看令他痛苦万分的四书五经，开始一心钻研起“旁门左道”——《劝世良言》。《劝世良言》是洪秀全在第三次到广州参加科举应试时偶然得到的一本书。书是一个叫梁发的中国人写的。

梁发，广东肇庆人。早年在广州十三洋行的一家印刷厂做工，期间接受了基督教并接受洗礼，成为基督教传教士。《劝世良言》全书 11 万多字，由 9 本小册子合订在一起。书中的内容大部分是从《圣经》的“旧约全书”和“新约全书”中整章整节抄下来的原文，只有少部分讲述基督教的教义。梁发用浅显通俗的语言结合中国的风俗人情，对基督教的基本教义进行了阐述。

科举考试多次失败的打击使洪秀全心灰意冷、万念俱焚。在阅读《劝世良言》时洪秀全顿悟，“觉已获得上天堂之真路，以及永生快乐之希望，甚为欢喜”。于是，洪秀全决定皈依“上帝”，自行洗礼，创办了拜上帝会。

拜上帝会虽然也崇信上帝，但与西方传统的基督教并不是一回事。洪秀全是在无他人教导的情况下，完全靠自行研读《劝世良言》来领悟和接受基督教的，因此他所创办的拜上帝会难免有些不伦不类。

在广州传播基督教的美国传教士罗孝全曾多次劝说洪秀全放弃拜上帝会，皈依真正的基督教，但洪秀全始终不肯。

罗孝全，出生于美国田纳西州，1837 年来到中国开始在澳门、广州等地传教。罗孝全在广州传教时结识了洪秀全，两人结下了很深的交情。后来太平天国定都南京，洪秀全成为太平天国的天王时，曾邀请罗孝全到南京传教。罗孝全在南京滞留了一年多时间，受到洪秀全的热情款待，洪秀全还给罗孝全分封了爵位。在罗孝全的影响和带动下，先后有不少西方传教士来到南京。在南京期间，罗孝全一直试图说服洪秀全放弃拜上帝会皈依基督教，但始终没有成功。由于拜上帝会与基督教的差异实在太大，罗孝全最终放弃了努力，离开了南京。

洪秀全之所以学习基督教知识，之所以与一些西方传教士进行交往，目的不是为了皈依基督教，而是为了利用基督教的知识来补充和完善拜上帝会。

拜上帝会是一个具有很强政治色彩的宗教性组织。一位曾到太平天国进行实地考察的西方传教士对拜上帝会做了这样的评价：“他们的政体是混杂的，一半政治，一半宗教，其性质似乎同时具有一个属世的政体和一个属天的政体。从实质上说，两者不是平列的，它们以政治为主，宗教为从，政治为里，宗教为表。”

洪秀全为什么不借助中国土生土长的“神”，而非要借助来自大洋彼岸的“洋上帝”呢？

基督教，源于犹太教，相传是由耶稣创立，与佛教、伊斯兰教并称世界三大宗教。

公元7世纪基督教经叙利亚、伊朗传入新疆，由新疆传入中国内地。罗马帝国主教阿罗本就曾到长安，唐太宗给予优待，由朝廷资助阿罗本在长安建造基督教礼拜堂，开始传经布道。后来因朝廷权力斗争，基督教被禁，一度绝于中原地区，只是在西北边陲地区仍有活动。

元朝政权建立后，基督教再度进入中原，并向南北各地扩展。元朝时期基督教曾在首都北京设置主教座，在泉州、扬州、杭州、昆明以及甘肃等地建有分教座，最多时教徒达10多万人。随着元朝的灭亡，基督教在中原再度渐渐绝迹。

明朝中后期，意大利传教士利玛窦在印度传教4年取得初步成功后，进入中国开始传教。利玛窦最初来到中国害怕被驱逐，不敢直接说来中国的目的是为了传播基督教，对中国官员谎称来自印度，中国人以为他是佛教徒，来中国是为了传播佛教。

利玛窦带来了地图、星盘、三棱镜、欧几里得的《几何原本》等，这些西方的“新事物”吸引了众多好奇的中国人，特别是他带来的地图令中国人眼界大开。利玛窦以传播科学知识为媒介，将基督教教义与儒家的伦理观念悄然相融合来进行传教。

经过不懈努力，利玛窦在中国传教取得了一定成绩，在内地建成四座教堂，他在南京的居住地石鼓路的教堂成为中国基督教史上最重要的传教中心。利玛窦还得到明朝神宗皇帝的诏允，长期居住北京，京城一些王公贵族也开始加入信教的队伍中。

利玛窦为了传教将西学引入到中国，利玛窦撰写的《天主实录》以及和徐光启等人翻译的欧几里得《几何原本》等书开启了晚明以来士大夫学习西学的风气。点、线、面、平面、曲线、曲面、直角、钝角、锐角、垂线、平行线、对角线、三角形、四边形、多边形、圆心、外切、几何等这些今天我们耳熟能详的词汇就是由他们创造并沿用至今的。有人评价利玛窦是“人类历史上第一位集欧洲文艺复兴时期的诸种学艺，和中国四书五经等古典学问于一身的巨人”，是“地球上出现的第一位世界公民”。

到18世纪初，中国的基督教教徒达到30万人，到1846年达到327万人，来华外国传教士达5000多人。鸦片战争后，基督教在东南沿海传播很快，洋人、洋教在地方上有一定的实力和地位，洪秀全试图借助“洋上帝”来达到建立“太平天国”的目的。

拜上帝会披着基督会外衣并无基督教的实际内容，因此，洪秀全并没有真正得到西方的资助。不仅如此，部分西方人甚至还把拜上帝会看成“异端邪说”。

拜上帝会独创了“代天父传言”的宗教形式，就是太平天国的个别领导人具有“特异功能”，能够“上帝附体”，传递“上帝的旨意”。对此，外国传教士很不以为然。英国传教士米赫斯说，“上帝临凡，此诚与吾人就基督教圣经中所习见者大相径庭”，“所表示之人神同形论，十分显著。上帝由天上远来下凡，描写得俗人一般无异。”西方传教士甚至派人到天京责问具有“代天父传言”功能的杨秀清：“尔言天父下凡，请问天父肉身木身，可能一见？”

太平天国自认为与西方“同宗同教”，幻想能够得到西方的支持。实际上，西方各国从来就没有把太平天国看成与他们“同宗同教”，他们对太平天国的态度完全取决于太平天国对他们是否有利。

西方国家通过鸦片战争打开了中国的大门，他们企图通过“修约”压迫清政府做更大的开放和让步。这时，太平天国作为一个新兴的势力突然出现在西方国家在华的重要据点——上海——附近，在太平天国的打击下清朝的统治面临崩溃的危机，这就使得西方国家不得不对清政府潜在的替代者做一番调查和了解。

太平天国定都南京后，英国驻华公使文翰及其随行人员乘“何默士”号兵舰来南京“访问”，之后法国驻华公使布尔布隆、美国驻华公使麦莲也纷纷前往南京。由于局势的不明朗，西方各国在华采取的共同态度是：在压迫清政府进行“修约”谈判试图攫取更大利益的同时，向新兴势力——太平天国——表白，在清政府与太平天国之间他们不偏袒任何一方，保持“中立”立场。同时，他们也向太平天国表明，他们从清政府获得的既得利益不容侵犯，以此来查看太平天国的真实态度。

洪秀全对英、法、美三国使者“来访”的目的缺少分析和了解，天真地以为西方人来天京是“朝拜真主”，是“向天朝进贡”的。因此，太平天国在与西方人打交道时洋相百出，不可思议。

杨秀清在给英国公使文翰的复文中，竟有“尔海外英民，不远千里而来，归顺我朝”之类的狂妄之语。地官丞相罗苾芬在接待美国使节时竟然要求美国使者必须向太平天国领导人“跪禀具奏”，然后才“准尔年年进贡、岁岁来朝”。

针对英、法、美三国使者再三宣称的愿在太平天国和清朝之间保持“中立”的态度，太平天国领导人根本就没有理睬。太平天国的领袖们甚至傲慢地回答说：“尔等如助满人，真是大错；但即令助之，亦是无用，天父帮助我们，没有谁能与天父作对。”

洪秀全在接见英国使节时，曾写了一封“御诏”给英军总司令额尔金。翻译官威妥玛很艰难地将文件译成英文交给额尔金，额尔金看后认为是一件“非常奇特的作品”。“御诏”的开头两句说，“朕诏西洋番弟明，天情迥不比凡情”，接着便向“西洋番弟”大段大段地讲述“天情”。即洪秀全本人如何“升天受命”、“天父天兄在天”的情形、“天父天兄降凡”所作诗句，等等。“御诏”要求英国的“番弟”要认清洪秀全“真主”的地位。“诏旨”中说：“西洋番弟听朕诏，同顶爷哥灭臭虫，万事爷哥朕作主，弟们踊跃建万功”，“西洋番弟把心开”，“替天出力该又该”，“替爷替哥杀妖魔，报爷生养战胜回”。所谓“爷”就是洪秀全本人，所谓“灭臭虫”“杀妖魔”是指消灭清朝官兵。这篇诏旨深刻反映出太平天国领导人对西方“番弟”的本质极度缺乏了解，同时也表明太平天国领导人对世界发展的趋势一无所知。

在了解了太平天国的底细后，西方列强调整了对华政策。一方面英法联军在大沽、天津与清军作战，试图进一步压迫清政府，攫取更大的利益；另一方面英法军队又在上海协同清军和太平军作战，防止太平天国取代清政府。

1861 年太平军连克长江下游一些重镇，为了阻止太平军攻占上海，“华尔洋枪队”开始协同清朝军队，共同与太平军作战。

华尔，出生于美国马萨诸塞州，是一个职业冒险家。华尔受苏松太道吴煦委派开始招募外国人组成洋枪队，帮助清政府镇压太平军。

华尔洋枪队任用美、英、法等西方人当军官，招募中国人充当兵士，组成了一支中外混合军。洋枪队拥有一个来复枪团、五个步兵团、数个狙击兵连、一支内河舰队、一支大型运输船队、一支工兵队、两个兵工厂、一个军队医院，士兵 12000 余人。为了表彰华尔洋枪队的辉煌战绩，清政府还特准华尔加入中国国籍，将华尔洋枪队命名为“常胜军”，给予华尔副将军衔。

19 世纪，西方确立了资本主义制度，产业革命蓬勃发展，中国开始沦为殖民地半殖民地之时，太平天国仍试图借助“洋上帝”以“中西合璧”的拜上帝会这样一种落后的宗教模式来抉择中国社会发展道路的做法已经远远落后于时代了。

圣库“不圣”

1851 年 1 月 11 日，在洪秀全三十八岁寿诞之日，拜上帝会万众齐集金田村犀牛岭，全体将士蓄发易服，头裹红巾，建号太平天国，起义军称为太平军，向清王朝宣战，开始了规模空前的太平天国农民战争。

起义初期，太平天国进军顺利，很快就攻克了广西重镇永安。在永安，洪秀全颁布各种规章，实行“封王建制”，封杨秀清为东王、萧朝贵为西王、冯云山为南王、韦昌辉为北王、石达开为翼王，正式形成了太平天国的核心团队。

杨秀清，广西桂平人，5岁父亲去世，9岁母亲去世，由伯父养大，以耕种、伐林和烧炭为生。拜上帝会的创始人冯云山在紫荆山传教被清朝官府禁锢，洪秀全前往广州准备疏通官府进行营救。危难之际，杨秀清假借“天父下凡”营救出了冯云山。此后，杨秀清正式具有“代天父传言”的特殊身份，一步进入了拜上帝会的领导层。

金田起义后，杨秀清被封为正军师，后又被封为东王，其他四王“皆归东王节制”。在太平天国的官制上，天王洪秀全虽然名分是在各王之上，却是一个“虚君”，实际权力掌握在东王杨秀清手上。

自从南王冯云山和西王萧朝贵相继战死后，杨秀清的权力更加集中。由杨秀清决定的事情在形式上虽然还需要“奏请”天王洪秀全“降旨”，但天王洪秀全已经失去了实际上的否决权。杨秀清利用手中握有的“撒手锏”——“天父下凡”，多次假托“天父下凡”传令，逼使天王洪秀全完全听从于自己的命令。随着权力的集中，杨秀清变得愈加骄横，与天王洪秀全和其他诸王之间的矛盾也在悄然加剧。

冯云山，广东花县人，与洪秀全共同创立了拜上帝会。在拜上帝会创办初期，冯云山靠放牛、拾粪，坚持秘密传播拜上帝会，先后发展杨秀清、萧朝贵、秦日纲等骨干成员入教，为拜上帝会的发展奠定了基础。

金田起义后，冯云山被封为前导副军师、后军主将，后加封南王。冯云山制定了太平天国的官制、礼制和军制，又创造了一套独特历法，在太平天国内使用。1852年5月，太平军攻打全州，冯云山被守城清军大炮击中受重伤，死于全州蓑衣渡。太平天国后期的重要将领李秀成评价冯云山道：“谋立创国者出南王之谋，前做事者皆南王也。”

萧朝贵，广西武宣人。在东乡的会战中萧朝贵大败清军，取得了金田起义以来最大的胜利，使洪秀全得以在东乡顺利登基称天王。永安封王建制时，萧朝贵被封为右弼正军师、前军主将，地位仅次于洪秀全、杨秀清而居第三位。1852年7月，在长沙战役中，萧朝贵被清军发炮击中，不治身亡。

韦昌辉，广西桂平人，早年倾尽家财，加入拜上帝会。金田起义后被封为后护又副军师、右军主将，永安封王建制时被封为北王，称六千岁。韦昌辉多次因军中事务受到东王杨秀清的斥责甚至是杖责，韦昌辉虽表现出“尚有惊恐之心，不敢十分多言”，但心存不满和怨恨，为后来的“天京叛乱”埋下了伏笔。

石达开，广西贵县人，金田起义时率四千余人参加，被封为左军主将。永安封王建制时被封为翼王，意为“羽翼天朝”。石达开率部西渡湘江，开辟河西基地，缓解了太平军的缺粮之危。多次击败进犯之敌，取得水陆洲大捷，重挫清军士气。夺岳阳，占武汉，自武昌东下金陵，28天挺进一千八百里，战无不胜，攻无不克，时人号之“石敢当”。曾国藩评价石达开说：“查贼渠以石为最悍……以石为最谲。”

太平天国起义之初，很多拜上帝会的信徒自觉自愿地将所有私人财物奉献于“公库”。北王韦昌辉出身于地主家庭，是金田镇有名的“富厚之家”，但由于有钱无势，韦昌辉常常受到当地大户的欺侮与讹索。冯云山传教时路经金田，借宿韦家与韦昌辉交谈甚为投合，韦昌辉尽献家财于“公库”，举家参加了拜上帝会。

太平天国的圣库制度明文规定，将士在作战中缴获的金银、绸帛、珍宝等必须上交公库，个人不得私藏，违者处以重罚，甚至斩首。参加太平天国起义的人没有私人财产，将士的生活日用品，粮、油、盐、食肉、零用钱等根据等级差别，一切皆由圣库供给。

圣库制度在初期执行严格，吸引了许多穷苦百姓参加太平天国，在保持太平军的纪律和昂扬的斗志方面起到了积极作用。太平军舍身拼命与只知谋钱保命的清军官兵形成了鲜明对照，有人夸张地称：只要有三千不怕死的太平军，便可横行天下。

随着太平天国在军事上的节节胜利，占领的城镇增多，财货来源日益丰富，“人无私财”的原则日益不能坚持。高级将领生活日趋奢靡，任意取用于公库，圣库制度名存实亡，最终成为掌权者走向腐化的遮羞布。

定都天京后，太平天国君臣上下之间称呼、服饰、舆马等方面的规定较清政府更加严格。官员朝见天王时必须下跪三呼万岁，见王爵则要下跪三呼千岁。天王洪秀全出行乘六十四人抬大轿，鸣金乘马，张黄罗伞盖，女侍从数十人陪同。东王杨秀清出行乘四十八人抬大轿，龙灯开路，鼓乐齐鸣，甚至连吃饭开席也要奏乐鸣炮。诸王出行有盛大的仪仗队，所有官民都必须回避或跪在道旁高呼万岁或千岁，倘有继续步行者则斩无赦。

在永安封王建制时，洪秀全就有了16个妃子。定都天京后洪秀全大肆修造天王府，所纳嫔妃更是达到了88人。为了更好地管理后宫，洪秀全亲自为后宫的嫔妃制定了规范——十个“该打”：服侍不虔诚，一该打。硬颈不听教，二该打。起眼看夫主，三该打。问王不虔诚，四该打。躁气不纯静，五该打。说话极大声，六该打。有嘴不应声，七该打。面情不欢喜，八该打。眼左望右望，九该打。讲话不悠然，十该打。

定都天京后，太平天国把居民按性别分别编入男馆、女馆或男营、女营，夫妻不得同居。士兵除参加战斗外还要从事体力劳动，有手工技能的人被编入百工衙、天茶衙、豆腐衙、酱人衙等，在监管之下从事集体生产劳动，产品直接入圣库，生产者除按定额分配的吃、穿外别无报酬。女馆则不分年龄，在监管之下参加抬砖运瓦、收割拾柴一类的劳动，善女红者则编入锦秀营。

为保证圣库制度的贯彻实行，太平天国把苛刑重罚作为维护圣库制度的基本手段，结果是滥施刑罚，人人自危。太平天国的刑法从杖责、鞭笞到熨斗烙背、跪火链、缠火链、斩足、挖眼等一应俱全，就连死刑也分为斩首、五马分尸、点天灯、凌迟等。

盛夏时节，南京城变成一座火炉，酷热难当。太平军营中部分士兵因头上生疮或生虱而自行剪发，结果被指为“通妖”（清朝要求剃发，太平天国要求蓄发、蓄胡须），被施以腰缠烧红铁链或用烧红铁钎刺入股内的酷刑。百工衙内的工匠逃走被捉要被斩首处死。妇女私自与丈夫或男人会面，会被怀疑出外野合，要被剖腹查孕。

1864年夏，湘军攻克天京。当时清政府国库亏空，财政吃紧，连军饷都发不出，同治皇帝指望曾国藩的湘军攻下天京后，用太平天国的圣库来救燃眉之急。然而，一个月后曾国藩的奏报让同治皇帝大失所望。曾国藩在奏报中说："多年以来，中外纷传洪秀全非常富有，说他金银如海，百货充盈。我与曾国荃早就商量好了，破城查封钱库后，如果钱财多就进奉户部，少就留作军饷，救济难民。攻下天京后，我们搜杀三日，残留叛军则自己放火烧掉了洪秀全的伪天王府。三天后，我们仔细查询，根本就没有所谓的钱库。"圣库制度名存实亡，自然也就令太平天国宣传的所谓"人人共享太平"的理想变成了水中之月。

平民百姓参加太平天国的主要动因就是希望通过参加太平天国能够获得梦寐以求的土地。唐朝末年黄巢起义提出了"土地均平"的口号。王小波、李顺起义提出"吾疾贫富不均，今为汝均之"。宋朝钟相、杨么起义提出"等贵贱，均贫富"。明末李自成起义提出"均田免粮"。历代农民起义都自觉不自觉地将起义斗争的矛头直指不平等的土地所有制，以此来满足广大民众获得土地的愿望。

清朝开国之始，八旗贵族就大肆圈占民田，导致"一邑之中，有田者什一，无田者什九"。太平天国起义的地点广西桂平县"田多为富室所有，荷锄扶耜之伦，大半为富人之佃"，"豪强兼并，一人而兼数十人之产，一家而兼数十家之产"是普遍现象。结果"田归富户，富者益富，贫者益贫"，贫富两极分化对立，矛盾愈来愈尖锐。

太平天国颁布《天朝田亩制度》，提出"凡天下田，天下人同耕"的原则，把土地按每年产量的多少，分为上、中、下三级九等，然后好田坏田互相搭配，好坏各一半，按人口平均分配。凡16岁以上的男女，每人得到一份同等数量的土地，15岁以下的减半。最终达到"有田同耕，有饭同食，有衣同穿，有钱同使，无处不均匀，无人不饱暖"的理想。然而，这一切仅仅停留在宣传层面或是做些表面文章，根本就没有真正实行过。《天朝田亩制度》颁布后不久，杨秀清、韦昌辉、石达开等带兵打仗的将领迫于前线粮食供应紧张的情况，即向洪秀全建议在安徽、江西等地恢复清朝的办法，实行“照旧交粮纳税”。

洪秀全的天王府极尽奢华，“四面黄墙，高二丈多，厚四尺，内外两重，外重称为太阳城，内重称为金龙城。太阳城向南开门，称为真神荣光门。门内左右有鼓吹亭，高出墙外，盖以琉璃瓦，四柱盘五色龙，昂首曳尾，有攫拿之势”。

圣库制度和《天朝田亩制度》是中国历代农民起义做法的一种翻版或延续，除去增添了所谓“洋上帝”的色彩外几乎没有什么新内容和新主张。洪秀全设想的“天国”非但没有实现，“天国”很快就以“不太平”的高层领导间的内讧而谢幕。

天父杀天兄

宋朝开国皇帝赵匡胤为了避免皇帝与大臣之间相互屠杀的悲剧，想出了“杯酒释兵权”的妙计。一日，赵匡胤邀石守信等开国功臣饮酒，席间流露忧虑表情。众臣忙问原因，赵匡胤说：现在你们都手握兵权，如果有一天你们的部下就像当初你们拥戴我一样拥戴你当皇帝，纵使你们不想造反，事情的发展还由得看你们吗？众臣各自在心里解读皇帝的意思。

第二天早朝，石守信率众开国功臣纷纷上书声称自己身体不好，要求放弃兵权，谋一份闲职。赵匡胤假意挽留，众大臣态度坚决，于是赵匡胤“勉强”同意。宋太祖赵匡胤利用他的智慧，在不经意的推杯换盏之间顺利完成了权力的更替，避免了历朝历代在开国之初皇帝与开国大臣之间经常上演的相互屠杀的悲剧。

洪秀全不是赵匡胤，杨秀清、韦昌辉、石达开等人也不是石守信。太平天国定都天京不久，在清军大兵压境的情况下，就上演了一场争权夺势的血淋淋的大屠杀。

太平天国在永安封王建制时，封杨秀清为东王、冯云山为南王、萧朝贵为西王、韦昌辉为北王、石达开为翼王。规定："西王以下各王，俱受东王节制。"在全州和长沙战役中，冯云山、萧朝贵相继战死，权力更加集中在东王杨秀清一人身上。杨秀清专权独断，飞扬跋扈，除了因为他是个"常务"角色外，还因为他具有其他诸王所没有的"代天父传言"的"特异功能"。

拜上帝会创立初期，冯云山来到紫金山地区传教。当地乡绅以"阳为拜会，阴图谋叛"的罪名，将冯云山和拜上帝会的重要骨干卢六关禁在桂平县监狱中。

洪秀全为了营救冯云山远赴广东托人求情，拜上帝会一时群龙无首，陷于混乱解散的状态。在危急关头，杨秀清与萧朝贵挺身而出，利用当地流行"降童"（也称为"请菩"或"请神"）的习俗，假托天父、天兄下凡附体显圣，号召拜上帝会的兄弟们团结起来，使拜上帝会渡过了创立初期的一次灾难性危机。此后，杨秀清就有了"代天父传言"，萧朝贵就有了"代天兄传言"的"特异功能"。

在太平天国初期，杨秀清的"代天父传言"并没有产生什么负面影响。随着太平天国运动的壮大，特别是定都天京后，在杨秀清与洪秀全两人的微妙关系上，杨秀清"代天父传言"的负面影响开始显现。

从宗教层面上看，洪秀全是拜上帝会的缔造者，享有仅次于"天父皇上帝"与"天兄耶稣"的最高宗教地位，是"真主"。杨秀清平常在宗教地位上低于洪秀全，但由于杨秀清具有"代天父传言"的特殊身份，使得杨秀清在实施"代天父传言"时在宗教地位上又凌驾于洪秀全之上，久而久之杨秀清也成为了太平天国举国上下共同信仰的另一位"真神"。

从政治层面上看，洪秀全是太平天国的"天王"，是统治"天下万国的太平真主"，自封"万岁"，在名义上是太平天国政权的最高领袖。杨秀清是"佐辅天王主宰天下""管治东方各国"的"东王"，被封"九千岁"，低于天王洪秀全。但洪秀全沉溺于享乐，生活奢靡，不理朝政，东王杨秀清“掌理天国军务”“总操万权之职”，成为军政大权的实际掌握者。在一般情况下，洪秀全与杨秀清之间是君臣关系，杨秀清朝见天王洪秀全要“偕众官跪下，三呼万岁”。涉及太平天国的重大政策措施，东王杨秀清要奏报天王洪秀全，在取得天王洪秀全的“御照”和“旨准”后，才颁布施行。但是由于杨秀清具有“代天父传言”的特殊身份，在特殊的场合下，杨秀清使用“代天父传言”甚至能把天王洪秀全召到东王府，要天王洪秀全恭恭敬敬地跪在地上听杨秀清口传“天父皇上帝圣旨”。

从伦理层面来看，洪秀全与杨秀清之间称兄道弟，洪秀全自称兄，杨秀清自称弟。但当杨秀清实施“代天父传言”时，洪秀全与杨秀清之间的“兄弟关系”瞬间又变成了“父子关系”。杨秀清代表“天父”，洪秀全对“父命”不能违抗，必须听从。洪秀全与杨秀清之间的微妙复杂关系，完全是由于杨秀清具有“代天父传言”的特殊身份所造成的。杨秀清具有的“代天父传言”的“特异功能”，常常令洪秀全很是尴尬。尴尬归尴尬，洪秀全没有办法阻止杨秀清“代天父传言”的把戏，因为若是杨秀清被揭穿了，实际上也就等于揭穿了洪秀全自己是“上帝的次子”的谎言。

定都天京后，杨秀清飞扬跋扈，生活腐化。杨秀清每次出行乘坐的轿子需要四十八人抬，轿子里还有两个小童服侍，连轿夫都穿着华丽的衣服，旗仗、鼓乐齐奏，扈从千人，一副煞有介事的样子。杨秀清甚至对北王韦昌辉、翼王石达开等老兄弟也颐指气使，盛气凌人。韦昌辉的哥哥因得罪杨秀清而被五马分尸，连韦昌辉自己也被杨秀清打过数百大板，以至于站不起来。杨秀清利用“代天父传言”打压周围的人，一时间太平天国人人自危，生怕东王借“天父”发怒为名，把自己的小命枉送。

在打破清军的江南、江北大营后，太平天国的局势得到相对缓解，于是杨秀清想趁势迫使洪秀全禅位。杨秀清假称“天父下凡”，逼迫洪秀全封自己为“万岁”：东王称“天父下凡”，召天王洪秀全到东王府。“天父上身”的杨秀清对洪秀全说：“你与东王皆为我子，东王有咁大功劳，何止称九千岁？”由于是“天父”的话，洪秀全不能反驳，于是洪秀全说：“东王打江山，亦当是万岁。”听到洪秀全要封自己做“万岁”，“天父上身”的杨秀清大喜，说：“我回天矣。”“清醒过来”的杨秀清见到“天王”洪秀全，慌忙跪倒，问：天王，您这是干什么呢？

对杨秀清的“表演”，洪秀全无法公开发表反对意见。回到天王府，洪秀全使出了最后的撒手锏，连夜写下血书诏，召在前线作战的北王韦昌辉等人速回天京护驾。

韦昌辉很早就举家参加了拜上帝会，在太平天国永安封王建制时，韦昌辉被封为北王、六千岁。在此后太平军出广西、入两湖、下两江、克南京的过程中，韦昌辉战功卓著。特别是南王冯云山和西王萧朝贵战死后，韦昌辉成为洪秀全、杨秀清的主要助手。建都天京后，韦昌辉主管日常政事与卫戍任务，太平天国各方军务必先“禀”韦昌辉然后“禀奏”杨秀清裁决，韦昌辉仅位列杨秀清之后。

随着韦昌辉地位的上升，韦昌辉与杨秀清之间的矛盾也不断升级。韦昌辉读过书很有知识，号称“小有才”，屡立战功，位高权重，群众基础好。这一切在杨秀清看来，不能不说是对自己的一种威胁。为了打压韦昌辉，杨秀清常常以小事侮辱韦昌辉，甚至曾将韦昌辉杖打几百至不能起。对杨秀清的专权跋扈，韦昌辉表面上装出一副“尚有惊恐之心，不敢十分多言”的样子，每当杨秀清的轿子一到，韦昌辉总是扶轿迎接，在讨论军中大事之时讲不到三四句就跪谢杨秀清说：“非四兄教导，小弟肚肠嫩，几乎不知道。”但心中对杨秀清的憎恨早已经达到了临界点。

洪秀全对韦昌辉与杨秀清之间的恩怨是心知肚明，一清二楚。他之所以写血书诏召韦昌辉速回天京护驾，就是想利用韦昌辉憎恨杨秀清这一点来打压杨秀清。接到天王洪秀全“回京护驾”的诏书，韦昌辉揣测洪秀全的想法，下定决心不能放弃来之不易的取代杨秀清的机会。韦昌辉带领3000精兵昼夜兼程，秘密赶到天京，包围东王府，杀掉了杨秀清及其家人，并全力捉拿杨秀清剩余的党羽。一时间，天京城内血雨腥风，近2万太平天国将士被屠杀殆尽。

翼王石达开迟韦昌辉一步赶回天京，他对韦昌辉滥杀无辜的做法很是不满，斥责韦昌辉道：东王杨秀清谋反篡位，死不足惜。但那些广西老乡大都无罪，你现在不分青红皂白就把他们都杀了，弄得人人自危，这只能让亲者痛、仇者快。

韦昌辉受到石达开的斥责很郁闷，思来想去决定干脆把石达开这个潜在的政治对手也除掉算了。韦昌辉派兵包围石达开的翼王府，石达开得知消息“连夜坠城而逃”，韦昌辉率兵冲进翼王府，给石达开来了个“满门抄斩”。

韦昌辉滥杀无辜的暴行激起太平天国将士的共愤。洪秀全只得下令缉拿韦昌辉并将其五马分尸，然后派人将韦昌辉的首级送到石达开军中，石达开这才重新回到了天京城。

天京大屠杀是韦昌辉“借诏书杀人”，还是洪秀全“借刀杀人”，真正的幕后推手应该是谁，历来众说纷纭。

洪秀全撤销了杨秀清“图谋篡位”的罪名，公开为“遭受陷害”的杨秀清“平反昭雪”，下令将杨秀清被杀之日定为“东王升天日”，下令将韦昌辉五马分尸还不算，又将韦昌辉的尸体割成二寸左右的小块，标上“北奸肉，只准看不许取”的字样，挂在天王府外的栏栅上示众。

天京城的大屠杀结束了，但大屠杀所产生的影响并没有就此完结，矛盾的焦点转移到了洪秀全与石达开两个人之间。太平天国在永安分封的五王中西王萧朝贵、南王冯云山、东王杨秀清、北王韦昌辉都已死去，剩下的仅有翼王石达开了。石达开有胆有识，是太平天国的得力干将，就连镇压太平天国的一代名将左宗棠都说，论骁勇、论智谋，太平天国中无人能赶上石达开。

天京事变后，石达开在太平军中人气指数大增，众望所归。经历了天京风波，洪秀全已是草木皆兵，生怕石达开成为“杨秀清第二”。洪秀全把太平天国的大权一分两半，军权分给李秀成等人，政权则分给了胞兄洪仁发、洪仁达。当打之年的石达开闲居天京，无所事事。

石达开不堪忍受天王洪秀全的不信任，决定离开天京，自立门户。石达开“负气出走”，在沿途城镇广而告之，讲述了自己在天京所受的种种不公正待遇，致使很多太平天国的士兵纷纷追随石达开。跟随石达开而去的太平军竟有10万之多，几乎等于当时太平天国一半的兵力。

石达开的大军从江西东部抚州一带杀入浙江西部金华衢州一带，随后又辗转到福建，进入赣南。石达开大军在鼎盛的时候有20万人之多，但进军到湖南邵阳的时候，被湘军阻截并遭到重大挫败，众人纷纷脱队。石达开随后率军南进广西。在广西，石达开受到物质匮乏的困扰，觉得前途渺茫，队伍士气沮丧。无奈之下，石达开率残部1万余人，冒险进入四川，受阻后不得不率军进入西南贵州一带。在大渡河畔，石达开的部队遭到当地土司和清军的夹击，进退无路，陷于绝境。

为求生擒石达开，四川总督骆秉章遣使劝降。当时石达开所率部队已是“觅食无所得，有相杀噬人肉者”。石达开决心舍命以全三军，经双方谈判，由太平军自行遣散四千人，石达开被押往成都，身受凌迟酷刑至死。曾国藩说：“查贼渠以石为最悍，其诳煽莠民，张大声势，亦以石为最谲”，左宗棠说“石逆狡悍着闻，素得群贼之心，其才智出诸贼之上，而观其所为，颇以结人心，求人才为急，不甚附会邪教俚说，是贼之宗主，而我所畏忌也”。

太平天国君臣内讧，兄弟相残，石达开负气出走，拜上帝会终于被血腥的屠杀撕下了面纱。在太平军将士中悄然流传起这样一首歌谣：天父杀天兄，总归一场空；打打包裹回家转，还是做长工。

湘军的崛起

金田起义后太平军出广西、进湖南、占武汉、克南京，所向披靡。

清政府所依仗的八旗和绿营已经完全失去了作战能力，根本不是太平天国的对手。在不得已的情况下，清朝政府效仿“惯例”，饬令各省举办团练，以助“攻剿”。

团练，是一种地方民兵制度，亦称民兵或乡兵。团练源于保甲制，唐朝设有团练使一职，类似民间的自卫队队长，管理团练事务。宋代在各州都设有州团练使。明朝取消了团练使，改以按察使、兵备道来统管团练事务。明末农民军首领李自成就是在湖北通山九宫山被当地团练所杀的。

清朝的团练，起源于嘉庆年间的白莲教起义。当时八旗、绿营严重腐化，不足以御敌，清政府下令地方绅士训练乡勇，清查保甲，坚壁清野，地方自保。办团经费均来自民间，由团练的首领练总、练长掌握。

太平军由广西进入湖南，湖南湘乡人罗泽南首先创立团练湘勇，为湘军之雏形。曾国藩说：“湘军之兴，威振海内，创之者罗忠节公。”后来，曾国藩接替罗泽南，在湖南帮办团练，抗拒太平军，湘军蓬勃发展。

曾国藩，湖南娄底人，考取进士后师从军机大臣穆彰阿，曾任内阁学士加礼部侍郎、礼部右侍郎、署兵部右侍郎等职。太平天国运动兴起正值曾国藩母亲去世，曾国藩正在湖南老家守孝。曾国藩接到帮办湖南团练的旨意后，依靠师徒、亲戚、好友，整合了湖南各地武装，建立了一支地方团练，被称为湘军。

曾国藩早年讲理学，办理团练军务时讲申韩，后学老庄，一生笃好学问，作文每日不辍，是名副其实的近代大儒。蒋介石对曾国藩崇拜有加，认为曾国藩“足为吾人之师资”，“其著作为任何政治家所必读”。他把《曾胡治兵语录》当作教导国民党高级将领的教科书加以推荐，并将《曾文正公全集》常置案旁，终生拜读不辍。

曾国藩网罗了一批程朱理学信徒，以同乡、同学、亲友为骨干将领，以儒学知识分子为营官，招募身强力壮的农民为士兵，以宗法关系作为维系，组成了一支“忠义之气为主”的湘军。

湘军在建立初期，便形成了严格的上下隶属关系，士兵由营官招募，每营士兵只服从营官一人，整个湘勇只服从曾国藩一人。湘军在编练初期共有陆军13营6500人，水师10营5000人，加上兵勇、夫役工匠等，共17000人。湘军成为清政府镇压太平天国的主要力量，湘军也在镇压太平天国中不断壮大，到攻破天京时，湘军人数达到12万人。

湘军的兴起改变了晚清政治发展的轨迹。湘军将领及其幕僚通过镇压太平天国迅速成长为晚清政治、军事领域的主角。在整个湘军系统中，位至总督者有15人，位至巡抚者有14人，其他大小文武官员数不胜数。除晚清重臣曾国藩、李鸿章、左宗棠外，还有湖北巡抚曾国荃、安徽巡抚江忠源、湖北巡抚胡林翼、陕甘总督杨岳斌、两广总督刘长佑、云贵总督刘岳昭、安徽巡抚李续宜、陕西巡抚刘蓉、江西巡抚刘坤一、北洋水师提督丁汝昌、广东巡抚郭嵩焘、广东巡抚蒋益澧、新疆巡抚刘锦棠等。还涌现出如李善兰、徐寿、容闳等一批卓越的工程师、科学家。

湘军的兴起使清朝政权体制发生了重大变化。根据清代定制，总督、巡抚委以行省大权，其下设承宣布政使司和提刑按察使司，分管一省的民政、财政和按劾、司法。承宣布政使司和提刑按察使司听命于六部，总督、巡抚对承宣布政使司和提刑按察使司只有监督的作用。这样六部可以控制总督、巡抚，全国权力集中于中央。但清代这种格局到湘军将帅担任总督、巡抚后就发生了改变。手中有兵有将的总督、巡抚把两司降为属官，不听部臣指令，朝廷也不得不予以迁就，因而在晚清形成总督、巡抚事权过重的局面。

湘军的兴起使清代兵制发生了根本的变化。清朝常备军为绿营。绿营兵为土著世业，军饷由户部拨给，兵权握于兵部，归于中央。湘军兴起，兵必自招，将必亲选，饷由帅筹，其制正与绿营相反，故兵随将转，兵为将有。曾国藩对湘军拥有极大的指挥调度权力，自成派系。当湘军在实际上取代绿营时，将帅自招的募兵制度便代替了国家经制的世兵制度，近代北洋军阀的起源，实始自湘军的“兵为将有”。曾国藩是中国近代军阀的“始祖”。

湘军的兴起改变了晚清权力的格局。湘军的将领曾国藩、李鸿章、左宗棠等人拼杀在与农民军作战的最前线，他们深刻地感受到改变清朝昏庸政治的必要，在与洋人打交道的过程中，深刻地感悟到船坚炮利的重要。在镇压太平天国农民起义之后，他们便喊出了“求强”“求富”的口号，揭开了“师夷长技”的洋务运动。

太平天国运动上下一片宗教迷信声浪，但后期出现了试图追赶时代步伐的“有力声音”——《资政新篇》。《资政新篇》的颁布者是洪仁玕。洪仁玕是洪秀全的族弟，早年曾在家乡协助洪秀全宣传拜上帝会，金田起义后为躲避政府追捕逃至香港。在香港期间，洪仁玕眼界大开，对英美等国富强原因及其政治制度有所了解。

在香港，洪仁玕始终牵挂着太平天国，1859 年 4 月历尽艰险到达天京。此时的天京正值天京变乱后，太平天国面临朝中无将，国内无人的窘境。洪仁玕的到来令洪秀全喜出望外，旋即封洪仁玕为干王，总理太平天国朝政。

为了摆脱危机，洪仁玕向洪秀全提出了“因时制宜，审势而行”的《资政新篇》。《资政新篇》一扫太平天国以往拜上帝会浓重的宗教色彩，糅入了向西方资本主义学习的元素，提出“设法”与“用人”等重要主张。

在“设法”方面，洪仁玕提出三项办法，即“一以风风之，一以法法之，一以刑刑之。”

“风风类”主张改革社会风气，革除陋俗和腐败的生活方式。洪仁玕列举男子留长指甲、女子缠足、养鸟斗蟋蟀等项都应禁革，提倡兴建医院、设礼拜堂、开设学馆等，主张引进资本主义国家先进的科学利器。

“刑刑类”主张废除重罚，“善待轻犯”，刑罚要“恩威并济”。洪仁玕主张废除苛刑，反对无罪株连。洪仁玕十分重视法律与教化的相互作用，认为应从教育感化入手，引导人们走上正轨，提出“昭法律，别善恶，励廉耻，表忠孝”。认为“教行则法著，法著则知恩，于以民相劝戒，才德日生，风俗日厚”。

“法法类”是《资政新篇》的重要内容。洪仁玕指出，英国“于今称为最强之邦，由法善也”。俄国“大兴政教，百余年来，声威日著，今亦为北方冠冕之邦也”。洪仁玕还预言日本因与美国通商，“得有各项技艺以为法则，将来亦必出于巧焉”。

在“用人”方面，洪仁玕针对当时太平天国内部不团结的情况，提出“禁朋党之弊”，以加强中央政府领导权的主张。

《天朝田亩制度》是要建立一个“有饭同吃，有衣同穿，有钱同使，无处不均匀，无人不饱暖”的绝对平均社会。《资政新篇》是要建立一个相似于西方的资本主义社会。《天朝田亩制度》只涉及如何平均分配土地和财产。《资政新篇》却从政治、经济、文化教育、外交四个方面阐述了如何在中国建立资本主义制度，发展资本主义。

《资政新篇》的出现，使人们看到了太平天国运动中试图追赶时代的脚步的“资本主义元素”。然而，天京事变后的太平天国已是由盛至衰，强弩之末，《资政新篇》根本无法实施。另外，洪秀全并非从内心深处真正理解和赞同《资政新篇》，只是出于有病乱投医的想法才支持了洪仁玕的改革主张。

《资政新篇》对太平天国而言，是一份“迟来的宣言”。

第三章　旧瓶装新酒

对在镇压太平天国运动中崛起的湘系集团而言，他们没有能力也没有魄力打碎清政府这个“旧瓶”。恰恰相反，以曾国藩为首的湘系集团的目的是维护清政府这个“旧瓶”。

当洋务派将兴办工厂、修铁路、开矿山，设立北洋水师、南洋水师，派留学生、创办近代学堂等这些“新酒”注入清政府这只“旧瓶”，发生什么样的结果呢？

中法战争、中日战争的隆隆炮声，是宣告了洋务运动的失败，还是宣告了“师夷长技以制夷”的失败？

师夷之争

按照正常的逻辑推论，鸦片战争失败的残酷事实应该使清政府彻底清醒，彻底认识西方的船坚炮利。魏源在《海国图志》中提出的

“师夷长技以制夷”，就是反思鸦片战争后得出的正确结论。然而，历史的发展往往是非逻辑的。鸦片战争的失败并没有使“师夷长技以制夷”的主张成为清政府的认识。真正引发清政府高层“师夷与否”的论争的，是在鸦片战争爆发若干年以后日本对台湾发动的侵略。

琉球，位于中国台湾和日本之间，因其特殊的地理位置以东北亚和东南亚贸易的中转站著称，号称“万国津梁”。琉球最初有山南、中山、山北政权。1429 年后，琉球建立了统一的政权，曾经向中国的明、清政府朝贡。1609 年，日本萨摩藩入侵琉球，并控制了琉球国北部，琉球国仍然对中国朝贡。后来日本兼并琉球王朝，琉球大部分国土改设为冲绳县，北部诸岛则划入鹿儿岛县。

1871 年 12 月，60 多名琉球人遭遇台风，漂流到台湾南部登陆，其中 54 人被台湾土著居民杀害，其他人被清政府遣送回琉球。

琉球人在台湾被杀事件本来是清政府与琉球国之间的事情，与日本无关，但日本政府派外务卿副岛种臣出使中国，宣称琉球为日本的国土，要求清政府惩罚杀害琉球人的台湾人，并以此事件为借口，制造侵略台湾的舆论。

日本政府通过《台湾番地处分要略》，组成 3000 人的所谓“台湾生番探险队”，由陆军中将西乡从道率领，在台湾琅峤登陆，并以龟山为中心建立了都督府，悍然入侵台湾。

清政府得知日军侵犯台湾的消息后，立即向日本政府提出质问，并派福建船政大臣沈葆桢率军直赴台湾。沈葆桢到达台湾后，一面与日军交涉，一面积极备战。

不久，清军与日军在台湾正式开战，日军由于水土不服，士兵病死较多。日本政府考虑到不能立即军事占领台湾，于是转而用外交手段解决问题。经过一番外交斗争后，清政府与日本政府签订了《北京专条》。清政府付给日本“被害难民抚恤银”10 万两，日军在台“修道建房费用”等 40 万两，换得日军从台湾全部撤军。

英法美等国对中国的侵略已经使大清帝国“颜面扫地”，如今

“蕞尔小国”日本也竟敢军事侵略台湾，在清政府高层引起轩然大波，引发了一场“师夷还是不师夷”的激烈论争。

论战的双方泾渭分明，以同治帝的老师、大学士倭仁为代表的顽固派，由一批对世界发展形势一无所知的贵族、官僚组成。他们因循守旧，愚昧无知，盲目排外，仇视一切外国事物，幻想恢复“闭关锁国”的局面。洋务派以在镇压太平天国运动中崛起的湘系集团为代表，在中央以奕䜣、文祥为代表，在地方以曾国藩、李鸿章、左宗棠、张之洞等人为代表。

经受了第一次鸦片战争、第二次鸦片战争和太平天国运动的冲击，清朝统治岌岌可危。曾国藩、李鸿章等人主张学习西方先进的军事技术，加强军事实力。洋务派“师夷”的主张得到了西方的“支持”。西方之所以“扶植”洋务派，也是不得已而为之。

因为西方虽然取得了鸦片战争的胜利，但没有能力将中国沦为他们的殖民地，西方希望在清朝政府高层中能够出现一批和他们“打交道的人”，顽固派仇视一切外洋事物，西方人自然无法同他们“打交道”。曾国藩湘系集团的出现，使西方人觉得在中国问题上有了可以“打交道”的“落脚点”。洋务派的“师夷”主张得到了西方的支持，刚刚掌权的慈禧自然是不愿轻易得罪洋人，对曾国藩的“师夷”主张采取了默许的态度。

日本对台湾的侵略给洋务派们提供了一次机遇，洋务派大肆鼓噪，指出，日本进犯台湾，明知彼之理屈，而苦于我之备虚。且不说驱逐洋人，恢复主权，即使力保和局也需要有实力。能守而后能战，能战而后能和。唯有学习西方先进的科学技术，改变中国的落后状况，才能加强国防实力，抵御外敌侵略。

奕䜣提出了以练兵、简器、造船、筹饷、用人、持久六个方面，作为今后图强的总方针。江苏巡抚丁日昌上奏，建议创立北洋、东洋、南洋三支舰队，在沿海重要港湾修建海军基地，加强抵御外敌的海上实力。直隶总督李鸿章更是提出一揽子的洋务计划，认为不变通则战守皆不足恃，而和亦不可久。提出罢西征、借洋款、开利源，设立洋学局，开设格致、测算、舆图、火轮、机器、兵法、炮法、化学、电气学等科选收有志于此的人士入学，聘洋人为教师，对于学习成绩优秀者，“奏奖升阶，授以滨海沿江实缺，与正途出身无异”。改变传统的科举取士的办法，“择通晓时务大员主其事”。

洋务派学习西方的主张受到顽固派的坚决抵制。大理寺少卿王家璧等人认为，“礼义廉耻”是立国的根本，如果兴洋务，倡洋器，纲常崩溃，人心解体，大局不堪设想。”湖南巡抚王文韶、江苏巡抚吴文炳、两江总督李宗羲等人也公开反对丁日昌的“造耕织机器”之说，认为洋务会导致“失业者渐众，胥天下为游民，其害不胜言矣”。他们质问李鸿章、丁汝昌等人，生长在中国，受朝廷重恩，为什么要站在洋人一边说话？还谗言“臣在江南，闻丁日昌有‘丁鬼奴’之称，如此谋国，诚不知其是何居心”。

洋务派所以积极鼓噪“师夷”也有不能明示的“个人动机”。洋务派们各有各的“地盘”，各有各的派系，曾国藩、左宗棠虽名为湘系，但左宗棠自成体系。李鸿章是淮系集团，张之洞、沈葆桢、丁日昌等人也各成一派。这些派别在发展的过程中都各自为政、互不隶属，而且相互之间也存在着竞争，他们之间相互攻讦、相互掣肘现象时有发生。洋务派与顽固派之间关于“师夷还是不师夷”的争论，最终以和稀泥的方式不了了之。

透视这场论争可以看到，要改变几千年传统的格局，迈出向西方学习的“第一步”是何其艰难。中国首位驻外使节郭嵩焘提出：“西洋立国有本有末，其本在朝廷政教，其末在商贾、造船、制器，相辅以益其强。”

西方所以强大，表面上看似乎是由于商贾、造船、制器的繁荣，其实根源则在于有先进的政治体制——“朝廷政教”。什么是本，什么是末？在一片“师夷还是不师夷”的喧嚣争论中，郭嵩焘婉转地提出了“师夷”首先要清楚“夷”的“长技”到底是什么的问题。

当然，郭嵩焘这样入木三分的见解得不到理睬、得不到回应，是不足为奇的。

“长技”之路

洋务运动是清政府无奈之中的被迫之举、仓促之举，谈不上什么近期、长期发展规划。向西方学什么，怎么学习，就全凭洋务派们的“直觉”了。

从一次次战争失败的直觉中，洋务派力倡创办军事工业，创办制造“坚船利炮”的工厂，筹办海防，开始了“求强”之路。1861 年，曾国藩在安徽安庆创办了制造子弹、火药、枪炮的清朝第一个新式兵工厂——安庆制造所，迈出了洋务派创办军事工业的第一步。

安庆制造所的规模较小，以手工仿制开花炮、弹药及轮船，为湘军提供部分武器装备。所内“全用汉人，未雇洋匠”，有上百名工人，集合了一批当时中国著名的科学技术专家，如徐寿、华蘅芳、李善兰等。

1862 年 8 月，安庆制造所制造出我国第一台蒸汽机，1863 年初开始生产各种劈山炮和开花炮弹。后来，安庆制造所迁往南京，并入金陵机器制造局。

金陵制造局是李鸿章创办的。1862 年，李鸿章在上海松江创办了一个小兵工厂，制造炮弹、子弹。清军攻陷苏州，兵工厂移往苏州，并加以扩充，雇佣了几名外国工匠、几十中国工匠进行生产，改名为“苏州洋炮局”，能制造“大小炸炮，每月约千余个”。

李鸿章升任两江总督赴南京就职后，苏州洋炮局迁往南京，更名为“金陵制造局”。金陵制造局“已能制造多种口径火炮、炮车、炮弹、枪及各种军用品”。规模包括有机器厂三家，设有火箭局、火箭分局、洋药局、水雷局四局。

金陵制造局经历多年的扩充，购置设备，已拥有良好的设备近千工人，是规模仅次于江南制造局的近代化机器大生产的大型军工企业。

在洋务派创办的军事工业中，以曾国藩、李鸿章创办的江南机器制造总局规模最大，是洋务运动中军事工业的一面旗帜。江南制造总局是由曾国藩规划，李鸿章实际负责创办的，号称“东亚最大的兵工厂”。最初投资20万两建设，后期每年追加投入40万两，先后建有十几个分厂，最多时雇用工人达2800多人，还成立了附属机构，设有翻译馆、广方言馆等。

1867年，江南制造总局仿制出德国毛瑟11毫米前膛步枪，每天平均可以生产15支，这是中国自己生产的第一种步枪。1868年，生产出了中国第一艘木制汽船“惠吉号”。19世纪末，江南制造总局一年可以制造子弹9万发，地雷200枚，枪支2000支。

由于受到技术等诸多条件的制约，洋务派创立的军工厂所生产出来的枪炮等军备产品质量较差，费用也高于从国外直接购置。江南制造局在研制第一艘汽船后，陆续制造了数艘汽船，但船的速度不快，整体生产成本及消耗燃料都高，制造一艘船的费用大约可以从国外购买两艘。

洋务派们创办军事工业就是要用先进的武器来快速装备自己的部队，达到强兵的目的。但强兵是一个系统工程，并不能单靠枪炮就解决问题。洋务派创建的军事企业采用衙门式的管理，经费由政府调拨，生产不计成本，内无利润积累，外无市场联系，缺乏发展的动力，不可能发展壮大。

继“办工厂热”之后，洋务派又掀起了一场“海防热”。1888年12月，李鸿章受命组建北洋水师，选定在旅顺和威海两地修建海军基地，负责山东及以北的黄海的海上防务。

李鸿章通过向英国、德国订造的方式，使北洋水师很快拥有了扬威、超勇、致远、靖远、经远、来远等巡洋舰，定远、镇远铁甲舰。北洋水师拥有了号称世界第六、亚洲第一的海军舰队。

1875年，沈葆祯受命组建南洋水师，负责山东以南及长江以外的东海的海上防务。南洋水师的军舰多数为江南制造局及福州船政局所制造，只有少量购自英、德国，有巡洋舰、炮舰等17艘。

洋务派们可以通过花钱购买的方式在短时间内就能解决军舰“从无到有”的问题，但他们没有能力也没有智慧在短时间内解决提高军队战斗力的问题。洋务派们辛辛苦苦建立起来的南洋水师、北洋水师，很快就在中法战争、中日战争的隆隆炮声中灰飞烟灭。

1884年，法国远东舰队司令孤拔率舰6艘，侵入南洋水师的驻地——福建马尾港。战争开始后，清军主要将领畏战，弃舰而逃，福建水师各舰群龙无首，仓皇应战，很多舰只还没来得及起锚，就被法舰击沉。马尾海战的结果是南洋水师军舰被击沉9艘，伤2艘，被毁兵船十余艘，几乎全军覆灭。

1894年中日甲午战争爆发。北洋水师和日本联合舰队面临着相同的任务，就是护送援军，争夺朝鲜半岛附近海域的制海权。北洋水师与日本联合舰队在黄海发生遭遇战。黄海海战历时5个多小时，北洋水师损失致远、经远、超勇、扬威、广甲5艘军舰，来远舰受重创，死伤官兵千余人。日本联合舰队松岛、吉野、比睿、赤城、西京丸5艘舰受重创，死伤官兵600余人。

黄海海战以后，北洋水师退回旅顺、威海，“避战保船”不再出战，拱手将黄海制海权让给日本。1895年1月，日军2万人在山东荣成湾登陆，偷袭北洋水师驻地威海，并以军舰封锁港口。由于李鸿章避战求和，陆上防备亦未加强，威海卫最后失守。日舰队开进威海卫港，镇远、济远等4舰和6艘炮艇及全部军用物资被日军掠夺一空，北洋海军全军覆灭。

洋务派们的强军之梦之所以迅速破灭，除去装备、技术方面的原因外，更重要的在于体制腐败。在清朝腐朽的封建体制下，即便是有技术装备上的优势，在战场上清军也是很难取得胜利的。

中日甲午战争之前，日本联合舰队参谋东乡平八郎曾到北洋军舰上参观，他看到军舰的甲板上供奉着关公神像，吃剩的饭和垃圾随处可见，炮管里是厚厚的一层灰尘，甚至在军舰的主炮上，士兵们竟然晾晒着内衣内裤。东乡平八郎回国后，在给参谋本部的报告中写道：不用惧怕清军水师。从考察的情形看，这仗不用打，清军就已经输定了。

在中法战争的隆隆炮声中，在中日甲午海战呼啸的鱼雷声中，北洋水师、南洋水师灰飞烟灭，洋务派的“海上强国”的美梦宣告彻底破产。洋务派提倡洋务的目的在于“求强”，他们最初的想法很单纯，认为只要把西方的军事工业移植到中国来就能够实现“求强”的目标。在创办军事工业过程中，洋务派遇到了资金短缺、人才匮乏、原材料不足、交通运输落后等始料未及的一系列困难，“求强”之路举步维艰。由此，洋务派们才开始认识到，“中国积弱，由于患贫。西洋方千里、数百里之国，岁入财赋动以数万之计，无非取资于煤铁五金之矿、铁路、电报、信局、丁口等税”。只有“富”，才能有“强”，洋务派在继续经营“求强”的军事工业的同时，开始涉足民用工业，开始了“求富”之路。

洋务派创办的企业中，官办民用企业数量不多。较为重要的有台湾基隆煤矿、兰州织尼局、湖北织布官局、湖北汉阳铁厂等。

湖北汉阳铁厂由湖广总督张之洞于1890年主持动工兴建，三年后建成投产。建厂初期，因计划不周，所购设备不适于炼制大冶铁矿提供的含磷较高的矿砂，所炼钢料不符合铁路钢轨的要求，钢铁生产陷入困境。1896年，汉阳铁厂改为官督商办企业。至辛亥革命前，有炼铁炉3座，炼钢炉6座，年产生铁8万吨，钢4万吨，钢轨2万余吨。

洋务派创办的企业中，官督商办企业数量较多，其中煤矿企业有13处，金属矿企业有21处。较为重要的有直隶开平煤矿、江苏利国驿煤铁矿、安徽池州煤矿、江西萍乡煤矿、黑龙江漠河金矿、湖北大冶铁矿等。

开平矿务局筹办之初，李鸿章原打算官办，由于清政府财政困难，拿不出那么多资金，就改为官督商办。开平矿务局正式挂牌成立三年后，开始出产原煤。1881 年产煤 3613 吨，第二年产量增加到 38383 吨，第三年产量增加到 75317 吨。截至 1899 年，开平煤矿共产煤 527 万多吨，盈利 400 多万两。

在“求富”过程中，洋务派还涉足航运、电讯、纺织、铁路等领域，上海轮船招商局是洋务派创办的比较成功的企业之一。1872 年 12 月，李鸿章创办了轮船招商局。招商局主要从事客运和漕运，总局设在上海，分局设在天津、牛庄、烟台、汉口、福州、广州、香港以及国外的横滨、神户、吕宋、新加坡等处，资本共计 420 余万两。

招商局在运行过程中，遇到了英国太古、怡和，美国旗昌等外国在华轮船公司的激烈竞争。由于招商局有清政府的支持，外国轮船公司不得不与招商局签订“齐价合同”，即中外公司在各条航线上共同议定统一的价格，确定水脚收入和货源分配方案。轮船招商局的出现，打破了外国轮船公司垄断中国航运业的局面。

洋务派涉足民用工业时，汲取了经营军事工业的教训，在经营模式上改变了“一律官办”，采取了“官督商办”“官商合办”甚至出现了“商办”等灵活多样的模式。在经营手段上，改变了“官僚流程”，采用了贴近企业实际的“商业流程”。轮船招商局在创办章程中写道：“轮船之有商局，有外国之有公司也，原系仿照西商贸易章程，集股办理。”在集资方式上，招商局采用入股形式，即把资本分为若干股份面向社会招股集资。在经营管理上，招商局把所有权和经营权分离，其章程规定局务的具体管理和实施者是商总和商董阶层。在利润分配上，招商局实行按股付息分红，股票持有者凭证取息，股票是唯一的取息凭证，可以自由转让。在企业的组织上，招商局实行股东们选举经营管理机构——董事会。由此可见，招商局在集资、经营管理、利润分配、企业组织等环节上，都初步具备了近代资本主义股份制公司的基本特征。

无论洋务派们创办民用工业的真实目的是不是“求富”，抑或“求富”仅仅是“求强”的一种策略或一种手段，但中国的民族资产阶级由此诞生，中国的民族工业由此起步。

洋务派在从事民用工业时遇到各种阻力，举步维艰，这从洋务派们兴办唐胥铁路一事中可窥一斑。洋务派创办的唐山开平矿务局投产后，煤炭运输成为当务之急，兴修铁路势在必行。1881 年 11 月，由唐山煤矿至胥各庄，全长 20 华里的唐胥铁路建造完成，这是中国自行建造的第一条铁路。铁路修成后，洋务派因怕顽固派反对，声明以驴马拖载，遂成为铁路史上的奇观。直到第二年风声渐渐平息后，唐胥铁路才敢用机车牵引。

1887 年，洋务派成立铁路公司，唐胥铁路扩展至天津。顽固派大学士恩承、吏部尚书徐桐等人坚决反对，以“资敌”“扰民”“夺民生计”等罪状上书谏阻。为了说服慈禧太后，奕䜣利用承修三海工程之机，从法国买进机车、钢轨，在北京西苑修起了铁路，让慈禧太后实际体验火车的作用，促使慈禧下决心支持修建铁路，才使旷日持久的修筑铁路之争告一段落。

洋务运动开展了 30 多年，清朝主持修造的铁路全长不过 483 公里。

旧瓶与新酒

洋务运动之前，中国人才培养的摇篮是私塾。私塾，是一种开设于家庭、宗族或乡村内部的民间教育机构，以讲授儒家思想为主要内容，有塾师自己办的教馆、学馆、村校，有地主、商人设立的家塾，还有属于用祠堂、庙宇的地租收入或私人捐款兴办的义塾。

清代青少年真正读书受教育的场所，一般都在地方或私人所办的学塾里，因此清代学塾发达，遍布城乡。学塾以经费来源区分。富贵之家，多聘请老师在家教授子弟读书，称坐馆或家塾；贫寒之家，多在由乡村、宗族捐助钱财聘请老师教授子弟读书，称村塾、族塾或宗塾。还有教师私人设馆收费教授生徒的，称门馆、教馆、学馆、书屋或私塾。

私塾教师多为落第秀才或老童生，学生入学年龄不限，多为十二三岁以下。教授的内容多为识字，以《三字经》《百家姓》《千字文》为范本，教授的方法多为让学生熟读背诵，然后由教师逐句讲解。私塾除识字识理外，主要的目的是为参加科举考试做准备。

科举，是古代中国通过考试来选拔官吏的一项重要的政治制度。秦朝以前，官吏的选拔多为依照血缘世袭。汉代采取由地方官吏推荐的察举制办法，由州推举的称为秀才，由郡推举的称为孝廉。魏晋时期对察举制进行了改进，采用九品中正制，由中央特定官员，按出身、品德等考核民间人才，分为九品录用，但很难摆脱“上品无寒门，下品无世族”的现象。

从隋朝开始，实行以科举的办法选拔人才。唐朝的科举，分为常科与制科两类。常科每年举行，制科则是皇帝临时设置的科目。常科的考生有生徒和乡贡。生徒是指在国子监等国家设立的学馆入学考试合格的学生。乡贡是指通过府试、州试等地方考试合格的人。最常见的考试科目是进士和明经。进士一般试帖经、杂文、策论，分别考记诵、辞章和政见时务。明经一般试帖经、经义、策论。进士和明经的区别主要在于辞章和经义。唐朝的科举取士约一万人，唐代的所有宰相百分之八十是进士出身。

宋代进一步改良了唐朝的科举制度，确立了一套相当完整的体制。宋朝的科举制度公平性大幅提升，许多大臣的子孙也未考上科举，仅能担任中低阶官员，因此当时还产生“富贵不过三代”的俗语。

元朝科举制明确以朱熹集注的四书为所有科举考试者的指定用书，并以朱熹和其他宋儒注释的五经为增试科目的指定用书，这一变化最终确定了程朱理学在今后600年里的国家正统学说地位。

明朝的科举制，在元代基础上改良并得到发展，制度趋向完善，规模趋向增加，但考核的内容却开始僵化。科举考试时皆以四书的内容命题，要求考生以古人的语气阐述经义，“代圣人立言”，用八股文作答。八股文有很多格式上的要求，极为讲究形式。只要求因循前人的思想，以华丽词藻作出合乎格式的漂亮文章，近乎文字游戏，不能有独立思考、创新见解。考生的实际见识和才学在八股文的要求下反而被忽略。不少考生索性舍四书五经，专门钻研为应付考试而设称为“帖括”的八股文范文选刻本。明朝277年，开科89次，取进士24536人。清朝科举基本承袭明制，267年开科112次，取进士26000人。

科举制度在中国实行了1300年，对中国以至东亚、世界都产生了深远的影响。隋唐以后中国的社会结构、政治制度、教育、人文思想无不受科举的影响。如果说早期科举制度在不拘一格选拔人才、培养人才方面起到了一些正面作用，到了近代其负面作用显而易见。周作人曾将八股文与“鸦片”、“缠足”、“阉人”并列，认为是荼毒中国人的“四大害”。

洋务派创办了近代企业，企业的生存与运行需要懂管理、懂技术的人才。私塾、科举制度无法实现与近代工业对接，于是如何改变人才培养模式成为洋务运动不可逾越的大问题。

1862年7月，奕䜣、李鸿章、曾国藩在北京设立同文馆，附属于总理衙门。同文馆聘请西方人为教习，英国人赫德任监察官，实际操纵馆务，开始了近代创办学堂之路。同文馆最初只设英文、法文、俄文三班，后陆续增加德文、日文及天文、算学等班。招生对象开始限于24岁以下八旗子弟，1862年6月入学的人仅为10人，以后扩大招收年龄较大的八旗子弟和汉人学生，以及30岁以下的秀才、举人、进士和科举正途出身的五品以下满汉京外各官，入学学生逐年增多。

同文馆规定，课程计划为八年：第一年，认字、写字，讲解浅书；第二年，练习句法，翻译句子；第三年，讲读各国地理及史略，翻译选编；第四年，讲求数理启蒙及代数学，翻译公文；第五年，讲求格物、几何原本、平三角、弧三角，练习译书；第六年，讲求机器、微分积分、航海测算，练习译书；第七年，讲求化学、天文、验算、万国公法，练习译书；第八年，讲求天文、测算、地理、金石、富国策，练习译书。同文馆考试严格，有月课、季考、岁考三种。每三年举行大考一次，列入优等者，升官阶，次等者，记优留馆，劣等者，除名。馆内待遇较优，除膳食、书籍、纸笔由官家供给外，每月有薪水十两。

同文馆有统一的课程设置和管理章程，基本不学四书五经之类的传统科目，被视为中国近代新式学校的发端。学生毕业后，多数任政府译员、外交官员、洋务机构官员、学堂教习。同文馆还附设印书处、翻译处，先后编译、出版了自然科学及国际法、经济学书籍二十余种，还设有化学实验室、博物馆、天文台等。1902 年 1 月，同文馆并入京师大学堂。

北京同文馆开设后，洋务派又在各地相继开办了一些科技学堂和军事学堂。据统计，到甲午战争前后，各地开办学堂 34 所，毕业的学生有 1000 多人。

从 19 世纪 70 年代开始，洋务派开始向外国派遣留学生，开始了近代中国最早的官派留学生。1872 年至 1875 年间，由容闳倡议，在曾国藩、李鸿章的支持下，清政府先后派出四批共 120 名学生赴美国留学，这批学生出洋时的平均年龄只有 12 岁。

1872 年 8 月 11 日，第一批幼童由上海出发，跨越太平洋，在美国旧金山登陆，乘坐刚刚贯通北美大陆的蒸汽火车，到达美国东北部的新英格兰地区，开始了他们长达 15 年的留学生涯。幼童们被分配到 54 户美国家庭中生活，到 1880 年共有 50 多名幼童进入美国的大学学习。其中 22 名进入耶鲁大学，8 名进入麻省理工学院，3 名进入哥伦比亚大学，1 名进入哈佛大学。

留美幼童接受西方的教育，学习自然科学和人文社会科学知识，渐渐地对学习四书五经等儒家经典失去了兴趣，对烦琐的封建礼节不大遵守。留美幼童的这些变化被清政府保守官僚视为大逆不道，原定 15 年的幼童留美计划中途夭折，全部学生被召回国，只有极少数人完成了全部学业。

首批官派留美学生的留学之路历经坎坷，直到20世纪初，这些当年的留美幼童才纷纷成为朝廷重臣，活跃在铁路、电报、矿冶这些新兴产业，在外交领域代表清朝政府，足迹遍布世界各地。他们当中有运用折返线原理修建京张铁路的“中国铁路之父”詹天佑，促成南北议和的民国时期著名的政治家、外交家唐绍仪，清华大学首任校长唐国安，北洋大学校长蔡绍基，驻美国公使梁诚等。

洋务派在创办近代工业的过程中为了培养所需的技术人才，摆脱在生产技术上依靠外国人的状况，兴办了一批新式学堂，第一次将西方自然科学和工业技术带进课堂，从而培养出我国第一批造船、航海、机器制造以及近代医学等方面的人才。数学家华蘅芳、化学家徐寿和徐建寅父子等人就是在办洋务的实践中成长起来的。

近代新式学堂的出现改变了人才培养的方向，开创了中国教育新篇章。洋务运动创办的新式学校造就了一批具有资产阶级思想的知识分子，在改革封建文化教育制度上打开了缺口，这是洋务运动中最成功、最有远见卓识的一项内容。

洋务运动的口号是“中学为体，西学为用”。洋务运动的领导人曾国藩、李鸿章等人都是清朝的封疆大吏，无论从哪个角度上讲他们都不可能提出“西学为体，西学为用”。随着“西学”的不断深入，“西学”渐渐侵蚀着“中体”，这是洋务派们始料未及的。

“西学”侵蚀“中体”，开始于教育制度层面上。随着洋务运动的开展，洋务派们切实感到科举制度无法支撑洋务运动的开展。李鸿章在《筹议海防折》中指出：“洋学实有逾于华学者，何妨开此一途”，提出要设立“洋学局”。李鸿章在给曾国藩的信中抱怨：大清国的政体是“官与民、内与外均难合一”。随着洋务运动的深入，改良“中体”的“议院说”也开始出现。

洋务运动“倡西学”，创办了中国第一批军工企业和现代工业，在物质条件和管理经验层面上也推动着人们对“中体”认识的深化。在洋务运动30多年的时间里，洋务派在各地先后创办了大约20个制造枪炮、弹药和船舰的近代军工企业，40个近代民用工矿企业，还修筑了共计483公里的铁路，架设了沟通全国主要省份的通讯线路数十条，基本上形成了全国的电讯网。尽管洋务企业机械化的程度还很低，各企业内部仍大量使用手工劳动，但它们毕竟引进了西方先进的机器和工艺，在生产技术方面发生了空前的大变革，使中国破天荒地出现了近代工业文明的曙光。

由于洋务派创办企业缺乏经验，在经营管理方面走了不少弯路。在选定汉阳钢铁厂厂址时，张之洞为了在总督衙门就能够看到工厂的烟囱，将厂址选在远离铁矿、煤矿的汉山脚下，这不仅大大增加了煤铁转运的开销，还为修筑厂基多花了100多万两白银。

洋务派在兴办企业初期走一段“弯路”是难以避免的，但这些失败的教训为日后民族资本主义企业的成长壮大提供了宝贵的经验。

洋务运动中，一些地主、官僚和富商投资于近代工矿企业，孕育了中国民族资本家。洋务派在创办民用企业时采取“官督商办”或“官商合办”的方式，招引私人投资。这些企业后来或转化为官僚资本，或发展为单纯的商办企业，转而成为了民族资本主义企业。洋务运动打破了洋货一统天下的局面，在一定程度上抵制了西方的经济侵略。洋务运动使中国社会的阶级结构发生了变化，使中国资产阶级和无产阶级以及新式知识分子逐渐产生和成长起来。

应当说，洋务派在内忧外患下抉择“实业救国”的发展路径本身没有什么问题。虽然洋务运动离“求强”“求富”的目标还很遥远，但毕竟为在半殖民地半封建泥潭中挣扎的近代中国指明了一条全新的前进路径。洋务运动的问题在于，“西学”的“新酒”能不能装入“中学”的“旧瓶”。在殖民主义风靡全球，西方殖民主义加紧对中国的侵略，中国已然沦为半殖民地半封建社会的条件下，在不触动腐朽的封建制度这个“旧瓶”的前提下，“中学为体，西学为用”模式的抉择行不通。近代中国发展道路的抉择必然要由“西学”深化至“西体”。

望着即将陨落的大清帝国，躺在病榻中的李鸿章可能会祈祷，祈求上帝再多给自己一点时间，他好力挽狂澜，阻止大清帝国的倒塌。但李鸿章不会明白也不可能明白，只有大清帝国的陨落，实业救国的曙光才可能在中国的大地上真正升起。

第四章　犹抱琵琶半遮面

中法战争、中日战争的隆隆炮声，使得洋务派辛辛苦苦建立起来的南洋水师、北洋水师顷刻间灰飞烟灭。

在“实业强国”、“实业救国”的余音未尽中，“蕞尔小国”日本通过明治维新迅速崛起。日本发动侵华战争，在中日对决中，中国惨败，《马关条约》割台湾岛、澎湖列岛及其附近岛屿给日本，赔款2亿两白银。中华民族面临着前所未有的民族危机。

痛苦困顿中的精英们开始将抉择的目光由“中学为体，西学为用”，转向对“中体”的批判和改造上。

康有为、梁启超以“一介布衣”的身份奔走呼喊，一场要求变革政治体制的维新变法风暴席卷而来。

“布衣之人”康有为

维新声浪的高涨与中日甲午战争的惨败有着直接的联系。梁启超说："吾国四千余年大梦之唤醒，实自甲午战败割台湾偿二百兆以后始也。"甲午战败，空前的民族危机引发了社会各阶层强烈的忧患意识，形成了变法维新的无形氛围。京城上下，从官僚到百姓都在议论时政，都在要求变法。英国传教士李提摩太在描写甲午战败后中国的情形时，曾这样写道："侧闻京邸大僚之议论，翰林御史之条陈，外省督抚学政之文告、奏章，皆谓不变法不能救中国。"救亡图存吹响了变革维新的号角。

日本发动对中国的侵略战争蓄谋已久。早在1868年明治天皇登基伊始，日本便极力鼓吹军国主义，以实行对外扩张为基本国策，并将侵略矛头首先指向其近邻朝鲜和中国。明治政府抓紧改革军制，推行近代军事教育和训练，积极扩军备战。到甲午战争爆发前，日本陆军建成6个野战师和1个近卫师，现役兵力12.3万人。日本海军拥有军舰32艘、鱼雷艇24艘，排水量达6.2万余吨。日军还派遣大批特务，到中国和朝鲜搜集军事情报，绘制详细的军用地图。

清政府对日本的侵略野心有所察觉，北洋大臣李鸿章曾指出，日本将为"中土之患"。1874年日本侵犯台湾事件后，清政府加强海防建设以京师门户北洋为设防重点，主要防御对象为日本。1888年，北洋海军正式编练成军，有舰艇25艘，官兵4000人。到甲午战争前，北洋舰队的大沽、威海卫和旅顺三大基地基本建成，清朝陆海军总兵力达到80余万人。

1894年春，朝鲜爆发东学党农民起义，朝鲜政府请求清政府派兵协助镇压。清军首批部队抵朝。日本以清军入朝为借口，大批调遣日军赴朝，迅速抢占从仁川至汉城一带各战略要地，设立战时大本营。日本强逼朝鲜政府废除中朝通商条约，成立傀儡政府，驱逐清军出境，中日战争一触即发。

日本联合舰队发动丰岛海战，在丰岛附近海域对中国运兵船及护航舰只发动突然袭击。日本陆军向由牙山移驻成欢的清军叶志超部发动进攻，清军败退平壤。1894年8月1日，清政府被迫对日宣战。同一天，明治天皇也发布宣战诏书。中日甲午战争爆发。

日本战时大本营在挑起这场战争之前，制定了海陆军统筹兼顾的作战大方针。其战略目标是在中国直隶平原与清军进行主力决战，打败清军，压迫清政府屈服。认为能否达此目标，关键在于海军作战之胜负。为此，日本大本营提出了两栖作战计划：首先派陆军一部进入朝鲜，以牵制清军；海军则寻机与中国海军主力决战，迅速夺取黄海制海权。而后作战则视海军胜败情况而定。如海军取胜，掌握了黄海制海权，陆军便由渤海湾登陆，实施直隶平原决战。如海上决战胜负未分，则以舰队控制朝鲜海峡，协助陆军主力占领整个朝鲜。如舰队决战失败，制海权归于中国，则以陆军主力实行本土防御，海军守卫本土沿海。

清朝方面由于高层主战、主和意见分歧，相互掣肘，事先既未组成专门的作战指挥机构，更无统筹全局的战略指导，将战争的结局寄希望于俄、英等国的调停上。清政府在海陆战端已启的情况下仓促宣战，并命令北洋大臣李鸿章严饬派出各军，迅速进剿，沿江、沿海遇有倭人轮船驶入各口，即行迎头痛击悉数歼除，实行的是海守陆攻的作战方针。清政府拟定的战略是：增调陆军赴朝鲜，先在平壤集中然后南下驱逐在朝鲜的日军，以海军各舰队分守各自防区海口，北洋舰队集结于黄海北部，扼守渤海海峡，确保京畿门户安全，并策应在朝鲜的军队。

战争的第一阶段，清朝陆军自平壤败退鸭绿江，日本海军夺得黄海制海权。日军第五师和第三师一部由汉城等地出发，分四路向平壤推进，对平壤清军采取包围之势。提督叶志超奉命总统平壤各部清军，因其战守无策，各部心志不齐。日军分三路总攻平壤，叶志超等弃城而逃，退至鸭绿江以北中国境内，陆上作战全线败退。

在海上，北洋舰队在完成护航任务后正准备由大东沟口外返航，与日联合舰队遭遇，随即爆发了著名的黄海海战。战斗历时 5 个多小时，北洋舰队沉毁 5 舰，伤 4 舰，日本联合舰队伤 5 舰，海上作战双方损失惨重。

战争的第二阶段，日军突破清军鸭绿江防线，并在花园口登陆。驻守鸭绿江北岸的清军共82营约3万人，四川提督宋庆为诸军总统，防线分中、东、西三段，以九连城一带为主防御阵地，兵力成一线部署，各部之间缺乏协同，不服从调动，士气不振，内又无强大预备队。日军第一集团军先于九连城上游的安平河口突破成功，继于虎山附近的鸭绿江上搭浮桥抢渡并攻占虎山。其他各部清军闻虎山失陷，不战而逃。日军未遇抵抗即占领九连城和安东。清军鸭绿江防线崩溃。

在日军第一集团军进攻鸭绿江清军防线的同一天，日军开始包抄旅顺军港并在花园口登陆。日军的登陆活动历时十余天清军竟坐视不问，日军攻占金州，不战而得大连湾。

日军向旅顺口进逼，驻守旅顺口地区的清军7名统领互不统属，1.4万余名官兵军心涣散，只有总兵徐邦道指挥拱卫军奋勇抗击。日军攻陷旅顺口，并血洗全城。旅顺口失陷，日本海军在渤海湾获得了重要的前方基地，渤海湾门户洞开，北洋舰队深藏于威海卫港内“按兵不动”，战局更加急转直下。

战争的第三阶段，清军在山东半岛和辽东两个战场全面溃败。日军大本营鉴于渤海湾冬季封冻，登陆困难，决定暂时搁置直隶平原决战方案，代之以进攻威海卫，消灭北洋舰队，为而后直隶平原登陆决战进一步提供安全保证的新计划。为此，以陆军第二集团军为基础组建“山东作战军”。以陆军第一集团军在辽东战场进行佯攻，继续吸引清军主力。

清廷对日军主攻方向再次判断失误，以为日军第一、第二集团军将并力攻取奉天，以主力打通锦州走廊，进逼山海关，然后与从渤海湾登陆之部队会合进攻北京。因此，以重兵驻守奉天、辽阳及天津至山海关一线，关内外总兵力达10万以上，山东半岛仅部署官兵3万余人，其中驻守荣成仅1400余人。至于北洋舰队，则根据李鸿章“水陆相依”的防御方针，龟缩于威海卫港内。

日军在荣成龙须岛登陆，占荣成、威海卫城。日军水陆配合攻击威海刘公岛和港内北洋舰队，北洋舰队提督丁汝昌自杀殉国，威海卫海军基地陷落，北洋舰队全军覆灭。清政府与日本签订了《马关条约》，中日甲午战争结束。

1895 年 1 月底，清政府派户部侍郎张荫桓、湖南巡抚邵友濂为全权大臣，并聘请前美国国务卿科士达为顾问赴日求和。日本借口张、邵二人“全权不足”，拒绝谈判，并将清政府代表驱逐出境。

急于和谈的清政府改派李鸿章为全权大臣，赴日本求和。李鸿章携子李经方和美国顾问科士达等人，前往日本马关议和。就在中日双方第三次谈判结束后，满怀心事的李鸿章步出谈判的地点春帆楼，准备乘轿返回驿馆休息。谁知，就在李鸿章的轿子快到达驿馆时，人群中突然蹿出一名日本男子，在左右未及反应之时，对李鸿章开枪行刺。李鸿章左颊中弹，血染官服，当场昏厥过去。一时间，现场大乱，行人四处逃窜，行刺者趁乱躲入路旁的一个店铺里。随员们将李鸿章抬回驿馆进行急救。子弹没有击中要害，只伤到左眼下角，并没有伤到眼睛。

李鸿章在日遇刺立即引起了国际社会的关注，各国驻日公使馆的医生都纷纷赶来为李鸿章看病。日本医生建议开刀，但德国和法国医生坚决反对，认为既然不妨碍李鸿章的视力，弹片留在体内无妨。德国和法国的医生担心，如果贸然手术，恐危及李鸿章的性命。

行刺事件发生后，日本警方很快抓到了凶手。刺客小山六之助，是日本右翼团体“神刀馆”的成员。他不希望中日停战，更不愿意看到中日议和，想借刺杀李鸿章挑起中日之间的进一步矛盾，将战争继续下去。小山六之助的想法与日本政府此时的意图大相径庭。日本政府本来拟就的谈判方略是借战争逼迫清政府签订不平等条约，然后见好就收。此时的伊藤博文最担心的就是有什么把柄落在列强手中，让一直虎视眈眈的西洋各国从中干涉，坐收渔翁之利。小山六之助的行为无异于授人以柄。听到李鸿章遇刺的消息，伊藤博文气急败坏地说：

“这一事件的发生，比战场上一两个师团的溃败还要严重!”

得知李鸿章遇刺，清政府发来慰问电，除询问伤势之外，还指示李鸿章应趁“彼正理屈之时，据礼与争”。如果七十三岁的李鸿章以“遇刺事件”就势回国，也许《马关条约》的内容就不会是后来那个样子。可是被列强与日本欺负得没了脾气的清政府压根儿没有想过“回国”，只是担心如果不及早结束谈判，在华日军将会继续制造战端，危及京师安全。

按照国际惯例，日本当局对李鸿章的安全负有责任，担心因“李鸿章遇刺事件”而使条约签订节外生枝，于是伊藤博文来到李鸿章的驿所，告之日本天皇已下令停战，希望条约早日签订。李鸿章不禁暗暗窃喜，心想几天来在谈判桌上口干舌燥没能取得的战果，竟然会因为自己的遇刺而峰回路转。中日停战条约加速完成签字。

甲午战争对远东战略格局产生了深刻的影响。日本占领台湾，又获2.3亿两白银的战争赔款，经济迅速崛起，扩军备战更加充分，开始成为远东的主要战争策源地。日本的崛起又改变了远东地区英、俄对立和争霸的原有格局。列强在远东的角逐日趋激烈，预示着一个更加动荡不安的时代的到来。

甲午战争后，李鸿章因北洋水师覆灭，签订丧权辱国的《马关条约》，声誉扫地。湖广总督张之洞取代李鸿章，成为洋务派的新领袖。

张之洞，河北南皮人，同治年间进士，曾任山西巡抚、两广总督、湖广总督、两江总督、军机大臣等要职。洋务运动中，创办汉阳铁厂、大冶铁矿、湖北枪炮厂等企业，为近代中国民族工业及军事工业的发展做出了开创性的贡献，与曾国藩、李鸿章、左宗棠并称“晚清四大名臣”。

张之洞一生在清廷权力的中心周旋，对激进的改良派和革命派采取高压镇压态度，树敌颇多，死后毁誉不一。《天津大公报》评论说：张之洞一生“毫无宗旨，毫无政见，随波逐流，是媚主以求荣之人”。梁启超认为，张之洞是“浮华之人”。孙中山对张之洞的评价较高，认为张之洞是“不言革命之大革命家”。

受甲午战败的刺激，洋务派不再像先前那样死守“中学为体，西学为用”的教条，开始转向“西艺非要，西政为要”。但此时已经不再是洋务派站在时代最前沿执社会牛耳呼风唤雨的时期。全社会的焦点因“公车上书”事件的发生，聚焦到一个叫康有为的举人身上。康有为，出身仕宦家庭，早年受儒学影响很深。1880 年游历香港，令他大开眼界，开始阅读《海国图志》《瀛环志略》等书，“购地球图，渐收西学之书”，康有为由“中学”开始转向“西学”。

1882 年，康有为到北京参加会试，途经上海，进一步接触到了资本主义的事物，并收集了不少介绍资本主义各国政治制度和自然科学的书刊，使他逐步认识到资本主义制度比大清帝国制度的先进之处。1888 年，康有为到北京参加会试，没有考取。他上书光绪帝，痛陈国家的危亡，批判官僚政客的因循守旧，提出了“变成法，通下情，慎左右”三条变法纲领。

回到家乡广州，康有为开办万木草堂学馆，聚徒讲学，为变法维新制造舆论。期间先后写了《新学伪经考》《孔子改制考》《大同书》等著作。在《大同书》中，康有为描绘了人世间的种种苦难，提出大同社会将是无私产、无阶级、人人相亲、人人平等的人间乐园。青年时代的毛泽东受康有为《大同书》的影响很大，多年后他曾这样评价康有为：康有为写了《大同书》，却没有也不可能找到一条到达大同的路。

1895 年春，各省举人会试后在京等待发榜。《马关条约》签订的消息传到北京，各省举人群情激愤，台湾籍的举人更是痛哭流涕。康有为、梁启超被众人推举为代表，写成万言“上皇帝书”，共 1200 多人联名签署，到“都察院”门前请代奏光绪帝。

依照惯例，各省进京参加会试的举人都乘坐公家车辆，所以人们对进京参加会试的举人称为“公车”。由于上皇帝万言书请愿活动是由各省进京参加会试的举人发起，人们将这次请愿活动称为“公车上书”。在上书中，康有为、梁启超提出，拒绝和谈，迁都西安，与日本应战，加强军队建设，锻炼新军，进行维新变法。“公车上书”揭开了维新变法的序幕。

康有为、梁启超发动维新变法完全是由于当时的局势仓促而为之，故各种准备工作非常不充分。维新变法的领导人康有为对西学的了解十分有限，他的维新理论更多地表现为“儒表西里”的特点。

在《孔子改制考》一书中，康有为虚构出一个首创“改制”的孔子，实际上是用近代西方社会政治思想，把孔子“装扮”成托古改制的“素王”，目的是为托古改制，为变法造势，以减轻维新变法的阻力。在书中，康有为以西方进化论附会传统的公羊学说，宣称人类社会是按照“据乱世”“升平世”“太平世”的顺序演变的，相对应的政治体制是君主专制时代、君主立宪时代和民主共和时代，以此来论证变法维新的必然性。

维新变法的另外一个领袖梁启超对西学的认知与康有为非常相近。

梁启超，广东新会人，早年熟读“四书”“五经”，聪颖过人，“八岁学为文，九岁能缀千言”，十一岁考取秀才，十六岁考取举人，被誉为“神童”。1891 年，梁启超结识康有为，开始转向维新变法。梁启超文笔犀利，文章脍炙人口，在宣传维新变法中，依然沿袭了“外儒西里”的模式。在《论君政民政相嬗之理》一文中，梁启超以孔子的“三世说”、西方的进化论及欧美诸国历史进程说明，历史发展的共同规律，必经“君主专制”“君主立宪”，最终变为“君民共立”之世。

西学在我国传播的时间短，水平低，熟悉西方资本主义政治学说的人寥若晨星。康有为在宣传维新学说时，把西方资本主义的政治学说蒙上了一层儒学的外纱。康有为是今文经学的大师，对儒学有深刻的研究和深厚的感情，在鼓吹维新变法的时候，他采取“儒表”的方式，一方面使他游刃有余地扬自己的中学之长，同时又可以避开对西方政治学说了解有限的“西里”之短。

在维新变法阵营中很多人虽然主张向西方学习，进行维新变法，但他们大多类似于康有为，缺乏对“西学”的深刻理解。维新变法阵营中，真正对“西学”有深刻理解之人当属严复。

严复，福建侯官（治今福州）人，毕业于福建马尾船政学堂，被清政府官派留学英国。1877 年到 1879 年，严复先入朴次茅斯大学，后转到格林威治海军学院。留学期间，严复对英国的社会政治发生了浓厚兴趣，开始涉猎西方政治学术理论，尤为赞赏达尔文的进化论观点。毕业回国后，严复曾任天津北洋水师学堂校长、京师大学堂译局总办、上海复旦公学校长、安庆高等师范学堂校长等职务。

严复提倡西学，不赞同洋务派“中学为体、西学为用”的观点。他说：中国最重三纲，而西人首言平等。中国亲亲，而西人尚贤。中国以孝治天下，而西人以公治天下。中国尊主，而西人隆民。严复认为，“体”与“用”不能分割，“体用一致”，提出“以自由为体，以民主为和”，主张变法维新。

严复的另一个重大贡献在于翻译了亚当·斯密的《原富》、斯宾塞的《群学肄言》、孟德斯鸠的《法意》等西方著作，首次把西方的古典经济学、政治学理论以及自然科学和哲学理论较为系统地引入中国，尤其是翻译的英国人赫胥黎撰写的《天演论》，影响巨大。书中的“物竞天择”、“适者生存”、“优胜劣汰”的理念，伴着救亡图存的声浪，与维新变法遥相呼应，在中国大地迅速传播。康有为称赞严复是中国西学第一人。胡适评价严复是“中国介绍近世思想的第一人”。

维新派传播维新思想的主要途径是创办报纸，成立学会。康有为在北京创办《万国公报》，后改为《中外纪闻》，将报纸“遍送士夫党人”，使之“渐知新法之益”。康有为又在北京成立以“为中国自强”为宗旨，以“开风气，开知识”“合大群”为目的的强学会，鼓吹维新变法。梁启超在上海创办《时务报》，严复在天津主编《国闻报》，谭嗣同在湖南成立强学会、创办《湘报》。一时间，各种宣传维新变法的报纸和学会如雨后春笋。到戊戌变法前，各种宣传维新变法的学会、报馆和新式学堂已多达300多个，议论新政、谈论变法的呼声一浪高过一浪。

帝党后党之争

1856年，第二次鸦片战争爆发，英法联军逼近北京，京城震动。咸丰皇帝将与英法和谈的事情交给自己的弟弟恭亲王奕䜣，自己匆忙带着家眷逃往承德避暑山庄。奕䜣是咸丰的亲弟弟，为人机智、练达，很有才干，相比之下，身为皇帝的咸丰却显得平庸无能。奕䜣遭到咸丰帝的猜忌，咸丰疏远奕䜣，重用肃顺等人。恭亲王奕䜣虽然握有与英法和谈的大权，但清政府的实权并不掌握在奕䜣手里，而是掌握在跟随咸丰逃往热河的载垣、端华、肃顺等一班人手里。这些大臣将奕䜣视为政敌，千方百计地排挤奕䜣，不让奕䜣随驾到热河。

在避暑山庄，咸丰皇帝连病带气，病死热河，唯一的儿子、六岁的载淳即位，年号定为“祺祥”。咸丰临终前，遗命载垣、端华、肃顺、景寿、穆荫、匡源、杜翰、焦佑瀛八人为“赞襄政务大臣”，辅佐年幼的载淳。同时又将“御赏”和“同道堂”的两枚御印，分别赐给了皇后和载淳的生母懿贵妃慈禧，并颁诏说，此后新皇帝所颁的一切诏书，都要印有这两枚御印才能有效。

年幼的载淳继位，两宫皇太后“垂帘听政”，与“顾命八大臣”之间发生权力矛盾。慈禧要掌握实权，“顾命八大臣”载垣等以“本朝未有皇太后垂帘”的理由加以反对。于是，慈禧与恭亲王奕䜣联手，抓住并利用官民对英法联军入侵北京、火烧圆明园的强烈愤怒，对“承德集团”不顾民族、国家危亡而逃到避暑山庄的极大不满，把全部历史责任都加到“顾命八大臣”头上，并把咸丰皇帝到承德的责任加到他们头上，从而取得了政治上的主动，“顾命八大臣”则成了替罪羊。

从承德回北京后，慈禧与奕䜣发动政变，下令将肃顺斩首，令载垣、端华自尽，另外五大臣则被革职或充军。宣布废除八大臣原拟的“祺祥”年号，改为“同治”，两宫太后垂帘听政，恭亲王奕䜣为议政王大臣，军机大臣领班。

同治皇帝未等成年掌权，暴病夭折。慈禧立醇亲王奕譞之子——四岁的载湉为帝，年号“光绪”。慈禧垂帘听政，掌管实权的政治格局得以延续。

1889年，光绪帝举行大婚典礼，开始了名义上的“亲政”。对慈禧垂帘听政心怀不满的部分官僚开始聚集在“亲政”的光绪帝周围，组成了“帝党”，与聚集在慈禧周围的“后党”开始明争暗斗，角逐权力。

“帝党”与“后党”的争斗最初是在暗中进行。中日甲午战争的爆发，使“帝党”与“后党”阵营逐渐泾渭分明，争斗也日趋激烈。

甲午战争前，在对日作战问题上，清朝内部就存在两种不同的主张。一派是以李鸿章为首的“后党主和派”，一派是以光绪皇帝的老师翁同龢为首的“帝党主战派”。

翁同龢，江苏常熟人，咸丰六年状元，先后担任同治、光绪两代帝师，历任户部、工部尚书、军机大臣兼总理各国事务衙门大臣。翁同龢所以“主战”，原因有二：一是为了报私怨。在太平天国时期，翁同龢的哥哥翁同书任安徽巡抚，在与太平天国作战的时候，弃被围定远城逃跑，犯失守封疆之罪，结果被谪戍新疆。当时极力主张弹劾翁同书的是李鸿章，由此翁同龢与李鸿章结下了难解的“私怨”。二是为了打压“后党”气焰。翁同龢与“后党”中坚李鸿章大唱反调，可谓一箭双雕。若战争真的打起来，站在战争最前沿不是“帝党”，而是掌管兵权的李鸿章。无论战争的结果如何，翁同龢都可能从中得利。若战争胜利，翁同龢力挺“主战”，理所当然地会成为抗倭英雄；若战争失败，翁同龢可以将战争失败的责任一股脑儿地推向李鸿章，借机打压“后党”势力。

清政府高层关于“主战”还是“主和”的争论，完全立足于权力的争斗，双方都不是从中国的实际出发，认真思考应该如何应对日本。中国与日本作战应当采取什么样的策略，这一点连当时身处局外的英国人都看得非常清楚。英国海军部情报处就曾明确指出，中日甲午一战，“不管从哪个角度讲，中国军队都是前途未卜的。”“总的来说，他们都是缺乏训练，没有组织，没有合格的指挥人员。因此，在现有条件下，中日如果交战，只能有一种结果。”“中国要想取胜日本，只能通过大幅度拖延时间，譬如说两年或三年。”海关总税务司英国人赫德也曾作过类似的预测：“日本在这场新战争中，料将勇猛进攻，它有成功的可能。中国方面不免又用它的老战术，但是只要它能经得住失败，就可以慢慢利用其持久的力量和人数上的优势转移局面，取得最后胜利。”“中国如能发挥持久的力量，在三四年内可以取胜。”

从中日甲午战争初期，日军进入朝鲜，到战争爆发后日本袭击中国海军，再到两国正式宣战，清政府高层始终未认真讨论对日作战部署，也没有达成任何统一的对日作战方针。甲午战争的结果，以大清帝国的失败告终。从黄海海战到北洋海军全军覆没，从赴日谈判到《马关条约》的签订，“后党”中坚李鸿章难逃干系，成了千古罪人，臭名昭著。

甲午战败，西方各国趁火打劫，夺取矿权与铁路修筑权、强占港湾和租借地，划分势力范围，掀起了瓜分中国的狂潮。俄国通过《中俄密约》，夺取中东铁路修筑权，通过《旅大租地条约》，占据旅顺、大连，取得修筑连接中东铁路和旅顺、大连铁路的权利。东北全境、长城以北及西北地区，成为俄国的势力范围。英国通过《展拓香港界址专条》和《订租威海卫专条》，迫使清政府承认长江流域为其势力范围，巩固了在华南的势力。德国通过《胶澳租界条约》，不仅长期租占胶州湾，而且取得在山东境内修铁路、开矿山等特权，把山东变成德国的势力范围。法国通过《广州湾租界条约》，强租广州湾99年，取得修铁路、办中国邮政等特权，将云南、广东、广西地区划成法国的势力范围。日本驻华公使矢野照会清政府，要求清政府声明，不将福建省让与别国，福建成为日本的势力范围。美国因忙于同西班牙的殖民战争，无力插手中国，但通过“门户开放”政策，在中国取得了与各国同样的利益。

中国民族危机空前加深，“人思自奋，家议维新”成为一股巨大的社会潮流。在“帝党”与“后党”的权力斗争中，“帝党”企图利用维新变法来打压“后党”。从“帝党”的角度上看，这是他们能够战胜“后党”的最好选择，也是唯一选择。

光绪帝起用布衣出身的康有为、梁启超、谭嗣同等人，并非他从内心真正拥护变法，不过是一种权宜之计。若变法取得成功，“帝党”必将乘势全面掌权，“后党”体系将全面崩溃，慈禧垂帘听政的局面将不能延续。

维新声浪的迅猛高涨，社会各界对“后党”主战不利的责骂，使年轻的光绪帝在权力争斗的基本态势判断上发生错觉，似乎“后党”崩溃指日可待。一向做事谨慎，谨小慎微，事无巨细都向慈禧请示的光绪，开始撇开慈禧，试图真正“亲政”。光绪皇帝开始任命谭嗣同等人为军机章京，在军机处行走，秉承光绪帝旨意，绕过“后党”，直接去执行。

“帝党”与“后党”争斗的胜负决定因素，最后聚焦到了一个“小人物”——袁世凯——的身上。

袁世凯，河南项城人，出身官宦，早年从军。甲午战败后，袁世凯在天津小站编练“新建陆军”。袁世凯位卑言轻，“帝党”与“后党”都没有特别看重袁世凯。

袁世凯个人倾向于维新变法，政治立场上自然倾向于“帝党”。袁世凯的官职是直隶按察使，这个级别的官吏没有直接上书皇帝的权力，袁世凯通过主持朝政的翁同龢，曾给光绪皇帝连上了两个帖。在上书光绪皇帝的帖子中，袁世凯提出，中国处在列强包围并不断蚕食的危难境地，振兴的唯一道路就是效法西方，实行变法。中国落后于西方国家的根本原因是制度落后，应该以一种主动的姿态去变法，效法西方尤其是日本的成功之道，迎头赶上。在具体措施上，袁世凯提出，设立议事组织一类的机构馆院，改革八股考试，开办学堂，培养实用型人才；注重外交，慎选驻外使节，办理边疆各地交涉事宜，裁汰冗员，精简吏治；学习西方铸银钱、设银行、造纸币，繁兴商业，设立商会；广集商股、举借外债修筑铁路，注重发展铁路沿线的商务和矿务，开发矿藏，鼓励设厂，发展邮政，以海关的管理方法清理厘卡。

袁世凯的改革主张不同于康有为、梁启超等人。康有为的变法侧重于中央，袁世凯的变法立足于地方。在对待清朝老臣勋旧的态度上，康有为主张“杀二品以上阻挠新法大臣一、二人，则新法行矣”，袁世凯则主张怀柔对待，妥善安排，不激化矛盾。

“帝党”与“后党”矛盾斗争日趋白热化，表面上慈禧太后“垂帘”而不“听政”，光绪帝开始“主政”，“帝党”中坚翁同龢主持朝纲。一时间，清朝政局将向何处发展令人难以琢磨、判断。袁世凯之所以提出“变法主张”，有官场上“投石问路”的意思，然而袁世凯的“问路”并没有得到以翁同龢为首的“帝党”的回应。

1898 年 6 月 11 日，28 岁的光绪皇帝正式诏告天下，宣布变法。在诏书发布当天，光绪特意去了一趟慈禧的住地颐和园。光绪给慈禧带去了几份关于变法的奏折，其中有康有为介绍世界强国变法的宏论。光绪皇帝在慈禧的榻前汇报，慈禧斜倚在榻上眯着眼睛听，边听边感叹这些奏折道理说得很透彻。光绪见慈禧“表扬”康有为写的奏折，就趁势建议把这几本折子的内容印刷一下，让大臣小吏们人手一册。慈禧面无表情地点点头说，就这么办吧。

光绪皇帝的变革令涉及政治、经济、文教、军事等各个方面。其中涉及经济体制变革有 70 多件，鼓励民间对农工商业投资，大力发展铁路和矿业，发展银行，减免税收，变革财政制度等，设立农工商总局、矿务铁路总局、邮政总局，兴办商会、农会，鼓励私人创办新式工业，奖励发明创造，创办国家银行，编制预算等。

涉及文教变革有80多件，明令变革过去按照书本选拔人才的方法，废除八股文，以后的考试要考三场：一为历史政治，二为时务策略，三才是四书五经；同时创办京师大学堂，改各省书院为学校，选学西学，派遣留学等。

涉及政治变革有90多件，包括精简机构，裁减官员，立即撤销通政司、光禄司、太仆寺、大理寺等。在变革令中，还大力倡导鼓励“官民论政”。

在军事方面：裁汰绿营，改革武科考试制度，编制陆军，增办兵工厂和武备学堂。

缺乏权术的光绪皇帝根本不是身经百战的慈禧的对手。光绪皇帝及“帝党”“主政”心切，缺少官场积淀，知识分子出身的康有为、梁启超等人更是“勇猛有余，智慧不足”。

维新诏书所涉及的变法内容之多，涉及之广，是前所未有的。这么多“新政”同时出台，不仅社会各方面始料不及，就连“帝党”自己也对如此之多的“新政”所引发的社会动荡感到不堪重负。

光绪帝下令精简机构，中央裁撤詹事府、通政司、光禄寺、鸿胪寺、太常寺、大理寺等衙门，外省裁汰湖北、广东、云南三省巡抚和若干不办事的官员，下令将怀塔布等礼部六堂官革职。光绪皇帝以裁撤冗官的名义清洗“后党”的做法给慈禧反对维新提供了口实。

面对“帝党”引起的怨声，老练的慈禧对维新的态度由“观望”转变为“反对”，开始了转守为攻。慈禧先以“渐露揽权狂悖”的罪名，将光绪皇帝的靠山翁同龢革职，赶回原籍。并发布告示重申，凡新上任的一品文武大臣及省将军、都统、督抚、提督等官员，“均须到太后前谢恩”，向摇摆于帝党与后党中间的权贵们表明大清朝权力中心的所在。同时任命“后党”中坚荣禄取代李鸿章兼任直隶总督，加强京师的拱卫。

慈禧对维新变法的态度，由“静观”转变为“反对”，最后发展到“政变”，并非由于慈禧个人“顽固保守”、“思想反动”。令慈禧态度一步步转变的根本原因是坚持维新的康有为等给慈禧出了一道“二选一”的难题。

选择一是，慈禧支持维新变法的前提是拥立“正统”的光绪皇帝，停止垂帘听政。选择二是，慈禧不拥立“正统”的光绪皇帝，不停止垂帘听政，就只能沦为维新变法的“反对者”。

“二选一”的难题令慈禧苦恼不已。停止垂帘听政就意味着慈禧要交出手中的权力，交出权力后的慈禧会沦落到什么结局连她自己也不清楚。继续垂帘听政必然导致与维新变法势不两立，慈禧也清楚这样自己难免会背负“历史罪人”的骂名。慈禧对维新变法态度的选择，与其说是一次新旧观念的抉择，不如说是一场对权力放弃与否的抉择。

在慈禧剑拔弩张步步紧逼的态势下，没有实权的光绪帝只能召见同样没有实权的杨锐等人，哭诉“朕位几不保，命康与四卿及同志速设法筹救”。康有为、谭嗣同等见到光绪密诏后，只有抱头痛哭，别无良方。危机之中，有人想到了手握兵权的袁世凯。

在慈禧对维新变法态度明朗之前，袁世凯脚踩“帝党”与“后党”两只船。一方面，袁世凯在思想上与维新派有一致之处，能产生一定的共鸣。袁世凯希望与维新派建立一定的联系，有利于自己升官晋爵。光绪帝是“合法”的君主，从忠于君主的伦理观念，或是为个人名利地位考虑，袁世凯也想向“帝党”靠拢。另一方面，袁世凯在官场上浸淫多年，深知“后党”根深蒂固，盘根错节。虽然李鸿章等人失势，但与“后党”保持必要的关系，不容小觑。维新派被逼入悬崖边缘，无后路可言。于是，他们试图争取袁世凯，密谋杀荣禄，劫持慈禧。袁世凯会“冒失从事”，追随维新派吗？

维新派制定的政变计划极具冒险性，且难度很大。袁世凯的军队虽精锐，但周围还有聂士成、董福祥的军队牵制。聂、董军队的人数远在袁军之上，且袁世凯的军队驻扎天津小站，离北京二三百里，要长途行军，突破聂、董二军的阻拦，奔袭颐和园劫持慈禧，成功的把握实在太小了。

维新派在“得意之时”没有理睬袁世凯，如今“失意之时”却想到了袁世凯。对维新派的诚意，袁世凯不能不有想法。即便是政变取得成功，他在其中又能得到什么？“帝党”集团由一个没有实权只有“正统”、“合法”身份的皇帝和一群知识分子组成，而“后党”集团，已经由慈禧经营了30多年，势力根深蒂固，无所不在。

经过再三权衡，袁世凯还是决定投靠握有实权的“后党”。在谭嗣同游说离去后，袁世凯赶赴天津，连夜面见“后党”中坚荣禄。

实际上，荣禄也一直在提防着袁世凯。慈禧发动政变之前，荣禄就以英俄在海参崴开战，大沽口外战舰云集为借口，将聂士成军调到天津，将董福祥军调到长辛店，以钳制袁世凯的军队。

见到荣禄，袁世凯把维新人士游说自己的事情始末一五一十全盘托出。荣禄当即下令封锁进京的重要道路，向慈禧太后告发维新派“密谋政变”。经历了几十年宫廷刀光血影的慈禧，当机立断，以迅雷不及掩耳之势将光绪囚禁在中南海瀛台，关闭北京各城门，出动3000军士在全城搜捕维新派人士。

康有为、梁启超逃往外国使馆，谭嗣同、杨锐、刘光第、林旭、杨深秀、康广仁戊戌六君子遇害菜市口。随后，慈禧又罢免了数十名支持维新派的官员，宣布除京师大学堂外，全部新政均被废除。喧闹一时的维新变法仅仅存活了103天，在毫无抵抗近乎沉默中宣告夭折。

自上而下的路径

古往今来，实施变法的路径，大体有两种：自下而上和自上而下。自下而上的方法比较激进和彻底，自上而下的方法相对平和。握有实权的铁腕领导人在实施变法时，往往采取自上而下的路径。18世纪“强权沙皇”彼得大帝实施的变法“让俄罗斯腾空而起”，19世纪“铁血宰相”俾斯麦领导的维新运动“使德国完成了统一”。

中国的戊戌变法运动，依靠的是一个“没有实权的皇帝”，却采取自上而下的变法路径，实属不得已而为之。

戊戌变法缺乏酝酿阶段，形成仓促。甲午战争后，民族情绪高涨，使维新变法一夜之间形成井喷之势。康有为、梁启超身为布衣百姓，领导“公车上书”，成立强学会，创办报刊，呼吁维新变法。与其说康有为、梁启超领导了维新变法，不如说救亡的危机局势造成了维新变法的氛围。

中国危机的局面很难为维新变法的酝酿创造一个宽松的起步阶段。仓促之间完成由布衣百姓到维新领袖身份转换的康有为，在推进变法实施的路径上，很难依靠自身的力量来完成，只能选择自上而下的改革路径。

甲午战争后，洋务派失信于朝野，风光不再，很难成为维新变法的依靠和中坚，康有为所能依靠的只有慈禧或光绪。那么，维新派们为什么不选择握有实权“垂帘听政”的慈禧，而单单选择“没有实权”的光绪皇帝呢？

维新派领导人大多脱胎于旧式科举文人，他们自身没有经历比较彻底的资产阶级思想的洗礼，脑海中仍残存着比较严重的封建正统思想。在他们看来，慈禧“垂帘听政”是“旁门左道”，唯有光绪皇帝才是“光明正大”，才是“正统”。因此，他们抛弃慈禧，寻求依靠光绪皇帝是价值判断上一个顺理成章的结果。另外，维新变法的领导人大多出身布衣百姓，对错综复杂的清廷官僚权力结构分布不熟悉，也不了解。他们天真地认为只要牢牢地抓住了皇帝，任何人都阻挡不了“维新大势”，维新变法的前途也就一片光明了。

维新变法初期，饱受传统思想影响的康有为就为维新变法制定了“抛弃慈禧，依靠光绪皇帝”的基调。

1888 年康有为到北京参加顺天会试时，第一次上书光绪帝未果，康有为依然对掌握实权的慈禧采取不予理睬的排斥态度。第二次、第三次、第四次，康有为不断地上书光绪皇帝。当光绪帝做出“接纳”

维新派的姿态，接受康有为的上书，给予维新派一些特权的时候，康有为欢欣鼓舞，更加坚定了依靠光绪皇帝进行维新变法的决心。光绪从四岁继位，到十九岁正式亲政，清朝真正的权力一直掌握在慈禧手中。随着年纪的增长，光绪帝对慈禧的专权日益不满，也不甘心做一个没有实权的皇帝。

光绪与慈禧之间的"暗斗"首先从后宫开始。

珍妃，他他拉氏，满洲镶红旗人。1889 年与其姐姐同时被选入宫中，初封为珍嫔。隆裕皇后是慈禧太后的弟弟桂祥的女儿，由慈禧钦点与光绪成婚。然而光绪不喜欢隆裕，喜欢调皮可爱、灵秀动人的珍妃。因后宫之事，光绪与慈禧之间"冲突之事，不一而足"。

皇帝妻妾众多，关系复杂，表面上看，后宫的矛盾有时是妻妾之间的纠纷，有时是皇帝与皇后之间的反目，有时是关乎继承人之间的矛盾，起因似乎都是感情纠葛，其实后宫的斗争大都是权力之争。光绪与慈禧之间关于后宫问题的博弈，焦点仍是朝廷的最高权力之争，大臣们在皇帝"后宫问题"上也很难保持所谓"中立"。

慈禧掌握国家政权几十年，经历无数的宦海波澜，练就了老辣的政治手腕和敏锐的洞察力，加上耳目遍布宫中，她很快发现了处于她与光绪之间的，除了珍嫔，又出现了另外一个人——翁同龢。

珍嫔年纪虽小，但很有心计。她最初因厌恶皇后而反感慈禧，继而从帮助光绪掌权的出发点来与慈禧作对。珍嫔通过她的社会关系，为光绪皇帝赢得了一批支持者，其中影响最大的是文廷式。

文廷式，广东潮州人，曾在珍嫔的伯父——广州将军长善——手下做过幕僚，与珍嫔的胞兄等人关系甚密。珍嫔极力向光绪推荐文廷式，光绪帝爱屋及乌，决定重用文廷式。然而，文廷式仅仅是出身举人，难以直接任用，于是光绪帝的老师翁同龢安排文廷式参加了内阁中书考试。在会试中，文廷式过关斩将，夺了个"会元"的名次，在殿试中获得第二名——榜眼。

甲午战争期间，文廷式与翁同龢遥相呼应，力主抗击日本，上疏请罢慈禧生日“庆典”，上奏弹劾李鸿章“昏庸骄蹇、丧心误国”。“公车上书”后，文廷式积极赞助康有为在北京成立强学会，呼吁维新变法。从地域和以前的任职背景分析，朝廷的大臣很容易猜到文廷式的“后台”是珍嫔，是光绪皇帝。文廷式“一时得宠”，名声大噪。朝中的士大夫争相与他交友，文廷式与汪鸣銮、张謇等被称为“翁(同龢)门六子”，成为“帝党”的骨干分子。

光绪除了一个皇帝的虚名以外，在政治经验、领导才干、阴谋手段、人脉基础等方面毫无优势，不具备抗衡慈禧的“资本”。支持光绪的帝党官僚，大多没有实权，在“帝党”同“后党”斗争中，“帝党”手中握有的“王牌”只有“光绪是正统”“慈禧是旁门左道”的心理优势和舆论优势。

甲午战争前，“帝党”以慈禧六十寿辰过于奢侈为名，掀起了一轮对“后党”的发难。慈禧性喜享乐，曾几次想重修在第二次鸦片战争中被英法联军焚毁的圆明园，都因花费实在太大遭到反对，不了了之。总理海军衙门事务的奕譞，上疏《奏请复昆明湖水操旧制折》，为慈禧修园寻找“最佳理由”。

西汉时期，汉武帝为征伐昆明国，特在首都长安挖掘了一个大湖，名为昆明池，以操练水军。乾隆皇帝为母祝寿，以兴修水利和操练水师之名，将北京城西北的瓮山泊据汉武帝挖昆明湖的典故扩改为“昆明湖”。奕譞提议重修昆明湖，实际上是为了给慈禧修花园找个“美丽借口”。修昆明湖在恢复水操旧制和筹建昆明湖水师学堂的冠冕堂皇的名义之下，正式开始。翁同龢在日记中对修昆明湖的做法讽刺道：“盖以昆明湖易渤海，万寿山换滦阳也。”“渤海”指北洋水师的主要防区；“滦阳”是承德的别称，实际上是指责慈禧修建类似避暑山庄一样的行宫别馆。

昆明湖修好后，李鸿章将北洋水师官兵和水师学堂新毕业学员共计3000多人调来昆明湖，驾驶小火轮，做各种“作战”表演，慈禧与众大臣坐在南湖岛岚翠间的“阅兵台”上进行“阅兵”。这次“阅兵”

既显示了慈禧对海军的关心和作为全国军队最高统帅的绝对权威，使其虚荣心又一次得到满足，同时又带有相当大的娱乐性，使性喜游乐的她兴奋不已，更企图以此向世人表明“修园”并非为己享乐，真的是为了大清海军的建设，可谓一箭数雕。

从1886年到1894年，颐和园一直修园未停，粗略估算，动用了近三千万两海军经费。为了给慈禧祝寿，朝中大小官吏绞尽脑汁，进献各种“宝物”，袁世凯就特意从德国进口了一台奔驰轿车，进献给慈禧，这也是中国进口的第一辆第二代奔驰轿车。

在慈禧生日那天，祝寿的具体计划是：慈禧早上先在皇宫接受王公大臣的朝贺，然后大排銮驾，浩浩荡荡，出皇宫西华门，走北长街，折向西安门大街，经西四路口，往北沿西四北大街，经新街口，出西直门，直奔颐和园。然后，在颐和园内听戏，摆设筵席，进行庆贺。军机大臣礼亲王世铎担任庆典总办，按照当年乾隆的气派，除将皇宫、颐和园妥为筹办外，还要在西华门至颐和园的几十里大道旁沿途点缀景观，搭建经坛、戏台、彩殿、牌楼，组织僧道念经，戏班演戏，夹道欢迎，供慈禧途中观览。

正当慈禧生日庆典筹备紧锣密鼓进行之中，日本不宣而战，在牙山口外丰岛附近袭击并击沉清朝运兵的商船“高升”号，船上700余清军将士全部遇难。甲午战争的失利与慈禧祝寿形成了鲜明对比，人们自然将战争的失败与慈禧铺张奢侈的庆典联想起来。“帝党”认为，借维新变法之势向“后党”发难的最好时机已经到来。光绪帝、翁同龢等之所以做出支持维新变法之举，并非出于对世界大势的把握与了解，也并非出于对维新运动的真正认同，而是将维新变法作为他们同“后党”争权夺势时所借助的“势”而已。

慈禧“垂帘听政”把持国家政权，缺乏伦理上的“合法依据”。如果说慈禧最初“垂帘听政”是由于皇帝幼小，她以儿子监护人的身份代行皇权，是一种“权宜之计”的话，等孩子成人，不需要母亲监护的时候，慈禧的“垂帘听政”就应当结束，“还政于皇帝”。当光绪帝大婚之后，慈禧表面上不得不宣布结束“垂帘听政”，然而依然用各种办法暗中操纵政权。这样一来，慈禧言而无信、贪得无厌的面目暴露无遗，不仅光绪帝对慈禧心怀不满，朝野舆论也愤愤不平。

光绪帝自小长在深宫，长期的宫廷环境和教育使光绪具备了帝王的派头，但却不具备做帝王的实力。当光绪将自己摆在慈禧对立面时，其个人悲剧的命运不可避免。康有为所以没有选择慈禧而选择“没有实权”的光绪皇，完全是他心中的“正统”思想作用的结果。康有为在抛弃慈禧，拥抱光绪皇帝之时，就已经决定了维新变法短命夭折的必然结局。

不同结局的两种维新

鸦片战争前的中国与明治维新前日本的情形惊人的相似：英国的军舰叩开了清王朝闭关锁国的大门，中国被迫与西方列强签订了一系列不平等的条约，开始沦为半殖民地半封建社会；美国的军舰叩开了日本幕府闭关锁国的大门，日本被迫与西方列强签订了一系列不平等条约，开始滑向殖民地半殖民地的深渊。日本的明治维新把一个落后、分裂的日本，迅速改造成了一个发达、统一的日本。中国的戊戌变法非但没能够有效扭转每况愈下的社会局势，甚至连变法者自己都性命不保。两种相似的维新，结局却是完全不同。

明治维新前，日本国内诸侯林立，权力分散。明治维新的领导者审时度势，提出了“尊王攘夷”的口号。经历了几十年的“尊王攘夷”运动，德川幕府的实力遭到削弱，下层武士阶层和地方诸侯的实力大增，从思想、军事、经济、人才等方面为维新运动做了充分的准备。在血与火的斗争中，一大批政治家、军人、商人成为呼吁变法维新的领导者。

戊戌变法前，清朝虽然经历了太平天国农民起义和西方列强的打击，但其强有力的中央集权制度没有改变，以慈禧为首的“后党”依然牢牢掌控着中央政权。戊戌变法的领导者康有为、梁启超等人，并非洋务运动中崛起的地方实力派，而是埋头读书追求科举的布衣百姓。戊戌变法的酝酿和准备阶段十分仓促，维新启蒙活动苍白无力。加之康有为、梁启超等维新变法的领导人对西方思想了解肤浅，使得变法思想缺乏深度，变法主张缺乏系统。戊戌变法更多地表现为清朝内部的权力争斗，康有为等没有从政经验的热血文人，试图依靠一个脆弱无能的皇帝，与拥有强大势力的"后党"争权夺利，不能不说维新派的领导人缺乏高深的策略。

日本明治维新的领导者较之中国戊戌变法的领导者更具有谋略。在对待权力的拥有者问题上，明治维新的领导者没有采取"我活你死"，而是采取了"大政奉还"的策略。不是通过武装流血斗争的方式来推翻德川幕府的统治，而是让德川幕府自己主动将统治权交还给天皇，然后组成新的全日本真正统一的新政府，德川幕府也能够像其他诸侯一样参与新政府的管理。为了让德川幕府主动交出政权，明治维新的领导者加强军备，以武力"威逼"德川幕府，使其主动向天皇提出辞呈，使"大政奉还"从理论变成现实。明治维新运动中，在提出"大政奉还"的同时，维新变法派还提出了"船中八策"：

一、将天下的政权奉还给朝廷，一切政令应该由朝廷来发布。

二、朝廷要设立上下议政局，设置议员，讨论决定朝政，决定朝政的根据必须是公议。

三、召集全国有才能的公卿、诸侯及平民百姓中的人才，聘用他们为顾问，并赐给相应的官爵，将原来朝中有爵无能的官员辞退。

四、外交必须经过广泛的公议之后，才能缔结新的条约。

五、参照原来的旧法，建立一套新法大典。

六、必须大力扩展海军。

七、必须建立属于天皇和日本的全新陆军。

八、根据法律，平等地与海外各国进行金银货物贸易。

"船中八策"与1868年明治天皇颁布的《五条誓文》主要内容基

本相同，几十年始终如一。明治维新的主要工作是建立日本原来没有的东西。比如，建立具有现代民主体制的议政制，建立现代国防，实行对外开放，引进西方的科技、开办现代教育等。

戊戌变法对先前进行的洋务运动采取完全排斥的态度，使得维新变法缺乏连贯性。这不仅是维新变法的悲剧，也是中国近代道路抉择的悲剧。

中日甲午战争是对长达30年的洋务运动所做的一次总检验，其结果表明，“自强”、“求富”的目的远未达到。洋务活动需要国家大量投资，而战后清政府的财政已是山穷水尽。甲午战争后，除了练兵以外，其他洋务活动的步伐骤然放慢。

李鸿章是洋务运动的实际组织者，甲午战败后，李鸿章一时成为众矢之的，“国人皆曰可杀”。朝廷将他从直隶总督、北洋大臣任上调入内阁办事，以削其权。李鸿章在这种情况下转而苟安自保，从此一蹶不振。

受甲午战败的打击，洋务派的另一关键人物、首倡“自强”的恭亲王奕䜣则转变为顽固派，成为近代化深入的阻力。洋务派的后期代表张之洞虽雄心勃勃，但总属孤立无援。洋务派虽然四分五裂，但他们仍然是当时中国政治舞台上一支强大的改革力量，拥有巨大的权势和丰富的政治斗争经验。早期维新思想家王韬、薛福成、郑观应、马建忠等人与洋务派有着极深的关系。甲午战争后，洋务派的后期领军人物张之洞、刘坤一、王文韶、盛宣怀等洋务派也提出了变法要求。

洋务派与维新派的变法要求，除了在“民权”“议院”问题上有分歧外，基本一致，双方未尝不可求同存异、互相沟通、互为援助。但是双方在短暂的沟通后便分道扬镳了。究其原因，主要是战后洋务派势力大减，声誉扫地，维新派不屑与其联合，受其支配。假如维新运动能够获得洋务派支持的话，改革可能会变得温和一些，改革的步伐虽不致迈得太大，但会稳健许多。如同洋务运动的匆匆谢幕一样，维新运动的登台也过于匆忙。维新思潮本来孕育、成长于洋务运动之中，甲午战败使维新运动迅速脱离洋务运动的母体，形成了早产，难以生存。

甲午战败激发了一批年轻知识分子心中的救国激情。他们批评洋务派的改革是“补漏弥缺”，是“小变”“变事”，从而发出了“变法”的呼声。然而，维新运动缺乏深厚的基础，运动来得快，消逝得也快。

维新派的思想理论缺乏足够的积淀，还不能摆脱封建思想的束缚，表现为形式上陈旧、学术上武断、方法上激进。康有为的《新学伪经考》和《孔子改制考》是变法理论的依据和基础。《新学伪经考》以烦琐考据的方法把维护封建制度的经学论证成“伪经”，《孔子改制考》把孔子塑造成“托古改制”的形象，以作为维新变法的护符，并把今文经学的“三世说”和西方进化论结合起来，说明历史的进化。这些学术上的武断、错误，给了顽固派以反对、禁止维新变法的“充分”理由。维新派虽有强学会、保国会等组织，但其成分复杂，始终没有形成一个坚强的领导核心，除了宣传外，其他工作做得很少，一旦大难临头，便束手无策。曾先后任曾国藩、李鸿章幕僚的吴汝纶评价维新运动是“少年无阅历者所为”。

维新派呼吁“变法”，但当时中国民众的思想状况还停留在封建时代，他们认为维新派的改革与自身的利益没有直接关系。维新运动实际上局限于具有资产阶级思想倾向的知识分子的狭小圈子里，改革不为大多数人所理解和支持。相反，反对改革的言行在当时有着很深厚的社会基础。所以，封疆大吏敢于对新政上谕，或借词推托，或粉饰应付，或置若罔闻。

戊戌变法没有一个明晰的改革方案，在短短的103天内颁布了数百道新政上谕，其中无轻重缓急，先后条理。明治维新中，日本国民从中直接获利，因此国民支持维新运动。仅以教育为例，明治维新推行近代义务教育，在全国设有8所公立大学，245所中学，53760所小学，惠及全体国民。戊戌变法虽然提出了废除科举制度，却没有推行近代义务教育。国民从一所京师大学堂和一些报刊、社团中得不到什么实质性的利益。因此，维新变法也就不可能得到国民的广泛认同和拥护。

日本的明治维新用50年的时间，走完了西方资本主义国家需要用200年时间才能走完的工业化道路，而中国的维新变法仅仅存在103天便宣告夭折了。两个相似的变法维新，两个结局完全不同的维新结果，令人扼腕，令人深思。

菜市口断想

慈禧发动政变，光绪帝被幽禁在三面环水的中南海瀛台。在是否保留光绪的问题上，清政府内部意见不一。握有实权的两江总督刘坤一等人主张要慎重对待光绪问题，因为若废除光绪帝，“人情危惧，强邻环视，难免借起兵端”。英国驻华公使窦纳乐也主张，若废除光绪帝“恐为各国所不谅”。但反对维新变法的大臣恐日后光绪东山再起，“怨于将来”，纷纷怂恿慈禧太后废掉光绪。慈禧太后恐引起列强干涉，为测试列强态度，遂依荣禄建议，以光绪帝名义颁诏，称其不能诞育子嗣，乃立端郡王载漪之子，十五岁的溥儁为大阿哥，史称“己亥建储”。

戊戌政变发生后，康有为在英国传教士李提摩太的帮助下仓皇出逃，乘坐“重庆”号商轮到上海海面，再由英国领事馆职员协助转船到香港，逃往加拿大。此后，康有为游历列国，会见欧洲各国君主，组织保皇会，鼓吹君主立宪。梁启超逃入日本驻华使馆，在伊藤博文的帮助下由北京到天津，乘坐日本军舰“大岛”号逃往日本。日本之所以帮助梁启超逃亡，主要是日本政府正在华寻找亲日势力，伊藤认为梁启超是“中国罕见的高洁志士，使人佩服，是中国最珍贵的灵魂”。梁启超登上日本军舰“大和”号时，写了一首诗《去国行》：“君恩友仇两未报，死于贼手毋乃非英雄。割慈忍泪出国门，掉头不顾吾其东。”这一年，梁启超只有26岁。此后，梁启超流亡海外14年。在日本，梁启超接触到大量西方的新思想、新观念，思想进入另一境界，用他自己的话说，就是“脑质”为之一变。他脱离了维新时期以“托古改制”宣扬改革的中国传统，而开始更多以“西学”词汇、观念来直接反对专制独裁、追求民主政治。

维新政变后，积极参与维新变法的谭嗣同、林旭、杨锐、杨深秀、刘光第、康广仁等人均遭到逮捕。

谭嗣同，湖南浏阳人，撰写《仁学》一书抨击封建君主专制和“三纲五常”对人性的摧残压抑，在湖南时务学堂协助梁启超宣传维新思想。谭嗣同在湖南创建维新团体南学会，创办《湘报》，并任主笔，以湖南“新政人才”而闻名。戊戌变法时被光绪帝授予四品卿衔，军机章京，参与新政事宜。

林旭，福建侯官（治今福州）人，成立闽学会宣传维新变法，与康有为在京组织成立保国会。戊戌变法时被光绪帝授予四品卿衔、军机章京，参与新政事宜。

杨锐，四川绵竹人，曾入张之洞幕府，响应康有为的“公车上书”，同文廷式、康有为等发起组织“强学会”。戊戌变法时被光绪帝授予四品卿衔、军机章京，参与新政事宜。

杨深秀，山西闻喜人，曾任授刑部主事，累迁郎中、山东道监察御史。积极主张维新变法，上疏弹劾礼部尚书、总理各国事务衙门大臣许应骙阻挠新政事。维新派湖南巡抚陈宝箴被人挟制时，他上疏辩护。直接参与百日维新，为维新变法提出指导性的政策建议、方法和步骤等。

刘光第，四川省自贡人，光绪时期进士，曾任刑部候补主事。甲午战争失败后，奋笔《甲午条陈》指出：“自古政出多门，鲜有成事，权当归陛，乃得专图。”要光绪帝掌权，反对慈禧干政。戊戌变法时被光绪帝授予四品卿衔、军机章京，参与新政事宜。

康广仁，广东南海人，康有为胞弟。1897年初在澳门创办《知新报》，宣传维新思想，维新变法期间参与新政，帮助康有为草拟新政奏稿等。

1898年9月28日，谭嗣同、康广仁、林旭、杨深秀、杨锐、刘光第六人在未经刑部审讯的情况下，被慈禧太后下令押到北京菜市口问斩。

六君子被慈禧推上断头台各有原因：杨锐及刘光第乃康有为的得力助手，慈禧太后的助手荣禄亦恨他们最深，自然要求慈禧太后最先拿下他们。谭嗣同希望以血唤醒国人变革的希望，故一心求死，拒绝逃亡。林旭在慈禧政变后仍不顾安危，力谏保留光绪，惹恼慈禧。康广仁虽在戊戌变法中只负责办报，但因为是康有为亲弟，所以慈禧太后要以弟代兄罪。杨深秀于五人下狱后，向慈禧太后求情，最后亦为此赔上性命。

六君子中谭嗣同是有机会脱逃的，他完全可以像梁启超一样避居日本使馆，但谭嗣同坚辞不受，掷地有声道："不有行者，无以图将来；不有死者，无以酬圣主。"临被杀前谭嗣同对监斩官刚毅说："我有一言要对你说。"刚毅扭过头，不予理睬。谭嗣同朝着刚毅的背影大呼："有心杀贼，无力回天；死得其所，快哉快哉！"

六君子就义之日，观者万人空巷。围观者不是为六君子的变法行为所感动，而是单纯地为了"看热闹"，很多老百姓甚至拿大菜帮子往六君子的脸上扔，以示嘲讽，这不能不说是一种令人心酸的悲剧。

康有为等维新派认为，只要抓住了光绪帝就可以在政治权力的博弈中取胜。殊不知光绪帝仅仅是个傀儡，清政府的实权掌控在慈禧的手中。光绪所以支持变法维新，也并非他对资本主义"大势所趋"的认同和理解，而在于试图借助维新思潮在与慈禧的权力斗争中分得"一杯羹"。历史无法假设，但我们有理由说，即便是光绪真取得了成功，中国的维新变法依然不能演变为日本的明治维新。中国君主立宪的曙光不可能在没落的清王朝冉冉升起。

维新运动主张设议院和开制度局。康有为建议光绪"以俄国大彼得之心为心法，以日本明治之政为政法"，实行"全变""速变""尽变”，即效法日本，走明治维新的道路。提出开设制度局，让维新派或赞成维新的开明人士参与一切政事、制度的商定，拟建立一套总揽新政的权力机构，对旧的官僚体制进行了彻底的否定。维新派提出了以“富国养民”为宗旨的经济纲领和“以工定国”的战略目标。康有为在《公车上书》中即提出，“富国”“养民”，实行“以工定国”，要求废除“以农定国”的传统做法，符合近代经济发展的潮流。

维新派要求建立一支“内可弭乱，外可御侮”的近代军队，主张“裁汰绿营，选改营勇为巡警，更仿照东西国兵制，大练新军”，是近代军事发展的大方向。维新派主张大力输进西方文明，检讨中国传统文化，强烈要求改科举，废八股。康有为说，当务之急“莫急于得人才，得才之道多端，而莫先于改科举”，要改科举，“则莫先于废弃八股”。符合近代教育发展的潮流。

康有为等脑海中存在的政治权力的“正统思想”，只能使他们选择“正统”的光绪，而无法选择“左道”的慈禧。实行君主立宪，发展资本主义是“新酒”，但不彻底打破清政权这个“旧瓶”，维新派的“新酒”是装不进封建制度这个“旧瓶”中的。

在菜市口，面对刽子手的屠刀，被五花大绑的谭嗣同依然吟唱：我自横刀向天笑，去留肝胆两昆仑。在刽子手屠刀落下的那一刻，谭嗣同可能依然坚信：“各国变法，无不从流血而成，今中国未闻有因变法而流血者，此国之所以不昌者也。有之，请自嗣同始！”但他不会明白，为什么日本的明治维新完成了“旧瓶”装“新酒”的过程，走上了发展资本主义的道路，而中国的维新变法却无法实现“旧瓶”装“新酒”，依然在半殖民地半封建的深渊中徘徊。历史留给人们太多的困惑，历史留给人们太多的抉择。

第五章　对症的药才是好药

近代中国救亡的过程是启蒙的过程，启蒙的过程亦是救亡的过程，两者难分泾渭。

经历了维新变法运动的失败，人们终于明白了一个简单而朴实的道理：在清王朝这株“大树”上，试图嫁接资本主义小苗的抉择是行不通的。

于是，人们将抉择的目光坚定地锁定在了推翻清王朝的革命上。要使中国摆脱殖民地、半殖民地的状态，要使中国追赶世界发展的潮流，走向近代化，只有用暴力推翻腐朽的清王朝，将大清帝国这株“老树”连根拔起，此外别无抉择。

檀香山、兴中会、同盟会，这些名词开始不断进入人们的视线，推翻清王朝统治的辛亥革命序幕骤然拉开。20 世纪改变中国发展方向的三人之一——孙中山，登上了历史的舞台。

武昌枪声

武昌起义爆发前，孙中山共领导了10次大大小小的武装起义。第一次起义，因所购枪械在广州码头被缴，起义流产。第二次起义，因所购武器被扣存台湾，郑士良等人在惠州举行的起义宣告失败。第三次起义，由于准备不足，潮州黄冈起义旋即失败。第四次起义，惠州七女湖起义，很快被镇压。第五次起义，广西钦州王光山起义，历时半月，因饷械不继而失败。第六次起义，镇南关起义，坚持数日失败。第七次起义，钦州马笃山起义，与清兵激战40日后失败。第八次起义，河口起义，经20余日战斗，河口失守，起义失败。第九次起义，广州新军起义，次日失败。第十次起义，黄花岗起义，当日失败，牺牲86人，收得烈士遗骸72具，葬于黄花岗。

有心栽花花不开，无心插柳柳成行。孙中山领导的10次起义都没有取得成功，而一次看似偶然的起义，却取得了“意想不到”的成功，完成了对清政府的“致命一击”。

光绪皇帝驾崩，溥仪继位，年号“宣统”。光绪重病期间，慈禧召见朝中大臣商议立储人选，有大臣提出朝廷处于内忧外患之际，皇帝人选当立一位年长之人。慈禧听后勃然大怒，坚决反对。最后议定拥立光绪皇帝胞弟载沣的长子即年仅三岁的溥仪为帝，溥仪的亲生父亲载沣担任监国。光绪之死，众说纷纭。

学术界多数认为慈禧给光绪帝下毒，光绪死于急性砷中毒。慈禧自身病重之时曾犹豫如何处置光绪帝，她命手下将自己不久于人世的消息透露给光绪帝，手下回报，光绪帝听到这个消息微露喜色。于是，慈禧决意自己病终前必须让光绪帝先于自己命终，以免光绪再度亲政，否定自己生前之布局。

也有人认为是袁世凯毒死了光绪帝。袁世凯见慈禧将不久于人世，害怕日后光绪重新掌权，报复他在戊戌政变中的告密之仇。于是，袁世凯亲自进药害死了光绪帝。

还有人认为，光绪帝是自然病死。光绪自少身体虚弱，常有疾病，再加上慈禧在心理上对他的压迫，害死了光绪最心爱的珍妃，令光绪失去精神支柱，导致光绪英年早逝。

光绪死后不久，慈禧亦病死，葬于清东陵。清东陵坐落在河北遵化境内，北有昌瑞山做后靠如锦屏翠帐，南有金星山做朝如持笏朝揖，中间有影壁山做书案可凭可依，东有鹰飞倒仰山如青龙盘卧，西有黄花山似白虎雄踞，东西两条大河环绕夹流似两条玉带。据说，当年顺治到这一带行围打猎，被这一片灵山秀水所震撼，当即传旨“此山王气葱郁可为朕寿宫”。1928 年 6 月，军阀孙殿英以剿匪为名，派兵进驻清东陵，将慈禧墓盗掘一空。

溥仪登基，光绪皇后隆裕和载沣摄政。摄政王载沣上台后，感觉北洋新军首领袁世凯权力过大威胁朝廷，就以袁世凯“患有足疾”为名，将袁世凯逐回老家，并着手组织新内阁。

新内阁由 13 名国务大臣组成，以庆亲王奕劻为总理大臣，那桐、徐世昌为协理大臣，下设外务部、学部、民政部、度支部、陆军部、海军部、法部、农工商部、邮传部、理藩部十部。分别以梁敦彦、善耆、载泽、唐景崇、廕昌、载洵、绍昌、溥伦、盛宣怀、寿耆分任各部大臣。在内阁成员 13 人中，满洲贵族 9 人，其中皇族 7 人，汉人官僚仅 4 人。新内阁名单一经公布，举国为之哗然，这是一个以皇族为中心组成的内阁，人们称之为“皇族内阁”或“亲贵内阁”。

皇室不入阁源于英国宪制，是各国政治的惯例。在世界范围内，皇室入阁，除清政府之外，仅出现过一次。第二次世界大战日本失败，日本天皇裕仁宣布“无条件投降”，“非常时期”组成了以裕仁天皇的叔叔东久迩宫稔彦王为首的内阁。日本“皇族内阁”作为过渡政府，仅仅存在了 54 天便宣告解散。

清廷“皇族内阁”的成立，使更多的人看清了清廷实行“新政”的真实面目，坚定了“舍革命而无二途”的想法。同时，“皇族内阁”

缩小了地方督抚的权限，导致汉人地方实力派产生了严重不满。以往地方实力派极力维护皇室，反对革命，现在对待“革命”来了一个一百八十度大转弯，部分人甚至是抱着幸灾乐祸的态度。

1911 年 5 月，清政府以“铁路国有”之名，将已归民间所有的川汉、粤汉铁路的筑路权收归“国有”，而后马上又转卖给英、法、德、美四国银行团。这一做法，激起湘、鄂、粤、川等省民众的强烈反对，掀起了轰轰烈烈的“保路运动”。

四川各地纷纷组织保路同志会，以“破约保路”为宗旨，推举蒲殿俊为会长，参加者达几十万人。

蒲殿俊，四川广安人，光绪时的进士，官费留学日本东京法政大学，任四川谘议局议长，曾组织“蜀学会”，宣传维新思想，主张“川路商办”。

在保路同志会的组织下，四川全省到处举行罢市、罢课，宣布“不纳正粮、不纳捐输”“不担任外债分厘”。四川总督赵尔丰下令逮捕罗纶等保路同志会代表，此举导致群众到总督署进行更大规模的请愿。赵尔丰下令镇压，酿成 30 多人死亡、数百人受伤的“成都血案”。

“成都血案”的发生，导致保路运动由和平请愿转向武装反抗。同盟会会员龙鸣剑回到家乡荣县举行起义，建立政权，宣布独立。荣县成为川东南反清斗争的中心，各州县纷纷效法，脱离清政府的浪潮迅速席卷整个四川。为了扑灭四川的起义，清政府派出大臣端方率领部分湖北新军入川支援。

湖北新军是由张之洞主张创办的。张之洞在湖北先后开办了武备学堂、武高等学堂、陆军测绘学堂等军事学堂和许多训练班，培养了近 5000 名军事人才。时人对袁世凯的北洋新军的评价是“以勇气胜”，对湖北新军的评价是“以学问胜”。到武昌起义之前，湖北新军共计 16104 人。张之洞编练湖北新军的本意是为了巩固清王朝的统治，但颇具讽刺意味的是，湖北新军却成了清王朝的“掘墓人”。

在湖北新军中存在着“共进会”和“文学社”两个进步团体，参加这两个团体的成员大多为下层士兵，文学社社长蒋翊武在部队是个班长。四川保路运动的发生为武昌起义提供了难得的机遇，文学社和共进会经过多次密谋，决定推举蒋翊武为革命军临时总司令，举行武装起义。

在准备起义过程中，共进会孙武等人在汉口俄租界配制炸弹时，不慎引起爆炸。俄国巡捕闻声而至，搜去起义花名册，并拘捕刘同等6人，引渡给湖北当局。湖广总督瑞澂下令关闭城门，搜捕起义人员。情急之下，新军中的革命党人自行联络，约定以枪声为号，于10月10日晚仓促发动起义。

10月10日晚，熊秉坤率新军工程第八营首先占领了楚望台军械所，打响了武昌起义的第一枪。驻守武昌城外的辎重队、炮兵营、工程队3000多人参加了起义，湖广总督瑞澂仓皇出逃，整个武昌城很快掌控在起义军手中。汉阳、汉口的新军也闻风而动，武汉三镇光复。起义军掌控武汉三镇后，决定成立湖北军政府，推举黎元洪为都督，改国号为“中华民国”，并号召各省民众起来响应。

黎元洪，湖北武汉人，毕业于天津北洋水师学堂，投靠张之洞，被派督练湖北新军，任湖北新军第二十一混成协协统，驻守湖北武昌。黎元洪不赞同以武力推翻清王朝，武昌起义时他藏匿在朋友家中，没有参加起义。参加起义的领导人找到“职务级别最高”的黎元洪，强迫黎元洪出任组织湖北军政府都督，黎元洪这才不得不走马上任。黎元洪性情柔弱，优柔寡断。严复评价黎元洪说：“黎公道德，天下所信。然救国图存，断非如此道德所能有效。何则？以柔暗故！遍读中西历史，以为天下最危险者，无过良善暗懦人。下为一家之长，将不足以庇其家，出为一国之长，必不足以保其国。”

武昌起义在中国腹地长江中下游打开了一个“缺口”，成为对清王朝发动总攻击的“突破口”，反清起义在全国迅速蔓延。当汉口俄租界的爆炸声响起之时，没有人意识到这次爆炸将载入历史史册。当武昌城头红旗飘扬之时，没有人意识到这次不经意的起义将埋葬清王朝260年的统治。在武昌起义胜利后的短短两个月内，湖南、广东等15个省纷纷宣布脱离清政府，宣布独立。清王朝被抛弃已成为大势所趋，不可逆转。

开启共和

武昌起义后，南方各省均告光复，湖北和上海军政府倡议组织成立临时中央政府。各省代表在汉口英租界召开会议，通过了《中华民国临时政府组织大纲》，决定在南京成立临时中央政府。

武昌起义时，孙中山在美国丹佛。初闻武昌起义时，孙中山还有些讶异，随即在海外华人与美国的同情者间筹集资金。孙中山从纽约出发前往伦敦、巴黎等地游说西方政府与银行团终止贷款给清朝政府，从法国马赛启程乘“狄凡哈”号邮轮经停槟城、新加坡、香港，抵达上海。

各省代表齐集南京准备选举总统，总统候选资格者为孙中山、黎元洪、黄兴3人。17省代表每省一票，孙中山得16票，黄兴得1票。选举结果揭晓时，“众呼中华共和万岁三声，是时音乐大作，在场军学各界互相祝贺，喜悦之情，达于极点”。孙中山在上海得知当选大总统的消息后，立即复电南京，表示接受。他说：“光复中华，皆我军民之力，文孑身归国，毫发无功，竟承选举，何以克当？惟念北方未靖，民国初基，宏济艰难，凡我国民，具有责任。诸公不计功能，加文重大之服务，文敢不黾勉从国民之后，当克日赴宁就职，先此敬复。”

孙中山，广东香山人，乳名帝象，学名文，字德明，号日新，后改逸仙。曾用名有中山樵、杜嘉诺、高野长雄、陈文、陈载之、中山二郎、吴仲、高达生、艾斯高野、阿罗哈等。辛亥革命后，始称“孙中山”，日本称“孙文”，欧美各国则称“孙逸仙”，在公文、函电中多自署“孙文”。1894年11月，孙中山在美国檀香山联合当地20多个进步华侨，以“驱除鞑虏，恢复中华，创立合众政府”为宗旨，聚议成立了兴中会。

兴中会不同于反清的旧式会党，采用会员陆皓东所设计的“青天白日旗”为起义军旗，是一个以开展资产阶级民主革命为职志的政治集团。兴中会成立后迅速扩大，设有广州分会、横滨分会、南非分会、台湾分会等。

1905 年 8 月 20 日，在孙中山的倡议下，湖南华兴会、广东兴中会、江浙光复会、科学补习所、青帮、洪门等多个国内反清团体，在东京市赤坂区一间民宅发起成立中国革命同盟会。

同盟会以孙中山提出的“ 驱除鞑虏，恢复中华，创立民国，平均地权 ”十六字纲领，制定了《军政府宣言》《中国同盟会总章》《革命方略》等文件，推举孙中山为总理，黄兴等任庶务，决定在国内外建立支部和分会，联络华侨、会党和新军，成为全国性的革命组织。

同盟会在讨论会旗及将来的中华民国国旗时，发生了激烈的争论。有人提出用“18 星旗”，有人提出用“金瓜钺斧旗”，有人提出用“井字旗”，也有人提出用“五色旗”。黄兴等人提出，“青天白日旗”在形式上不够美观。于是孙中山在“青天白日旗”上增加了红地，变成了“青天白日满地红旗”，但仍未获得通过。同盟会会旗没有定论，各种方案作为悬案保留，但革命军在起义时均使用“青天白日满地红旗”作为标志。

同盟会成立在组织形式上壮大了，但同盟会在成立伊始就面临重重的内部矛盾，派系林立。同盟会内有以孙中山为首的广东派，以章太炎、刘师培、陶成章为首的江浙派，以黄兴、宋教仁、刘揆一为代表的两湖派等，地域性和宗派之争十分严重。随着反清形势的发展，同盟会内部个人主义、宗派主义、分散主义、行会主义和山头主义逐渐上升，旧的感情上的裂痕和新的摩擦、猜忌、怨憎结合在一起。光复会是同盟会内部一个影响较大的政治派别，和同盟会只是在“反清”上存有相同的目标，在其他方面存在很大的分歧，曾多次掀起“倒孙风潮”。

同盟会内部“倒孙风潮”的出现除了组织纪律不够严密外，也与孙中山个人“偏激固执”有一定的关联。辛亥革命前，孙中山在军事策略上偏重两广和南方，忽视以两湖为中心的长江流域。在主观思想上，疏远与内地志士、东京同盟会总部的联系，对同盟会的领导基本上局限于南方各支部。在实际行动上，孙中山偏重于筹款、外交，忽略艰苦细致的发动和组织工作。这些做法引起同盟会内部其他派别的反对，武昌起义后，同盟会很快就趋向分裂和瓦解。

南京临时政府成立后，各种势力鱼目混珠，革命派、立宪派、旧官僚纷纷加入其中。在孙中山组织的内阁中，黄兴任陆军总长，黄钟英任海军总长、外交总长，伍廷芳任司法总长，陈锦涛任财政总长，陈德全任内务总长，蔡元培任教育总长，张謇任实业总长，汤寿潜任交通总长。9 名总长中，陆军、外交、教育总长由同盟会成员担任，其他 6 人由立宪派和旧官僚充任。孙中山采用“总长取名，次长取实”的办法，直接任命各部次长、局长和总统府秘书长，缩小和牵制总长的权限。在临时参议院的 43 席中，同盟会占据了 34 席，占绝对优势。

1912 年 1 月 1 日，孙中山先生就任临时大总统，定国号为“中华民国”，五色旗为国旗，宣告中华民国成立。在宣誓中，孙中山说：“倾覆满洲专制政府，巩固中华民国，图谋民生幸福。此国民之公意，文实遵之，以忠于国。为众服务。至专制政府既倒，国内无变乱，民国卓立于世界，为列邦公认，斯时文当解临时大总统之职，谨以此誓于国民。”

南京临时政府成立后颁布了具有宪法效力的《临时约法》，通过立法程序，确立了资产阶级共和国的国家政治制度和政权的组织形式以及人民的民主权利，在中国开创了以法治国的先河。《临时约法》规定“中华民国之主权属于国民全体”“中华民国人民一律平等”，并享有人身、居住、言论、出版、集会、结社、通信、信仰等自由，选举及被选举等权利。

《临时约法》按照西方“三权分立”和“代议政治”的原则来构建中华民国的国家制度，为了防止和限制专权以保障民国，将原先的总统制改为内阁制。在社会制度方面，南京临时政府通过发布一系列政策法令、禁止“缠足”和“蓄辫”等，对社会陋习进行了彻底的改良。

缠足，是中国封建社会特有的一种针对女性的装饰陋习。妇女从四五岁起便开始用一条狭长的布袋将足踝紧紧缚住，从而使肌骨变形，脚形纤小屈曲，一直到成年之后，骨骼定型，方能将布带解开。反对缠足，提倡自然的“天足”，最初在清朝道光年间，由外国人开办的耶稣教会发起。戊戌变法时期，康有为、梁启超等在上海、广东相继成立了“天足会”。辛亥革命后，各地方政府采取种种具体措施实行“放足”，提出“不要小脚女为妻”的口号，马路上树立“二十五岁以下小足女子，不准在马路上行走”标牌，向缠足女子征收“小脚捐”等，促使女子之脚解放，渐渐使缠足陋习走向绝迹。

剃发蓄辫，是清朝的传统。中国人遵循“身体发肤，受之父母，不敢损伤”的圣训。对中国人而言，削发是一种严重的处罚，只有犯了不可饶恕的错误，才执行削发示惩。东汉末年的曹操，因为马踏麦田触犯了自己所定的军纪，于是剑削青丝以谢军中。满族人是剃发蓄辫的民族，其发式是“半剃半留”。清朝确立统治以后，开始强力推行剃发蓄辫制度，清顺治皇帝发布命令，宣布“自今布告以后，京城内外，直隶各省，限旬日尽行剃完。若规避惜发，巧词争辩，决不轻贷”，臣僚不得论奏剃发，否则“杀无赦”。此即为历史上著名的“剃发令”。“留头不留发，留发不留头”，剃发作为一种是否表示归顺清朝的标志，经历数度反抗与镇压的反复，辫子一根根地留了起来，成为“天朝上国”的象征。

蓄发始于太平天国。太平天国提出恢复“中原古制”，官兵蓄发不剃，束发于顶，被清廷官方诬称为“发匪”“发贼”“发逆”“长毛”。维新变法期间，康有为提出俄国彼得一世的改革和日本的明治维新“皆先行断发易服”，请求光绪皇帝在全面实施变革之际下令“断发易服”，以“振国民之精神”，未得实施。1895 年，孙中山等人在日本剃发易服，以明革命之志。在日本留学的青年学生纷纷剪掉辫子以示与清廷决裂，“断发易服”之风在海外愈刮愈烈。

1910 年，第一届清朝资政院常委会开幕，有议员提出《剪辫易服与世大同》《剪除辫发改良礼服》的议案，认为中国辫装妨碍“朝廷整军经武，非剪除辫发，改制冠服，不足以灿新天下之耳目，改除骄奢之习惯”。此举获得资政院大多数议员的赞成。消息传开，民间不等清廷批准，“一时风发云涌，大有不可遏制之势”。

中华民国临时政府成立，政府把“蓄发”看成是政治分野的象征，剪除辫子已经成为去旧图新的标志。孙中山通令全国剪辫，“凡未去辫者，于令到之日限二十日，一律剪除净尽，有不遵者以违法论。”全国范围内辫子基本剪除。

清朝旧部张勋为表示效忠清朝，下令所部一直留着辫子。后来，张勋带领数千“辫子军”进京，拥立溥仪复辟。一时间，京城很多剪辫子者惊慌失措，有歌谣云：“不剪辫子没法混，剪了辫子怕张勋。”短短数日，假辫子风行北京城。张勋复辟的闹剧很快收场，又有歌谣云：“宣统回了朝，秃头要开瓢。宣统跑了，秃头好了。”

一个小小的辫子前后折腾了近三百余年，折射出中国近代思想观念抉择的缩影。历史学家陈旭麓先生评论道：“南京临时政府的成立以及《中华民国临时约法》的颁布，是‘揖美追欧’的结果，也是五四以前 80 年先进的中国人经过几代人的奋斗而取得的最富深远意义的结果。”

政党政治的幻灭

武昌起义后南方各省纷纷独立，清政府拟派北洋军进行镇压，但北洋军系由袁世凯天津小站练兵壮大而来，由袁世凯牢牢把持，清政府无法“调动”。

小站位于天津东南70里，原名新农镇，后来清政府在此修筑了“马新大道”，沿途设立驿站，驻扎的军士习惯称小站。甲午战争后，清政府决定以德国陆军为榜样编练“定武军”10营，计4750人。开始由胡燏棻负责，不久胡燏棻被调去督办津芦铁路，清政府指派袁世凯负责。

袁世凯将“定武军”进行扩编改造，增募新兵2000多人，配备外国新式武器装备，聘请德国教官，采取近代德国陆军制度，组建包括步、马、炮、工、辎等兵种的新建陆军。

袁世凯的新建陆军与董福祥的“甘军”、聂士成的“武毅军”并称为“北洋三军”，此后，袁世凯新建陆军不断壮大，渐渐被称为“北洋军”。

1895—1905年十年间，袁世凯共编练了北洋六镇，每镇12500余人，除第一镇是由满洲贵族铁良统率的旗兵外，其余五镇全都在袁世凯的控制之下，重要将领几乎都是小站练兵时期的嫡系军官。徐世昌、段祺瑞、冯国璋、王士珍、曹锟、张勋等北洋军中的实权人物，全部成为清末民初的军政要人。

李鸿章去世后，袁世凯任直隶总督、北洋大臣，成为“疆臣之首，北洋之主”。上任后，袁世凯大力倡导“新政”，包括废除科举、督办新军、建立学校、奖设工商等。他曾上奏呈请建立山东大学堂（今山东大学前身），并参与到北洋大学（今天津大学前身）的建设中，筹办的第一支中国新式警察队伍亦于天津成立。

袁世凯“内结亲贵，外树党援”，很快形成了一个以他为首的庞大的北洋军事政治集团。袁世凯北洋集团势力的扩张，对清廷满洲亲贵集团的世袭地位构成了严重威胁。皇室亲贵煽动一些御史上疏屡屡弹劾袁世凯，摄政王载沣也害怕袁世凯“尾大不掉”，就以袁世凯“患足疾”为名，解除了袁世凯的官职。

袁世凯称疾返乡，回到河南安阳洹上村，表面上韬光养晦，暗地里仍关心政事，等待时机复出。清政府“调动不了”北洋军，不得不任命袁世凯为内阁总理大臣，请袁世凯“再次出山”。袁世凯一方面举兵南下对南京政府施加压力，另一方面暗中派遣代表与南方进行和谈。在和谈中，袁世凯一方面以南京的共和体制要挟清廷获取更大利益的筹码，另一方面又以清廷的立宪体制要挟南京政府，以此来争取他在组建新政府时的绝对权力。

南京方面在与北洋军的军事对峙中处于明显的劣势，面对袁世凯咄咄逼人的气势，南京方面“拥袁倒清”派日益占据上风。革命军总司令黄兴致电袁世凯：“若能赞成共和，必可举为总统。”在得到南京方面的“政治承诺”后，袁世凯开始运作“清帝退位”“登上大总统”的“连环好戏”。

对清廷，袁世凯采取“双管齐下”的办法。一方面，他指令段祺瑞、冯国璋等北洋军将领联名通电，表示“誓死拥护君主立宪，坚决反对民主共和”；另一方面，他又鼓动以陆徵祥为首的清朝全体驻外使臣发联名通电，劝告清帝退位，“以安皇室而定人心”。袁世凯忽而表示拥护君宪，忽而又暗中鼓动清帝退位，这既是袁世凯在逼宫前对清廷的假仁假义，也是对南京方面的进一步“政治试探”。

对南京方面来讲，袁世凯既是推翻清政权的“最大障碍”，又有可能是推翻清政权的“最大功臣”。在得到南京方面的“政治承诺”后，袁世凯开始向清廷正式摊牌。袁世凯劝隆裕太后说，自古无不亡之国，亡国之君身受杀戮之惨，古今中外历史斑斑可考。现在大清皇帝若退位，仍能保持其尊号，可享受岁费，这是古往今来绝无仅有的创举。希望朝廷能把握这“千载难逢的机遇”。同时，袁世凯指令以段祺瑞为首的北洋军将领47人发表联名通电，吁恳“清帝退位，改行共和政体，以安皇室而定大局”。

清朝看到北洋军“反水”，袁世凯“态度明确”，已不能坚持。于是，以清帝的名义，奉太后懿旨连下两道诏书“宣布退位”，袁世凯保证清室享有如下权益。

关于大清皇帝辞位之后，优待之条件：

今因大清皇帝，宣布赞成共和政体，中华民国于大清皇帝辞退之后，优待条件如下。

第一款　大清皇帝辞位之后，尊号仍存不废。中华民国以待各外国君主之礼相待。

第二款　大清皇帝辞位之后，岁用四百万两，俟改铸新币后，改为四百万圆，此款由中华民国拨用。

第三款　大清皇帝辞位之后，暂居宫禁，日后移居颐和园，侍卫人等，照常留用。

第四款　大清皇帝辞位之后，宗庙陵寝，永远奉祀，由中华民国酌设卫兵，妥慎保护。

第五款　德宗陵寝未完工程，如制妥修，其奉安典礼，仍如旧制。所有实用经费，并由中华民国支出。

第六款　以前宫内所用各项执事人员，可照常留用，惟以后不得再招阉人。

第七款　大清皇帝辞位之后，其原有之私产，由中华民国特别保护。

第八款　原有之禁卫军，归中华民国陆军部编制，额数俸饷，仍如其旧。

关于清皇族待遇之条件：

（一）清王公世爵，概如其旧。（二）清皇族对于中华民国国家之私权及公权，与国民同等。（三）清皇族私产，一体保护。（四）清皇族免当兵之义务。

关于满蒙回藏各族待遇之条件：

（一）与汉人平等。（二）保护其原有之私产。（三）王公世爵，概仍其旧。（四）王公中有生计过艰者，设法代筹生计。（五）先筹八旗生计，于未筹定之前，八旗兵弁俸饷，仍旧支放。（六）从前营业居住等限制，一律蠲除，各州县听其自由入籍。（七）满蒙回藏原有之宗教，听其自由信仰。

南京临时政府成立后，在体制的设置上是实行总统制还是实行责任内阁制，形成了两派意见。孙中山主张实行总统制，宋教仁主张实行内阁制。

总统制，是指由选民分别选举总统和国会，由总统担任国家元首、担任政府首脑的制度。在总统制下，行政机关从属于总统而非议会。总统独立于议会之外，由公民直接或间接选举，总统只向人民负责，不对议会负责。美国是实行总统制的典型国家。

内阁制，是由内阁总揽国家行政权力并对议会负责的政体形式。元首发布命令时，须经行政首长或有关内阁成员副署，无副署者，则元首之政令不生效力。元首的角色实际上是“统而不治”。

南京临时政府成立后，宋教仁主持同盟会实际工作，加紧对同盟会的改组步伐，以适应内阁制的需要。宋教仁支持同盟会与统一共和党的合并。在两党合并谈判中，统一共和党提出三项“合并”的先决条件：第一，变更同盟会名义；第二，废去民生主义；第三，改良内部组织。

国民公党在得知同盟会与统一共和党合并的消息后，也派代表与宋教仁“商谈合并事宜”。谈判中，国民公党也坚持统一共和党提出的三项条件。后来国民共进会和共和实进会两个小政团也加入到“三党合并”的队伍中来。为了与统一共和党等党派的合并，宋教仁将同盟会纲领中“实行民生主义”改为含糊的“采用民生政策”，把“力谋国际平等”改为“保持国际平和”。这样，同盟会与统一共和党、国民公党、国民共进会、共和实进会这“五党”正式合并，宣告成立了国民党。

孙中山认为，改组同盟会是“今日为必要之事”，支持改组同盟会，但并不热心参与改组事宜，对宋教仁对同盟会的改组问题采取了“于党事则一切不问，纯然放任”的态度。

重组后的国民党队伍扩大，宋教仁的目的就是在新成立的政府中占据主导，实行责任内阁，掌管政府实权。宋教仁组建国民党的做法与“大总统”袁世凯之间产生了矛盾，直接表现为省长的选举和宪法的起草权。

关于省长的选举，袁世凯主张省长“简任”，即由中央直接任命。国民党认为“省长民选与否，即与共和政治能成立与否同一问题”，主张省长“民选”。

关于宪法的起草权，袁世凯主张由各省推举代表共同组织“宪法起草委员会”。国民党认为，“宪法者，共和政体之保障也。中国为共和政体与否，当视诸将来之宪法而定。使制定宪法时为外力所干涉，或为居心叵测者将他说变更共和精义，以造成不良宪法，则共和政体不能成立”。坚决主张宪法必须由国会制定。

宋教仁积极推行内阁制的主张，给袁世凯带来了很大限制。他曾多次对人说，对大总统的约束太多，使政府的政策往往难以有效地贯彻执行。在一份文件中，袁世凯“非常苦恼”地写道：“国家既采法治主义，庶政皆藉法律以行；而国会纷争，议案丛脞，累日不能决一条，经月不能颁一律。律文既缺，何所遵依？”

表面上看，改组后的国民党队伍虽然壮大了，但内部却面临诸多的问题。国民党内部权力分配难以平衡，共和实进会不甘居于“随班逐队”的配角地位，在“五党合并”不到十天，就与国民党分道扬镳。

统一共和党等其他政团，也动辄以退出国民党来要挟。国民党在“新旧合揉”的口号下，采取了“兼容并包”的发展方针。这就使得一大批官僚、政客和投机分子为着个人政治目的，纷纷跻身于国民党。国民党“非使官僚党同化，是同化于官僚党”。

宋教仁“醉心于政党政治”，四处游走，发表演说，一时间成为政坛上炙手可热的人物。1913 年 3 月 20 日，正当宋教仁准备自上海动身赴北京之际，在上海火车站遭遇刺客枪击身亡。

“宋教仁案”立刻引起社会的强烈反响，各方态度不一，目的也不一，令“宋教仁案”坠入云里雾里，很难辨别。

袁世凯在得知宋教仁遇害的消息后，对身边的人叹息说：“遯初（宋教仁，字遯初）可惜，早知如此，何必当初。”孙中山得知宋案发生，中止对日本的访问，立刻回国，他说：“事已至此，只有起兵，因为袁世凯是总统，总统指示暗杀，则断非法律所能解决，所能解决者，只有武力。”在悼念宋教仁的挽联中，孙中山称赞宋教仁是“作公民保障，谁非后死者；为宪法流血，公真第一人”。黄兴在悼念宋教仁的挽联中，怒斥袁世凯为“凶手”。他说：“前年杀吴禄贞，去年杀张振武，今年又杀宋教仁；你说是应桂馨，他说是洪述祖，我说确是袁世凯！”

“到底是谁杀了宋教仁”这样的疑问，从宋案发生伊始一直到今天，都没有确凿的证据。流传较广的有“袁世凯刺杀说”、“赵秉钧刺杀说”、“陈其美刺杀说”。

持“袁世凯刺杀说”的人认为，袁世凯害怕宋教仁以合法手段取得权利，见收买不成，便布置歹徒对宋教仁下了毒手。坚持这一说法的人，甚至还公布了刺客应桂馨和袁世凯之间的往来电报。

应桂馨，浙江宁波人，早年混迹江湖，为上海帮会头目。应桂馨投身同盟会，曾任沪军政府谍报科长、南京总统府庶务科长等职。因参与兵变被通缉，后加入袁世凯秘书洪述祖一派，被委任为江苏巡查总长。袁世凯利用应桂馨谋杀了宋教仁。

反对“袁世凯刺杀说”的人指出，宋教仁是国民党内唯一愿与袁世凯合作的领袖。况且宋教仁此行由上海北上，正是要与袁世凯商谈国事，如果袁世凯真想杀宋教仁也不会选择在这个“敏感时间”。

宋案发生后，袁世凯曾对身边的人说：“我代人受过多得很，从未辩过。我虽不杀遯初（宋教仁），遯初亦因为我而见杀，怎么辩呢！明事理的人一定察觉出，如果我想杀他，不必一定招其来而杀之。我完全可以等他来了后，陷他以罪杀他，何必要数次邀请他，乘他将行而杀之？这明明是授人以柄，愚夫也不会做这等傻事。”

到底是不是袁世凯派人刺杀了宋教仁，已成为一段历史悬案，很难弄清。但有一点是可以肯定的，宋教仁自己至死都没有怀疑是袁世凯派人刺杀了他。宋教仁在弥留之际，曾托黄兴代拟一电，向袁世凯讲述自己中弹经过和革命生涯：

“北京袁大总统鉴：仁本夜乘沪宁车赴京敬谒钧座，十时四十五分在车站突被奸人自背后施枪，弹由腰上部入腹下部，势必至死。窃思仁自受教以来，即束身自爱，虽寡过之未获，从未结怨于私人。清政不良，起任改革，亦重人道，守公理，不敢有一毫权利之见存。今国本未固，民福不增，遽尔撒手，死有余恨。伏冀大总统开诚心布公道，竭力保障民权，俾国家得确定不拔之宪法，则虽死之日，犹生之年。临死哀言，尚祈鉴纳。宋教仁。哿。”

持“赵秉钧刺杀说”的人认为，赵秉钧杀宋教仁的动机很简单，如果宋教仁真做总理了，赵秉钧往哪搁呢？此说“有力证据”是，应桂馨曾多次扬言要杀掉宋教仁。宋教仁遇刺后，巡捕房曾到应桂馨家搜查，竟意外抓到了刺杀宋教仁的直接凶手武士英。

在审讯中，武士英供认他在两个月之前来到上海，经人介绍认识了应桂馨。应桂馨答应给他1000元，并拿出宋教仁的照片让他行刺，并预先支付了30元。巡捕房在对应桂馨的住处进行搜查时，还查出一批电报和信件。这些电报信件中有赵秉钧交给应桂馨的手令，内有联络通讯密码等。

反对“赵秉钧刺杀说”的人认为，赵秉钧与宋教仁私交甚好。赵秉钧曾在北京《新纪元报》上发表谈话，说他在唐绍仪内阁期间和宋教仁既是同僚，又是挚友。宋教仁住在西直门外的农事实验场，离城十里，有时天晚无法出城，宋教仁总是住在他家，彼此无话不谈。宋教仁离京南下时，欠了5000多元的债，都是他替宋教仁还的。刺杀宋教仁的主犯应桂馨，此人是个两面间谍角色。赵秉钧曾自辩说他和应桂馨确实有“书信往来”，应桂馨还帮助过黄兴将私存公债60万转抵义丰银行私存。赵秉钧质问道：“书信往来与银钱往来，孰轻孰重。”

赵秉钧病死，坊间纷传，说是袁世凯毒死了赵秉钧。赵秉钧抑郁成疾，袁世凯派名医给赵秉钧看病。谁知药入口后，赵秉钧腹如刀绞，便呜呼毙命了。

持“陈其美刺杀说”的人认为，同盟会改组后，孙中山的威望下降，宋教仁的威望迅速提升，成了国民党的代理理事长，是实际负责人。辛亥前，同盟会发生过两次“倒孙风潮”，在这两次风潮中，宋教仁都没有站在孙中山的一方。

第一次“倒孙风潮”中，孙中山通过日本浪人购得村田式快枪2000支，子弹120万发，准备秘密运回国。章太炎认为，村田步枪早已过时，不具备战斗力，于是便以《民报》名义明码电告香港《中国日报》，“械劣难用，请停止另购”。孙中山极为恼怒，令胡汉民写信给东京同盟会本部，谴责章太炎，又派林文返回东京传旨，禁止章太炎、宋教仁干预军事。

第二次“倒孙风潮”导致同盟会瓦解。宋教仁虽没有跟着章太炎、陶成章脱离同盟会，却也没有追随孙中山去参加在南洋组织的“中华革命党”。宋教仁回到上海和谭人凤等人一起组织了“同盟会中部总会”这个实际上独立的组织，采用了陶成章在华中起事的战略主张，最终导致武昌“首义”成功。

南京临时政府成立后，宋教仁与孙中山的主张可以说是处处相反。孙中山主张北伐，宋教仁主张南北议和，推举袁世凯为总统。孙中山主张定都南京，宋教仁和章太炎都主张定都北京。最后，参议院投票决定定都北京。孙中山、黄兴大为恼火，黄兴甚至威胁派兵把议员抓起来，参议院被迫再次投票改变了原来的决议，才同意定都南京。

在政体问题上，孙中山主张实行美国式的总统制，宋教仁主张法国式的责任内阁。理由是内阁制“断非此非常时代所宜，因为在此非常时代，吾人不能对唯一置信推举之人，而复设防制之法度，而误革命大计”。双方争到面红耳赤，不欢而散。

陈其美等铁杆“拥孙派”对宋教仁早就“颇为怀恨”。陈其美利用孙中山出国之际，在孙中山不知道的情况下，贸然刺杀宋教仁，以造成既成事实，进而达到一箭双雕的作用。一则可以让陈其美自己更上一层楼，顺理成章地接孙中山的班；二则可以激发党人国人发起反袁的“二次革命”。

应桂馨脚踩两只船，一面跟洪述祖联络，一面向同门大哥陈其美透露了“毁宋”计划，陈其美巧妙利用国务院秘书洪述祖的“毁宋”计划，安排应桂馨和一班党人成功地实施了“杀宋”计划。

当时上海是陈其美势力的大本营，宋教仁案从刺杀发生到审判都发生在此处。和以往刺杀案往往悬而难破不同，宋教仁案的破获却是出乎意料地顺利，几乎要用“难以置信”来形容。而刺杀宋教仁的凶手武士英在监狱的神秘死亡，似乎也与陈其美有关。当时看守武士英的是沪军六十一团，是国民党人黄郛的部队。而陈其美、黄郛和蒋介石是拜把子兄弟。这一切又不禁使人怀疑陈其美。

反对“陈其美刺杀说”的人认为，陈其美和宋教仁之间交情深厚，而且宋教仁被刺时，陈其美就在宋教仁的身边。在宋教仁案发生后，陈其美的表现也可圈可点。说陈其美就是宋教仁案的“幕后黑手”，完全是捕风捉影。

宋教仁案发生后，孙中山从日本回国，于上海开会，主张以武力讨伐袁世凯。但是国民党内部意见不一。黄兴等人倾向使用和平手法，在不破坏《临时约法》之下，以法律方法抗争。

宋教仁案发生后，依靠法律解决的路径并未完全堵死，很多程序也并未走完，社会各界也纷纷呼吁希望能够依循法律解决宋教仁案。但提倡“五权宪法”的孙中山此次却坚信，“总统指示暗杀，则断非法律所能解决，所能解决者，只有武力”。坚持武力讨伐袁世凯，发起了“二次革命”。

到底是谁刺杀了宋教仁我们不得而知，但由宋教仁遇刺宣告了民初政党政治的终结，由宋教仁遇刺引发兵戎相见的“二次革命”却是一个不争的事实。

短命的复辟狂潮

袁世凯正式担任大总统后，以各种理由要求国会扩大总统职权，以便总揽政务之统一。但国会认为袁世凯的提案毋庸再讨论，拒绝再听袁世凯的陈述。袁世凯转向各省军民长官“求援”，他发出通电，公开陈述自己对宪法草案的意见。各省军民长官在“条陈电复”中均附和袁世凯的意见，主张解散国民党，取消国民党议员的资格，取消《天坛宪法草案》。

《天坛宪法草案》，也称为《中华民国宪法草案》。因该草案于北京天坛祈年殿起草，故称作《天坛宪法草案》。《天坛宪法草案》基本上延续了《临时约法》，对大总统的权利做了诸多约束，袁世凯无法接受这部宪法。袁世凯以“挽救国家之危亡，减轻国民之痛苦”为由，下令解散国民党并取消国民党籍议员的资格，以《中华民国约法》来取代《天坛宪法草案》和《临时约法》。

《中华民国约法》改内阁制为总统制，极大地增加了总统的权利，使大总统具有至高无上的权威。规定：外交大权归诸总统，宣战、媾和、缔约不必经由参政院。总统制定官制，任用国务员及外交大使，不必经由参政院。正式宪法应由国会以外国民会议制定，总统公布。宪法起草权归诸总统及参政院。人民公权的褫夺回复，总统应自由行之。总统应有紧急命令权，应有紧急处分权。对此，袁世凯还不满足，以《大总统选举法》对大总统的权利作了进一步的扩充，将总统选举变成了变相世袭。规定：总统任期十年，可以连任无限。总统继任人由前总统推荐于总统选举会。

袁世凯的头上除了剩下一块“中华民国”的空招牌以外，和清朝皇帝没有区别。为了去掉“中华民国”这一牌号，袁世凯加紧复辟的步伐。袁世凯授意由自己的外籍顾问、美国人古德诺和日本人有贺长雄出面，发表《新约法论》和《共和与君主论》等文章，鼓吹“中国如用君主制，较共和制为宜”，公开叫嚷让袁世凯当皇帝。

古德诺是美国著名的政治学家、教育家，1913年成为袁世凯的顾问。古德诺鼓吹中国政局需要由袁世凯式的“强人”出来收拾才有望走上“正轨”，宣称普选制“似非地大如中国者所宜采用也”，“中国前此系专制古国，人民无选举之习惯，国会较为整齐”。中国的当务之急是建立一强固政府，维持政局稳定，以改良财政、修明法制、厘定政府与人民的法律关系。等若干年后，“此数者既达目的之后，彼时民国如采用法制或较为有益。倘届时情势果属如此，则宪法未始不可修正”。

有贺长雄是日本著名的法律专家，1913年成为袁世凯的顾问。有贺长雄鼓吹中华民国并非纯因民意而立，实系清帝让与统治权而成。《临时约法》中所谓的“主权在民”“立法权在民”都不能成立，必须重修一部“主权在国”的约法。

在袁世凯的授意下，一些所谓的“政治研究会”也应运而生。杨度等人以“学术团体”的招牌，宣称其宗旨是“筹一国之治安”“研究君主、民主国体何者适于中国”，发起成立“筹安会”。

杨度，湖南湘潭人，先后投身截然对立的政治派别，是中国近代史上一个奇特的政治家。参与过“公车上书”，当过清朝四品官员，与康有为、梁启超、黄兴等人是好友，跟汪精卫、蔡锷、齐白石是同学，怂恿袁世凯称帝，赞同孙中山共和，北伐战争时就预言说“毛泽东能得天下”，救过李大钊，是杜月笙的师爷，入过佛门，参加过国民党，最终由潘汉年介绍经周恩来批准秘密加入中国共产党。后人对杨度的评价颇具争议。从杨度写给一些人的挽词中，我们或许能够感受杨度的一些“特点”。

杨度写给自己的老师王闿运的挽词是：旷古圣人才，能以逍遥通世法；平生帝王学，只今颠沛愧师承。杨度写给黄兴的挽词是：公谊不妨私，平日政见分驰，肝胆至今推挚友；一身能敌万，可惜霸才无命，死生自古困英雄。杨度写给蔡锷的挽词是：魂魄异乡归，于今豪杰为神，万里江山皆雨泣；东南民力尽，太息疮痍满目，当时成败已沧桑。杨度写给孙中山的挽词是：英雄作事无它，只坚忍一心，能成世界能成我；自古成功有几，正疮痍满目，半哭苍生半哭公。杨度写给梁启超的挽词是：事业本寻常，胜固欣然，败亦可喜；文章久零落，人皆欲杀，我独怜才。

筹安会成立后，杨度立即通电全国，邀各地文武官吏和商会团体速派代表进京，讨论国体问题。进京“代表”投票表决，“一致主张君主立宪”，并成立各种“公民请愿团”。商会请愿团、教育会请愿团、妇女请愿团、乞丐代表请愿团、人力车夫代表请愿团、孔社请愿团等，与筹安会的各省请愿团一起，向参政院投递请愿书，请愿“实行君主制”。

在“全国请愿联合会”的多次“请愿”下，袁世凯派代表宣读对于变更国体的宣言：“本大总统受国民之付托，居中华民国大总统之地位，四年于兹矣！忧患纷乘，战兢日深，自维衰朽，时虞陨越，深望接替有人，遂我初服；但既在现居之地位，即有救国救民之责，始终贯彻，无可委卸，而维持共和国体尤为本大总统当尽之职分。”

“近见各省国民纷纷向代行立法院请愿改革国体，于本大总统现居之地位似难相容。然本大总统现居之地位本为国民所公举，自应仍听之国民。且代行立法院为独立机关，向不受外界之牵掣，本大总统固不当向国民有所主张，亦不当向立法机关有所表示。”

“惟改革国体于行政上有绝大之关系，本大总统为行政首领，亦何敢畏避嫌疑，缄默不言！以本大总统所见。改革国体，经纬万端，极应审慎，如急遽轻举，恐多窒碍，本大总统有保持大局之责，认为不合时宜；至国民请愿，不外乎巩固国基，振兴国势，如征求多数国民之公意，自必有妥善之上法，且民国宪法正在起草，如衡量国情，详晰讨论，亦当有适用之良规，请贵代行立法院诸君子深注意焉！”

这是一篇半推半就的“妙文”，袁世凯明白表示如果全国人民“硬要他做皇帝”，他只能服从“民意”。参政院开始“制造民意”。参政院开会，举行所谓解决国体总投票。各省代表1993人，全票拥护君主制，并“完全一致”“恭戴今大总统袁世凯为中华帝国皇帝”，并以“国民代表大会总代表”的名义上书“劝进”。

袁世凯假惺惺地将“劝进书”退回，并说：“今若帝制自为，则是背弃誓词，此于信义无可自解者也。”参政院“再劝进”，袁世凯才决定“服从民意”。这样，袁世凯终于抛掉了“中华民国”的招牌，把皇帝的皇冠戴到了自己的头上。

袁世凯称帝，激起了国人公愤。在蔡锷的带领下，云南成立了护国军，首先宣布独立，接着贵州、广西响应，也组成了“护国军”进行讨袁战争。

蔡锷，湖南邵阳人，师从梁启超、谭嗣同，毕业于上海南洋公学(今上海交通大学的前身)，后留学日本，在陆军士官学校学习。曾先后在湖南、广西、云南等省教练新军。武昌起义后，蔡锷领导云南昆明起义，被推举为云南都督。袁世凯任大总统后，将蔡锷调至北京，加以笼络与监视。袁世凯称帝，蔡锷由北京潜回云南，组织护国军，发动护国战争。后人将蔡锷与袁世凯进行了比较：一个清癯儒雅，一个粗壮雄武；一个劲气内敛，一个虎视鹰扬；一个高洁自守，一个黑白通吃；一个捐生纾难，一个窃国自为。

袁世凯称帝，一直追随袁世凯的段祺瑞和冯国璋感到“个人前途渺茫”，遂对帝制抱消极态度，冯国璋甚至暗中和护国军互通情报，进行联络。北洋军阀内部因“权力分配不均”导致的“反袁情绪”对袁世凯称帝形成了致命打击。

护国军在前线节节胜利，国人反对帝制的呼声一浪高过一浪。袁世凯不得不下令取消帝制，废除“洪宪”年号，仍以“大总统”的名义发布命令。袁世凯取消帝制，可是护国军仍不肯罢休，坚持要袁世凯下台。

孙中山也继续发动武装反袁斗争，全国各地纷纷发表宣言、通电，要求惩办袁世凯。北洋军内部发生“倒戈”，冯国璋接连发电报，催促袁世凯退位。袁世凯在南方的爪牙，为了保住自己的地位，也相继宣布独立。

清末民初，袁世凯在全体国民心目中享有很高的威望，就连辛亥革命的领导人孙中山都略逊一筹。李鸿章对袁世凯的评价是："血性忠诚，才识英敏，力持大局，独为其难。""环顾宇内者，无出袁世凯其右者。"袁世凯错就错在称帝上。袁世凯称帝，给了孙中山等"倒袁派"以口实，蔡锷在云南起事，北洋军实力派段祺瑞、冯国璋等冷眼看袁世凯的笑话，甚至"借力打力"，希望袁世凯垮台。袁世凯陷入众叛亲离的困境，欲续任大总统亦不可得。在重大精神压力及膀胱结石病情的双重打击下，连病带气，在万人的唾骂声中死去。北洋政府根据其"葬吾洹上"的遗愿，在河南安阳，耗资70余万银元，建成墓园，称为"袁林"。

袁世凯复辟失败并没有阻止部分人仍妄图复辟的想法。"辫帅张勋"借"府院之争"又一次上演了复辟帝制的丑剧。

袁世凯死后，副总统黎元洪继任大总统，段祺瑞任国务总理。段祺瑞以北洋正统派首领自居，依附日本军阀，掌握军政大权，与黎元洪分庭抗礼。在中国政府要不要参加第一次世界大战对德国宣战这个问题上，双方斗争更趋激烈。段祺瑞主张"参战"，主张由十几个督军组成"督军团"，对黎元洪施加压力。黎元洪反对参战，借段祺瑞私自向日本借款一事，下令撤销段祺瑞总理职务。段祺瑞愤然离京去津，并扬言根据《临时约法》总统无权撤销总理职务，攻击黎元洪违反宪法，不承认黎元洪的免职令。因一方为总统府，一方为国务院，所以人们将两人之间的争斗称为"府院之争"。"府院之争"正酣之际，张勋以调节黎元洪、段祺瑞矛盾为名，率五千辫子军进京。

张勋，江西奉新人，曾任江南提督，坚决反对武昌起义。清帝退位以后，张勋将所部改称武卫前军，禁剪辫子，以示效忠清王朝，时称"辫子兵"。张勋醉心于复辟清室并不是什么秘密，其所以能"复辟成功"，并非源于张勋自身的实力，而是争斗的各派暂时都需要借助张勋这块招牌。

张勋带军队控制北京后，将年仅 12 岁的溥仪再次推向皇帝的宝座。一时间，北京街头警察挨家挨户命令悬挂黄龙旗。停业五年多的黄龙旗店又重操旧业，但一时供不应求，许多人家只好用纸糊一面龙旗应付。而那些早就盼望清室复辟的王公贵族、遗老遗少则弹冠相庆，兴冲冲地聚集在皇宫门前等候觐见“皇上”。没有朝服的人就急忙到旧衣铺去抢购朝服，没有发辫的人就到戏装店定做用马尾制作的假发辫，他们穿上长袍马褂，晃着真真假假的大辫子招摇过市。

张勋派人带着康有为预先代写的“黎元洪奏请归还国政”的奏折，来到总统府要黎元洪在奏折上签字。黎元洪既不敢应允，又无力反抗，索性通电由副总统冯国璋代任总统职务，自己逃到东交民巷日本使馆区避难了。

段祺瑞见张勋把黎元洪赶下了台，这才在天津发表讨伐张勋的通电和檄文，组织起“讨逆军”，自任“讨逆军总司令”，浩浩荡荡进军北京。

只做了 12 天“北京城皇帝”的溥仪再次宣布退位，段祺瑞返回北京，重新担任国务总理，掌握了政府实权。张勋所以能够复辟成功，本质上是民国各派政治力量以反击复辟为幌子，进行的一场围绕政治利益分配而展开的博弈。

张勋复辟虽然仅仅历时 12 天，但却是民国历史上一个重要的转折点。张勋复辟直接导致段祺瑞的复出和皖系、直系两大军阀的崛起，北洋集团的利益分化更加明显，段祺瑞与冯国璋之间的争斗兵戎相见。以张勋复辟为界限，中华民国成立以来“内阁制”与“总统制”的制度之争、政见之争，演化为赤裸裸的力量博弈和军事较量。张勋复辟还间接使得吴佩孚、冯玉祥两个北洋后辈崭露头角。张勋复辟的重要参与者康有为曾有诗将复杂曲折的复辟经历简练地交代了出来：“围城惨淡睹龙争，蝉嘒声中听炮声。诸帅射王敢传檄，群僚卖友竟称兵，晋阳兴甲何名义？张柬无谋召丧倾。信义云亡人道绝，龙袯收影涕沾缨。”

新思潮的“发动机”

1915年夏天，陈独秀在上海法租界嵩山路吉谊里21号自己的家中开始编辑一本杂志——《青年杂志》。没有人料到这本杂志会在中国思想界掀起重大涟漪，竟被人称之为新思潮的“发动机”。

陈独秀，安徽怀宁人，17岁考取秀才，曾三次留学日本。第二次留学日本期间，因与张继、邹容等人强行剪去清政府派去的学生监督姚昱的辫子，被遣送回国，名声大噪。在《青年杂志》创刊号上，陈独秀发表了《敬告青年》一文，指出：“国人而欲脱蒙昧时代，羞为浅化之民也，则急起直追，当以科学与人权并重。”然而《青年杂志》在当时并未引起社会的广泛关注，因为杂志“销售甚少，连赠送交换在内，期印一千份”。

1916年11月，蔡元培出任北京大学校长。蔡元培，浙江绍兴人，游学德国和法国，早年投身推翻清政府的运动，创办了光复会。辛亥革命后曾出任中华民国教育总长。蔡元培提倡民权与女权，倡导自由思想，致力革除“读书为官”的旧俗，开科学研究风气，重视公民道德教育，被后人称为“学界泰斗、人世楷模”。蔡元培出任北大校长后广招人才，向陈独秀发出担任北京大学文科学长的邀请。陈独秀欣然应允，高兴之余并没有忘记将《青年杂志》也随之迁往北京继续编辑。《青年杂志》从1916年第二卷第一号起改为“新青年”，它高举民主与科学两面大旗，向封建文化和封建礼教展开了猛烈抨击。《新青年》转移到北京后，以北京大学为阵地，国内一批顶尖学者纷纷为杂志撰稿，《新青年》发生了质的变化。

《新青年》发表的留美学生胡适给陈独秀的回信——《文学改良刍议》，吹响了“文学革命”的号角，在中国思想文化界掀起了巨大涟漪。

胡适，江苏川沙人，公派赴美就读于康奈尔大学、哥伦比亚大学，师从著名学者约翰·杜威门下，26岁回国任北大教授，29岁任北大教务长。有人将鲁迅的批判精神比作“药”，把胡适的思想看成“饭”。困顿中的国人，需要鲁迅的这服“药”，也需要胡适的这份“饭”。

辛亥革命虽然结束了封建帝制，在形式上确立了共和体制，但在文化思想层面，“尊孔复古”的势力依然很强劲。儒家思想不论是在内容上还是在形式上，严重束缚了大众思想，压制了民族的生机和创造力。以胡适为代表的一些受西方教育的学者认为，儒家思想与中国“建设西洋式的新国家”的目标不相适应。他们大声疾呼：“儒教不革命、儒学不转轮，吾国遂无新思想、新学说，何以造新国民？悠悠万事，惟此为大已吁！”他们抬出了西方的“科学”和“民主”来对抗传统的儒家思想，发动了一场新的启蒙运动，倡导新文化运动。

在《新青年》上登载的《文学改良刍议》中，胡适写道：“今之谈文学改良者众矣，记者末学不文，何足以言此。然年来颇于此事再四研思，辅以友朋辩论，其结果所得，颇不无讨论之价值。因综括所怀见解，列为八事，分别言之，以与当世之留意文学改良者一研究之。吾以为今日而言文学改良，须从八事入手。一曰，须言之有物。二曰，不摹仿古人。三曰，须讲求文法。四曰，不作无病之呻吟。五曰，务去滥调套语。六曰，不用典。七曰，不讲对仗。八曰，不避俗字俗语。”

《文学改良刍议》成为了中国新文学运动的开篇之作，成为了中国新文化运动的风向标。胡适为新文化运动作出了贡献，新文化运动也成就了胡适。胡适被称为“新文化运动的主将”“中国自由主义的先驱”，他一生曾获得32个博士头衔。1927年，胡适以《中国古代哲学方法之进化史》为博士学位论文，获得了美国哥伦比亚大学哲学博士学位。此后，先后获得中国香港大学名誉法学博士，美国哈佛大学、美国南加州大学、加拿大麦吉尔大学、美国达脱茅斯学院、美国纽约州立大学、美国柏克纳尔大学、美国柯鲁开特大学、美国克莱蒙研究所授予的名誉文学博士。获得美国哥伦比亚大学、美国芝加哥大学、美国韦斯尔阳大学、美国杜克大学、美国克拉大学、美国卜隆大学、美国耶鲁大学、美国联合学院、美国柏令马学院、美国宾州大学、美国加利福尼亚大学、美国森林湖学院、美国狄克森学院、美国密特勃雷大学、美国密达伯瑞学院、加拿大多伦多大学、美国俄亥俄州州立大学、美国罗切斯特大学、美国奥白林学院、美国威斯康星大学、美国妥尔陀大学、美国东北大学、美国普林斯顿大学、美国第纳逊大学、英国牛津大学授予的名誉法学博士。获得美国夏威夷大学授予的名誉人文学博士。

胡适曾笑谈自己所获得的这些博士学位，他说："这些玩意儿，毫无用处。第一个是四年苦功得来的，其余都是白送的。"1962 年，胡适逝世，蒋介石送挽联对胡适一生进行了高度概括："新文化中旧道德的楷模，旧伦理中新思想的师表。"

文学界的革命，冲破了思想的牢笼，思想的枷锁一旦被打破，人们的抉择便面临更广阔的空间。一时间，各种社团组织如雨后春笋，为困顿中的抉择提供了源源不断的动力。在北京大学学术社团成立大会上，北大校长蔡元培发表演讲，指出，学会成立的目的是"冀以唤起国人学子研究学术之兴趣，而力求进步"。一批著名学者，如梁启超、章太炎、李大钊、钱玄同、陈启修、马寅初、陶行知、周作人、李四光等都曾参与其中，各种有关中国社会抉择的思想开始酝酿，开始起步。

北京大学学术社团是新思潮的重要阵地，社团邀请外国知名学者来中国讲学，在中国思想界产生的影响十分轰动。美国著名哲学家、教育家，实用主义哲学的创始人之一，功能心理学的先驱杜威应邀来到中国。杜威在中国的访问和讲学活动，持续了两年零两个月之久，曾在 13 个省市访问、考察、巡回演讲。

杜威的讲演内容十分广泛，涉及社会与政治哲学、教育哲学、伦理学、逻辑学等，讲演内容都及时在各种报纸杂志上进行了刊登，广大知识分子竞相传阅。杜威在华期间的《五大讲演》先后印了10次，每次印数都超过一万册，在当时社会产生了巨大的影响。胡适评价说："自从中国与西洋文化接触以来，没有一个外国学者在中国思想界的影响有杜威这样大。"

继杜威之后，英国哲学家、教育家、逻辑学家罗素也来到中国。罗素在中国停留一年时间，他在演讲中坦言，中国的改造切莫完全依靠外人。一是中国不要盲目地采用欧洲文化，千万不要好坏齐收；二是中国旧文明之不适于新人生需求者，应该割爱。中国的改造应从政治方面入手，不应当从经济方面入手，否则其势必归于无用。罗素的演讲，备受各界注目，特别是在知识分子中引起了很大反响。当时社会上还成立了"罗素学说研究会"，并经常举行讨论会。

与杜威、罗素不同，印度著名诗人、哲学家，亚洲第一位诺贝尔文学奖获得者泰戈尔，也曾来中国讲学，却在当时知识分子中产生了很大的"分歧"。

梁启超对泰戈尔的到来表示欢迎，他说："我们用一千多年前洛阳人士欢迎摄摩腾（印度高僧。汉文帝时，由印度到洛阳传教，卒于洛阳。——作者注）的情绪来欢迎泰戈尔，用长安人士欢迎鸠摩罗什的情绪来欢迎泰戈尔，用庐山人士欢迎真谛的情绪来欢迎泰戈尔。"著名诗人徐志摩更是以泰戈尔的"弟子自居"，胡适说泰戈尔是"最可爱最可亲的个人"。泰戈尔在中国讲学期间正值他64岁生日。在北京天坛草坪，胡适主持泰戈尔的特别生日纪念活动，梁启超献给泰戈尔一个中国名字。在揭开这个名字之前，梁启超引经据典，说明这三个字的出处。梁启超说："'罗宾德罗纳特'有'太阳''雷'的含义，可引申为'如日之升''如雷之震'，所以中译时意译为'震旦'。古印度曾称中华为'震旦'，而中国人也称印度为'天竺'。按中国习惯姓名的称谓，前姓后名，那么若以国名为姓氏，以本名为名，泰戈尔先生的中国姓名不就是'竺震旦'吗？"泰戈尔本人欣然接受"竺震旦"篆刻大印章。陈独秀、吴稚晖、林语堂则攻击泰戈尔，鲁迅在杂文中谈及泰戈尔访华，语气略带嘲讽。陈独秀讽刺泰戈尔说：“印度诗圣泰戈尔倘没有丰厚的家产和诺贝尔赏金，又何能天天冥想三小时，到处吟风弄月，只营求心灵生活而不顾物质生活？”并劝告泰戈尔“请不必多放莠言乱我思想界！泰戈尔！谢谢你罢，中国老少人妖已经多的不得了呵。”

新文化运动是由一群受过西方教育的知识分子高举“科学”“民主”大旗发起的一次革新运动，主张提倡民主，反对独裁专制；提倡科学，反对迷信盲从；提倡新道德，反对旧道德；提倡新文学，反对旧文学。提出了健全的个人主义——个人的自我拯救、妇女解放——救出他人、打破家庭孝道——救救孩子和社会自由——人人平等的奋斗这4个途径。

新文化运动中，部分青年自由主义者和左翼激进文人之间是一种不稳定的组合，他们当中的一些人对西方文化和中国现实的理解大相径庭，依照各种政治意识、政治形态重新组合。从对待泰戈尔的态度中，我们就能感受到这种分歧的程度“十分巨大”。

后期新文化运动的发展分成了两个潮流，一部分人如李大钊、陈独秀等继承了“科学”和“民主”精神，并在马克思主义的基础上加以改造；另一部分人如胡适等则沿着“全盘西化”的自由主义道路继续走了下去。

第六章　斜阳下的十字路口

民国初年，政治上的走马灯，令人失望甚至是绝望。

“有田同耕，有饭同食”的太平天国农民运动失败了；“师夷长技以制夷”的洋务运动失败了；效仿明治维新，确立君主立宪制政体的戊戌变法运动失败了；“效仿欧美”，试图建立资产阶级共和政体的辛亥革命也失败了。

中国社会发展道路抉择的答案究竟在哪里？近代中国处于“斜阳下的十字路口”。

一次本来是针对反日本侵略的学生运动，却意外地将“马克思主义”、“布尔什维主义”这些陌生的词汇引领至中国思想界。近代中国发生了“开天辟地”的变化。

青年先锋

中国与日本是一衣带水的邻邦。从唐朝鉴真东渡，到日本派出的

“遣唐使”，日本无不受到中华文化的恩惠。到了近代，日本经过明治维新迅速崛起，却将侵略扩张的矛头直指中国。从甲午战争的《马关条约》，到八国联军侵华战争中日本所充当的“急先锋”角色，到1904年为争夺中国东北与沙皇俄国进行的“日俄战争”，再到提出“灭亡中国”的二十一条。

中国与日本的关系，不能仅仅用“一衣带水”来概括。近代中国很多历史性的转折都与日本相关，中国人对日本人的情感“十分复杂”。

1919年爆发的北京学生大规模的反日运动直接源于“山东问题”，而“山东问题”的起源在德国。

德国对山东半岛的觊觎由来已久。1870年至1896年，德国曾多次派殖民局专家黎希特霍芬来中国做地质调查。黎希特霍芬在调查报告中曾多次详细地记述了山东境内的物产之丰富，惊叹胶州湾形势之重要，同时提出德国欲领远东势力，非占领胶州湾不可。德国驻远东舰队司令冯·提尔匹茨上将来到远东，为德国海军在远东寻找一处最佳驻泊基地。在他给德国政府的调查报告中，力主胶州湾为德国远东海军的优良基地，并称赞胶州湾是中国北方从上海到牛庄（营口）唯一的天然良港。

在调查报告中，提尔匹茨上将指出，胶州湾地理位置险峻，港湾形势优越，极宜建造良好的海军基地。胶州湾自然形势极好，有利于船坞及码头的设置。胶州湾地区资源丰富，并有极好的消化力量。以胶州湾为基地，修筑铁路延伸到山东内地，便有大量的煤、铁矿资源足资开采，沿途也可获诸多利益。胶州湾地区有着大量可供利用的劳动力资源，胶州湾的气候良好，很适宜欧洲人居住。

1897年11月1日，在山东钜野磨盘张庄两名德国传教士被杀事件，为德国入侵胶州湾提供了借口。德国立即抓住这个机会，下令舰队开往胶州，武装占领胶州湾。

1898年3月，德国与清政府在北京签订了《胶澳租借条约》，主要内容有：中国允许胶州湾口南北两面之地，租与德国，租期为99年。离胶州湾海面周边百里内，德国军队可以自由通过，中国政府在此区域内发布命令，采取任何措施，派驻军队等，都必须得到德国的同意。准许德国修筑自胶州湾直达济南、自胶澳经沂州至济南的两条铁路，在铁路两旁30里内准德国人开矿。在山东省，清政府如需用外国人或用外国资本，德国有优先权。

1904年德国人修建的胶济铁路全线通车，1906年青岛港建成。德国在青岛设立了最高行政机关——总督署，还设立了海军司令部、警察署、土地局等机构。从此，山东的经济、军事等主权均为德国人支配，山东成了德国人的势力范围。这种状况一直延续到第一次世界大战爆发。

第一次世界大战欧美各国忙于战争无暇顾及中国及远东事务，日本认为第一次世界大战给日本侵略中国提供了“天佑良机”，开始加紧对中国的侵略。日本政府借“对德国宣战”趁机占领了德国在中国的租借地胶州湾。为了使抢占胶州湾的行为得到中国政府的同意，1915年1月日本以支持袁世凯复辟为名，向袁世凯政府提出所谓“二十一条”。

1915年2月2日开始，外交总长陆徵祥、次长曹汝霖等与日本公使日置益、日本公使馆参赞小幡酉吉等人开始秘密谈判，接受了除第五号内容之外的所有条件。袁世凯死后段祺瑞上台，段祺瑞与日本签订秘密借款协定。协定内容包括：胶济铁路沿线之日军，除济南留一部队外，全部均调集于青岛。胶济铁路沿线由日本人指挥的巡警负责警备，胶济铁路由中日两国合办经营。

第一次世界大战结束后，战胜国家在法国的巴黎召开和平会议，被称为“巴黎和会”。会议由美国总统威尔逊、英国首相大卫·劳合·乔治、法国总理克列孟梭主导，签订了处置战败国德国的《凡尔赛和约》，确立了战后由美国、英国、法国等主要战胜国主导的国际政治格局。

中国作为“战胜国”派出外交总长陆徵祥、驻美公使顾维钧、南方政府代表王正廷、驻英公使施肇基、驻比利时公使魏宸组成五人代表团参加了巴黎和会。在巴黎和会上中国代表团向和会提出两项提案：废除外国在华势力范围、撤退外国在华驻军等七项希望。取消日本强迫中国承认的“二十一条”，索回战败国德国强占的山东半岛主权。但中国代表团的提案被否决，只是“象征性”归还了八国联军侵入北京时被德国掠去的天文仪器，将德国在中国山东的权益转让给日本。

中国在巴黎和会遭受的不公正待遇，成为中国反日情绪总爆发的导火索。北京各高校召开联合大会，一致力争中国代表团的合理要求，通电中国代表团坚持不在巴黎和约上签字，并决定举行声势浩大的反日游行示威活动。

1919 年 5 月 4 日，下午 1 点，北京大学等北京 13 所院校 3000 余名学生汇集天安门，举行声势浩大的示威活动。示威者高呼“外争国权，内惩国贼”“取消二十一条”“拒绝合约签字”等口号，向市民散发《北京学界全体宣言》：“现在日本在万国和会要求并吞青岛，管理山东一切权利，就要成功了！他们的外交大胜利了，我们的外交大失败了！山东大势一去，就是破坏中国的领土！中国的领土破坏，中国就亡了！所以我们学界今天排队到各公使馆去要求各国出来维持公理，务望全国工商各界，一律起来设法开国民大会，外争主权，内除国贼，中国存亡，就在此一举了！今与全国同胞立两个信条道：中国的土地可以征服而不可以断送！中国的人民可以杀戮而不可以低头！国亡了！同胞起来呀！”

游行队伍向东交民巷使馆区进发，受到巡捕阻拦。学生代表要求会见英、法、美、意四国公使，仅美国使馆人员接受了学生的陈词书，英、法、意使馆均拒绝接受。游行队伍转向长安街东端赵家楼（曹汝霖住宅。曹汝霖，早年留学日本，任袁世凯政府外交次长，参与同日本公使谈判“二十一条”，五四时期是公认的卖国贼。）游行学生闯入赵家楼，没有找到曹汝霖，愤怒的学生火烧曹宅，大批军警前来进行镇压，并逮捕了学生代表 32 人。

烧掉赵家楼的学生游行活动受到社会的广泛关注，各地学生团体和社会团体纷纷表示支持。5 月 19 日，北京各校学生同时宣告罢课，并向各省的省议会、教育会、工会、商会、农会、学校、报馆发出罢课宣言。天津、上海、南京、杭州、重庆、南昌、武汉、长沙、厦门、济南、开封、太原等地学生，在北京各校学生罢课以后，先后宣告罢课，支持北京学生的斗争。

6 月 3 日，北京数以千计的学生涌向街道，开展大规模的宣传活动，军警逮捕学生 170 多人，第二天又逮捕学生 800 余人，引发了新一轮的大规模抗议活动。

6 月 5 日，上海工人开始大规模罢工，以响应学生。上海日商的内外棉第三、第四、第五纱厂，日华纱厂，上海纱厂和商务印书馆的工人全体罢工，参加罢工的有 2 万人以上。6 日、7 日、9 日，上海的电车工人、船坞工人、清洁工人、轮船水手，也相继罢工，总数前后约 7 万人。上海工人罢工波及各地，京汉铁路长辛店工人，京奉铁路工人及九江工人都举行罢工和示威游行，全国 22 个省 150 多个城市都有不同程度的反映。

6 月 11 日，陈独秀等人到北京前门外闹市区散发《北京市民宣言》，声明如政府不接受市民要求，“我等学生商人劳工军人等，惟有直接行动以图根本之改造”。面对强大的社会舆论压力，曹汝霖、陆宗舆、章宗祥相继被免职，总统徐世昌提出辞职。6 月 12 日以后，工人相继复工，学生停止罢课。中国代表没有在巴黎和约上签字。

有学者评价，五四运动摆脱了传统的起义、暗杀等暴力方式而是以街头游行示威的方式进行，是一种近代西方政治民主表达的方式，伸张国家主权的归属，开了近代中国民主政治的先河。

以俄为师

马克思主义“进入”中国的时间很早，但真正“传播”却是在五四运动之后。

19 世纪 70 年代，香港的《华字日报》《中华新报》等几家报纸，就曾刊登过有关巴黎公社起义的情况。洋务派创办的江南制造局编印的《西国近世汇编》中曾出现“欧罗巴司”（社会主义）、“廓密尼士”或“康密尼”（共产主义）等词汇。

1898 年夏，上海广学会出版了胡怡谷根据英国人克卡朴撰写的《社会主义史》而翻译的《泰西民法志》，是中国第一部系统讲解欧洲各国社会主义学说的著作，比较全面地介绍了马克思的生平及其学说。1899 年 2 月，上海广学会办的《万国公报》，登载了根据英国社会哲学家基德所著《社会进化》一书改编的《大同学》，也提到了马克思、恩格斯及其社会主义学说的著作。

中国人正式接受的马克思主义，不是从西方直接传播而是经由日本中转的。毛泽东在接见日本文学代表团时曾说：“马克思主义的传播日本比中国早，中国的马克思主义著作也是从日本传来的。”

20 世纪初，马克思主义在日本已经有了相当的影响力。中国部分留日学生开始翻译日本研究马克思主义的有关著作。1900 年 12 月，留日学生最早创办的刊物《译书汇编》创刊号，登载了日本有贺长雄的《近世政治史》中译文。其中对马克思主义做了如下阐释：“西国学者悯贫富之不平等，而为雇工者往往受资本家之压制，遂有倡均贫富、制恒产之说，谓之社会主义。”

1902 年，上海广智书局出版了日本著名学者幸德秋水的《二十世纪之怪物帝国主义》一书。1903 年，又出版了日本学者福井准造的《近世社会主义》一书。两本书较全面地介绍了马克思、恩格斯的生平、著作及其学说的主要内容。1903 年 8 月，浙江留日学生主办的《浙江潮》第 6 期，发表了《最近三世纪大势变迁史》。第 8 期发表《新社会之理论》。这两篇文章是由中国人自己撰写介绍社会主义的最早文章。

在马克思主义进入到中国的过程中，不同派别、不同政治立场的人，出于种种不同的目的也纷纷加入其中。1902 年 10 月 16 日，梁启超在《新民丛报》发表了《进化论革命者颉德之学说》一文。文中指出："麦喀士（即马克思），日耳曼人，社会主义之泰斗也。"此后，梁启超相继在《新民丛报》上发表了一系列介绍马克思主义的文章。

1903 年 2 月 16 日，马君武在《译书汇编》第 2 卷第 11 期上发表《社会主义与进化论比较——附社会党巨子所著书记》一文。该文附有马克思主义著作的目录，列举了《英国工人阶级状况》、《哲学的贫困》、《共产党宣言》、《政治经济学批判》和《资本论》5 种书，这是最早介绍马克思主义著作的书单。

1906 年，朱执信在《民报》第二、三、五号上发表了《德意志社会革命家小传》《论社会革命与政治革命并行》等文章，介绍了《共产党宣言》和《资本论》的主要内容，并节译了其中的片段。这是马克思主义经典著作在中国最早的中译本。毛泽东曾说："朱执信是国民党员，这样看来，讲马克思主义倒还是国民党在先。"

1907 年 8 月，由张继、刘师培等人发起，在东京成立了中国第一个研究马克思主义的团体——社会主义讲习会，并在东京创办了《天义报》。《天义报》第 16 ~ 19 期合刊，登载民鸣据日文版翻译的《共产党宣言》第一章《资产者和无产者》的译文，这也是中国报刊第一次把《共产党宣言》的一章全部译出。《民报》是同盟会的机关报。从 1905 年至 1907 年，《民报》先后发表了《德意志社会革命家小传》《万国社会党大会略史》《论社会革命与政治革命并行》《无政府党与革命党之说明》《社会主义史大纲》《无政府主义与社会主义》等一系列涉及马克思主义的文章。

十月革命之前，中国部分知识分子在"救亡图强"、"西学东渐"的大潮中，从流派纷呈的西方社会思潮中发现了马克思主义，把马克思主义作为众多思想中的一种在中国传播。

五四运动前马克思主义的传播，在内容上很肤浅、零碎，甚至存在错误和歪曲；在范围和影响上也十分有限。但在客观上起到了一定启蒙作用，并在部分先进知识分子头脑中留下了印记，很多中国早期马克思主义者都是受此影响而逐步走上马克思主义道路的。五四运动以后，马克思主义开始在中国得到广泛传播。传播马克思主义的队伍，由三种类型的人组成。

一是新文化运动的旗手，以李大钊、陈独秀为代表。五四运动以后，他们由提倡“民主”与“科学”转而开始研究、宣传马克思主义，并成为中国最早的马克思主义者。二是五四爱国运动中的左翼骨干，以毛泽东、周恩来等人为代表。三是辛亥革命的积极参加者，以董必武等人为代表。这些人由赞同资产阶级革命，转而信仰马克思主义。

早期具有初步共产主义思想的知识分子虽然赞成十月社会主义革命，主张“以俄为师”，但对社会主义的认识还很朦胧。正如瞿秋白所说，对马克思主义的认识，还是“隔着纱窗看晓雾”。

马克思主义与非马克思主义的论战，为人们拨开了层层迷雾。马克思主义与非马克思主义之间的论战，首先在李大钊和胡适之间展开。

李大钊，1889 年生，河北乐亭人。1907 年考入天津北洋法政专门学校，毕业后东渡日本，入东京早稻田大学政治本科学习。回国后，任北京大学图书馆主任兼经济学教授，成为新文化运动的一员主将。他以《新青年》和《每周评论》等为阵地，相继发表了《法俄革命之比较观》《庶民的胜利》《布尔什维主义的胜利》《我的马克思主义观》《再论问题与主义》等文章，成为中国共产主义的先驱、我国最早传播马克思主义的人。

针对马克思主义在中国的传播，胡适发表了《多研究些问题，少谈些主义》一文，指责思想界空谈主义，呼吁人们多研究些现实的社会问题。他说，“主义”是阿猫阿狗都能做的事情，是没有用的。想要用马克思主义对中国问题作“根本解决”，那是“自欺欺人的梦话”。

李大钊发表《再论问题与主义》一文，进行反击。李大钊说，要解决社会问题，必须依靠社会上多数人的共同运动，而要有多数人的共同运动，就必须有一个共同的理想、主义作为准则，因此，谈主义是必要的；不宣传主义，没有多数人参加，不管你怎样“研究”，社会问题是永远也没有解决的希望的。中国问题需要一个根本的、总体的解决，不进行根本的解决，就不能够前进。只有运用马克思主义学说，号召民众，聚集革命力量，先从根本上解决问题，才能够一个一个地解决其他问题。

毛泽东强调说，主义好比一面旗子，旗子树立起来了，大家才知所趋附。问题与主义之争基本划清了马克思主义与实用主义的界限。导致了很多社团的分化，一批激进的青年站在李大钊一边，先后加入了中国共产党。胡适也有一批追随者，如傅斯年、罗家伦、段锡朋等，后来成了国民党的政要人物。

1920 年 10 月，英国学者罗素受邀来中国讲学。罗素主张通过发展实业，建立有资本家和工人参加的行业工会，可以“和平”地进入社会主义。梁启超和张东荪等人纷纷发表文章附和罗素的观点，认为中国的病症是贫穷，贫穷的原因不是剥削，而是天灾人祸。救治的方法，只有依靠“绅商阶级”，用资本主义发展实业这一条路。

李达、陈独秀等发表文章进行反驳，认为只有社会主义才能给发展实业创造条件，“革命的爆发乃是必然的趋势”，这是不以人的主观意志为转移的。和平改良的办法已经被无情的事实所证明：在中国行不通。

这场争论实质上是关于中国是走社会主义道路还是走资本主义道路、是实行社会革命还是实行社会改良的争论。争论持续了一年多，由于梁启超等既无法说明在中国条件下如何实行基尔特社会主义，也无法抹杀在帝国主义与封建主义统治下，中国资本主义无从发展的事实。基尔特主义只好收场。

无政府主义鼓吹绝对自由，反对一切国家、反对一切权威。五四运动时期，宣扬无政府主义的书刊有 70 多种。由于无政府主义与马克思主义的世界大同论似乎一致，所以，很多进步青年在接受马克思主义思想的同时，也相信无政府主义。特别是黄凌霜的无政府主义工团思想吸引了更多的青年。他们相信通过互助合作，搞工读互助团体，就能够达到世界大同。

对于无政府主义思潮的泛滥，陈独秀、李达等奋起批判。他们指出，无政府主义的错误在于它不加区别地反对一切国家。对于推行官僚政治的国家，是应该反对；但对于铲除官僚政治的国家，不仅不应该反对，而且应该维护。“推翻了资产阶级国家之后，一定要建设无产阶级国家；否则，革命就不能完成，共产主义就不能实现。”针对所谓的“绝对自由”，他们指出，人类社会的自由只能是相对的，不存在“绝对自由”。一个团体内意见不同的分子可以自由退出，但一个家庭，一个社会，一个国家内的意见不同分子或团体，又有什么办法可以自由退出呢？一盘散沙的现象，绝对不利于工人阶级的解放事业。

经过这场争论，基本划清了马克思主义与无政府主义的界限，使不少原来信仰无政府主义的人转向了马克思主义。刘少奇在谈到这场争论时说：“在起初各派社会主义的思潮中，无政府主义是占着优势的。马克思主义的拥护者到处都与无政府主义的拥护者争论着，斗争着。马克思主义直至在各方面克服无政府主义以后，才成为政治生活中一个雄伟的力量。”

作始也简

最初的一线曙光，
躲躲藏藏地窥了，
众生（底）心沸着，
鼓着雄壮的勇气狂热地跳舞着，
起劲地歌唱，
催太阳起身。

我们生活的苦闷，
我们生活的枯涩，
你撒给我们爱和光，
我们底（的）生命才得复活呀。
但还有许多兄弟呢，
他们（底）的不幸就是我们的不幸呀，
亲爱的父亲呀，
升吧升吧，
快快地升吧，
多多多多地给些光呀！

这是一个名叫汪静之的诗人，在1921年12月23日以“天亮之前”为题写成的小诗。诗歌发表后，很多人把它看成是爱情诗，没有人把这首诗所写的内容与中国共产党的成立联系在一起，但这的的确确是歌颂中国共产党成立的“第一首诗歌”。

在中国共产党成立15年后，纪念中国共产党诞生的“第一篇文章”才正式出现。1936年，党的一大代表陈潭秋在莫斯科出版的《共产国际》杂志第七卷上，发表了《第一次代表大会的回忆》一文，以表示对党的诞生的纪念。

在中国共产党成立17年后，“党的纪念日”才提到正式日程。1938年5月毛泽东在《论持久战》一文中提出：“今年七月一日，是中国共产党建立的十七周年纪念日”。1941年6月中共中央发出的《关于中国共产党诞生二十周年抗战四周年纪念指示》的文件中明确了“今年七一是中共诞生二十周年”，这是中共以文件形式把7月1日确定为党的生日进行纪念的第一个文件。而实际上中共一大召开的日期是7月23日。

1921年7月23日至31日，在上海法租界贝勒路树德里3号，一座普通的民房里，由2个黄头发蓝眼睛的外国人和13个中国人，召开了一次秘密会议。

7月23日会议的第一天，共产国际代表马林介绍了共产国际的情况。接着拟定了会议日程。在24日的会议上各地代表汇报了工作，并交流了经验。25日至26日大会休会，由党纲起草委员会起草党的纲领和今后工作计划。27日至29日大会继续进行，连续三天详细讨论了党的纲领和工作计划。各地代表在党的性质、纲领和组织原则等主要问题上取得了基本一致的意见。

7月30日晚，在举行第六次会议时，法租界巡捕房的一个暗探突然闯进了会场，并声称"走错了地方"。与会人员立刻警觉，会议立即中断，代表们迅速分头离开。十几分钟后，法国巡捕赶来，包围并搜查了会场，但一无所获。当晚，代表们商量改换会议地点，在李达夫人（她是浙江嘉兴人）的提议下，决定到嘉兴南湖去开完最后一次会议。

7月31日代表们来到南湖，在一艘游船上举行了第七次会议。会议通过了《中国共产党党纲》《关于当前实际工作的决议》，选举了党的领导机构。至此，党的第一次全国代表大会胜利闭幕。

谁都没有想到，这次会议会改变一个有着五千年文明历史的国家命运，甚至会影响整个20世纪政治格局的走向。参加一大的两位外国人是共产国际代表马林和共产国际远东局书记处兼赤色职工国际代表尼克尔斯基。在13名中国代表中，湖南籍的有5人，湖北籍的有4人，北大的学生有3人。

参加一大的13位代表，在其后走过了迥异的人生之路。

毛泽东，湖南湘潭人。早年毕业于湖南第一师范学校，与蔡和森等组织革命团体新民学会，创建了湖南共产主义组织。党的"一大"后任中共湘区委员会书记，领导了安源等地工人运动。党的"三大"当选中央执行委员。国共合作时期，当选国民党候补中央执行委员，曾任国民党中央宣传部代理部长、中共中央农民运动委员会书记等职务。期间先后发表《中国社会各阶级的分析》《湖南农民运动考察报告》等著作，指出农民问题在中国革命中的重要地位和无产阶级领导农民斗争的极端重要性。

大革命失败后，毛泽东提出“枪杆子里出政权”的著名论断。领导了湘赣边界秋收起义，创立了第一个农村革命根据地——井冈山根据地。期间撰写了《中国的红色政权为什么能够存在?》《星星之火，可以燎原》等著作，阐述了以农村包围城市、最后夺取城市和全国政权的道路的思想。

1935 年 1 月，遵义会议确立了以毛泽东为代表的新的中央领导。先后撰写了《论反对日本帝国主义的策略》《中国革命战争的战略问题》等，阐明了中国共产党抗日民族统一战线的政策。抗日战争时期，提出“马克思主义中国化”的重要命题，发表《论持久战》《〈共产党人〉发刊词》《新民主主义论》等重要著作，领导全党开展整风运动，为夺取抗日战争和全国革命的胜利奠定了思想基础。中共七大把毛泽东思想确定为党的指导思想，毛泽东从党的七届一中全会起至 1976 年 9 月 9 日逝世为止，一直担任中共中央主席。

解放战争时期，毛泽东以积极防御，集中优势兵力，各个歼灭敌人的战略与国民党斗争。领导了辽沈、淮海、平津三大战役和渡江战役，推翻了国民党政府。新中国成立前夕主持召开中共七届二中全会，规定了党在全国胜利以后的各项基本政策，号召全党务必保持谦虚、谨慎、不骄、不躁的作风，务必继续保持艰苦奋斗的作风。发表《论人民民主专政》，规定了人民共和国的政权的性质及其对内对外的基本政策。

新中国成立后毛泽东当选为中央人民政府主席，领导了抗美援朝战争。经过土地改革、镇压反革命、“三反”“五反”运动等，完成了对农业、手工业和资本主义工商业的社会主义改造。期间发表《论十大关系》《关于正确处理人民内部矛盾的问题》等文章，提出“百花齐放，百家争鸣”的方针，提出了社会主义社会的主要矛盾，正确处理两类不同性质的矛盾等重要思想，对建设有中国特色社会主义道路进行了初步探索。1966 年 5 月，由于对国内阶级斗争形势作出了极端的估计，发动了“文化大革命”运动。1976年9月9日，在北京逝世。毛泽东被视为现代世界历史中最重要的人物之一，美国《时代》杂志将他评为20世纪最具影响100人之一。

董必武，湖北红安人。十八岁考取秀才，中学读书时接受革命团体日知会的影响，拥护孙中山的民主主义革命纲领。1911年参加辛亥革命，在武昌军政府中担任工作。1914年留学日本，在日本大学学习法律，回国后因策动讨伐袁世凯的军事活动曾两次被捕入狱。

五四运动后董必武认识到，“中国的独立，走孙中山的道路是行不通的，必须走列宁的道路”。1920年与陈潭秋等共同创建武汉共产主义组织。一大后，任中共武汉地方委员会书记、中共湖北省委委员等职务。领导的湖北农民运动同湖南农民运动交相辉映，对促进大革命迅速向长江流域发展起了重要的作用。

1928年受党的派遣到苏联学习，回国后，先后担任中央根据地马克思共产主义学校副校长、中央党务委员会书记、最高法院院长等职，参加了二万五千里长征。抗日战争时期曾在中共中央长江局、南方局工作，参与国共合作谈判，创办七里坪、汤池等训练班，培养了大批抗日骨干。后作为中共参加国民参政会的参政员在重庆工作。在六十大寿时党中央发来贺电评价董必武，是“中国民族解放、社会解放的老战士”。

解放战争时期董必武任华北人民政府主席。新中国成立后，先后任中央人民政府委员，政务院副总理兼政治法律委员会主任，最高人民法院院长，中国人民政协第二届全国委员会副主席，中华人民共和国副主席、代主席，全国人大常委会副委员长等职。董必武一生“遵从马列无不胜，深信前途会伐柯”。1975年4月在北京逝世。

陈潭秋，湖北黄冈人。早年毕业于湖北高等师范学院（武汉大学前身），与董必武等人创建武汉共产主义小组。1921年创办湖北人民通讯社，任社长。“一大”后，任中共武汉地委、武昌地委、湖北地委主要负责人。1934年1月出席第二次全国苏维埃代表大会，被选为中华苏维埃共和国临时政府执行委员，粮食人民委员。中央红军长征时，留任中央苏区分局委员，领导开展游击战争。1935 年 8 月，与陈云等赴莫斯科参加共产国际第七次代表大会，留驻共产国际工作。1939 年回国，任中共中央驻新疆代表和八路军驻新疆办事处负责人。1942 年 9 月被军阀盛世才杀害。

何叔衡，湖南宁乡人，清末秀才，毕业于湖南省立第一师范。1918 年 4 月，与毛泽东等人组织成立新民学会，是长沙共产党早期组织的创始人之一。一大后，任中共湘区委员会委员。国共合作时期，任国民党湖南省党部执行委员、监察委员。1928 年 6 月赴苏联出席中共六大。9 月进入莫斯科中山大学，与徐特立、吴玉章、董必武、林伯渠等编在特别班学习。1930 年 7 月回国后，在上海负责全国互济会工作。1931 年 11 月，奉命进入中央革命根据地，当选为中华苏维埃共和国中央执行委员会委员，任临时中央政府工农检察人民委员、内务人民委员部代部长、临时最高法庭主席等职。1934 年 10 月中央红军主力长征后，留在中央革命根据地坚持游击战争。1935 年 2 月从江西转移福建途中，在长汀突围战斗时壮烈牺牲。

王尽美，山东莒县人，毕业于山东省立第一师范学校。五四运动时期被推举为山东学生联合会负责人之一，与邓恩铭等人发起成立励新学会，宣传新思想、新文化，是济南共产党早期组织的创始人之一。一大后，任山东区支部书记。1922 年参加在莫斯科召开的远东各国共产党及民族革命团体第一次代表大会。领导了京奉铁路山海关工人大罢工、秦皇岛开滦五矿工人总同盟罢工等斗争。国共合作时期，被孙中山委以国民会议特派宣传员，奔波于济南、青州、潍县、青岛等地，指导开展促成国民会议运动。1924 年任中共山东地方执行委员会书记，组织领导了胶济铁路全线、四方机厂工人大罢工、青岛日商纱厂工人同盟大罢工。1925 年病逝。

邓恩铭，贵州荔波人，水族。青年时期到山东求学，考取山东省立第一中学。五四运动爆发后，被选为学生自治会领导人兼出版部部长，组织学生参加罢课运动。1920 年 11 月，与王尽美等人组织励新学会，是济南共产党早期组织的创始人之一。一大后，任中共山东区支部支部委员。1922 年 1 月，赴莫斯科参加远东各国共产党和民族革命团体第一次代表大会，受到列宁的亲切接见。先后任中共直属青岛支部书记、中共青岛市委书记、中共山东省执行委员会书记。1928 年 12 月，在济南被捕遇害。

李达，湖南永州人。五四运动后致力于研究、宣传马克思主义，与陈独秀等人发起成立中国第一个共产党早期组织——上海共产主义小组，并主编《共产党》月刊。一大当选为中央局宣传主任，成为中国共产党的主要创始人和早期领导人之一。1921 年 9 月创办中国共产党第一个出版机构——人民出版社，出版马克思列宁主义的著作和革命丛书。1922 年应毛泽东邀请到长沙出任湖南自修大学校长，并主编自修大学机关刊物《新时代》。后因与陈独秀和张国焘的矛盾所致，李达愤然宣布脱党，犯下他一生“最大的错误”。1937 年 5 月在上海出版《社会学大纲》，被毛泽东誉为是“中国人自己写的第一本马克思主义哲学教科书”。新中国成立后，毛泽东作为历史见证人，刘少奇作为介绍人，李达重新加入了中国共产党。先后担任湖南大学、武汉大学校长。1966 年 8 月在武汉逝世。

李汉俊，湖北潜江人。早年留学日本，毕业于东京帝国大学。回国后主要从事著述和翻译工作，积极宣传马克思主义。1920 年 8 月与陈独秀、李达等共同发起组织了马克思主义研究会和上海共产主义小组。创办《劳动界》周刊。一大召开的地点就是李汉俊与兄居住的厅堂——上海法租界望志路 106 号。曾任湖北全省工团联合会教育主任。1923 年参与京汉铁路总工会成立大会领导工作。是中共第二、三届中央执行委员会候补委员。

国共合作时期先后担任国民党湖北省党部执行委员、湖北省政府委员兼教育厅长、国民党湖北党部青年部长。之后因与陈独秀、张国焘意见不一，后脱离中国共产党。1927 年底被桂系军阀胡宗铎逮捕，以“共党首要分子”罪名杀害。中华人民共和国建立后被追认为革命烈士。1952 年 8 月，中华人民共和国中央人民政府主席毛泽东亲自签发了《革命牺牲工作人员家属光荣纪念证》，证书上写着：“李汉俊同志在革命斗争中光荣牺牲，丰功伟绩永垂不朽！”

包惠僧，湖北黄冈人，毕业于湖北省立第一师范，曾任《汉口新闻报》《大汉报》《公论日报》《中西日报》记者。1919 年于北京大学文学系肄业，同年参加五四运动。1920 年参加武汉共产主义小组，在武昌组织共产党临时支部，任书记。1921 年 7 月，受陈独秀委派与陈公博代表广州区出席了中国共产党第一次全国代表大会。一大后，先后担任中国劳动组合书记部长江支部主任、中共北京区委委员兼秘书、中共武汉区委委员长。国共合作时期，任中央党部党员训练班委员、铁甲车总队政治教官、滇军干部学校政治部主任、黄埔军官学校政治部主任、国民革命军第一师第一团党代表、第二十二师党代表、武汉中央军事政治学校筹备主任、国民革命军独立第十四师党代表兼政治部主任等职。

国共分裂后，与中共脱离组织关系。1930 年参加发起成立“第三党”（中国国民党临时行动委员会），后脱离“第三党”恢复国民党党籍。先后担任国民党陆海空军总司令部参议、军事委员会秘书兼中央军校政治教官、国民党政府防空委员会编审室主任兼第四处副处长、国民党内政部参事、户政司司长、人口局局长等职。1948 年后举家迁往澳门。1949 年 11 月从澳门回到北京。历任中华人民共和国内务部研究员、参事、国务院参事。1979 年 7 月 2 日病逝于北京。著有《包惠僧回忆录》。

刘仁静，湖北应城人，毕业于北京大学。1920 年春加入了中国社会主义青年团，经邓中夏、罗章龙的介绍加入了中国共产党。一大后，与邓中夏等在北京大学发起成立了“马克思学说研究会”，创办了北京社会主义青年团刊物——《先驱》，后成为中国社会主义青年团机关刊物。1923 年 7 月，当选为团中央总书记。1926 年去莫斯科列宁学院学习，参加托洛茨基派的活动。回国后组织托派“十月社”自命为“中国托派天字第一号”“特等理论家”，被开除出党。曾任三青团宣传处科员、国民党第十战区战干四团教官等。新中国成立后在北京师范大学任教，1951 年在人民出版社从事编译工作，翻译了《普列汉诺夫哲学著作选》等著作。1986 年任人民出版社特约翻译、国务院参事。1987 年 8 月 5 日遇车祸，肇事司机做梦也没想到他撞死了“最后一位健在的一大代表——刘仁静”。

张国焘，江西萍乡人，毕业于北京大学，是五四运动学生领袖之一，一大当选为中央局成员，分管组织工作。兼任中国劳动组合书记部主任，主编《劳动周刊》。1923 年 2 月领导组织了著名的京汉铁路工人大罢工。国共合作期间，任国民党中央执行委员会候补委员。中共四大上当选为中央局委员，并任中央工农部主任。中共六大当选为中央政治局委员，会后作为中共驻共产国际代表留驻莫斯科。1931 年初回国，在六届四中全会上向忠发、周恩来、张国焘当选为中央政治局常委。会后到鄂豫皖根据地，任中共鄂豫皖苏区中央分局书记兼军事委员会主席。1932 年 10 月带领红四方面军进入川北，与川陕边党组织创建川陕根据地，任西北革命军事委员会主席。1935 年 4 月放弃川陕根据地开始长征，6 月红四方面军与中央红军在四川懋功地区会师后，张国焘任红军总政委、中革军委副主席。

长征中张国焘反对中央关于红军北上建立川陕甘苏区根据地的决定，在卓木碉宣布另立“中央”。被共产国际命令取消其“第二中央”后，张国焘被迫带领红四方面军和任弼时领导的红二方面军一同北上，在甘肃静宁与红一方面军会师。会师之后张国焘即被边缘化，被剥夺了军权并遭到批判。1938 年 4 月 3 日，时任陕甘宁边区政府副主席的张国焘借祭拜黄帝之名逃离延安。后加入国民党军事委员会调查统计局，主持“特种政治问题研究室”“特种政治工作人员训练班”等工作。曾任国民参政会第二、第三、第四届参政员、国民党政府行政院善后救济总署江西分署署长。1948 年 11 月去台湾。1949 年转居香港。

1968年移居加拿大多伦多，客死他乡。曾经写作《我的回忆》。

陈公博，广东南海人，毕业于北京大学。1921年春参与组织广州共产主义小组，同年7月参加中共一大。1923年因投靠军阀陈炯明而被开除党籍。同年2月去美国哥伦比亚大学读书。1925年回国任广东大学教授，代理校长，加入国民党。曾任国民政府军事委员会政治训练部主任、广东省农工厅厅长、国民党中央农民部部长、国民政府实业部长等职。当选为国民党第二届中央执行委员、国民革命军总司令部政务局长，1927年被选为国民党中央常委，工人部部长。1927年与汪精卫发动“七一五”反革命政变。后任广州军事委员会分会委员兼政治部主任。因对蒋介石独揽大权不满，1928年底在上海与汪精卫、顾孟余等到人组织“中国国民党改组同志会”，主编《革命评论》。宁汉合流后，任国民党中央执行委员、中央政治会议委员和国民政府实业部部长。抗日战争爆发后，任国民党中央民众训练部部长、军委会第五部部长、11省党部主任委员等职。1938年随汪精卫叛国投敌。1939年，在香港写成《苦笑录》一书。在汪伪政府历任立法院院长、军委会常委、政治训练部部长、上海市长兼上海市保安司令、清乡委员会委员长。1944年汪精卫死后，任伪国民政府主席、军委会委员长、行政院长。日本战败，陈公博逃亡日本。国民政府发出对陈公博的通缉令，陈公博被押回中国，以“通谋敌国罪”处以死刑。

周佛海，湖南沅陵人，早年留学日本。在日本鹿儿岛第七高等学校学习期间，周佛海通过阅读大量社会主义书籍，开始信仰共产主义，成为唯一从境外赶回来的一大代表。一大后继续赴日本留学，就读于京都帝国大学经济科。1924年回国后，任国民党宣传部秘书，同年9月脱离中国共产党。先后担任国民党中央军事政治学校武汉分校秘书长兼政治部主任、南京中央陆军军官学校总教官、国民党政府训练总监部政治训练处处长兼总司令部训练主任、国民党中央民众训练部部长。

抗日战争爆发后，历任蒋介石侍从室副主任、国民党中央宣传部部长等职。1938 年 9 月与汪精卫投靠日本。先后任汪伪国民党中央常务委员、财务委员会主任委员兼特务委员会主任委员、财政部长兼中央政治委员会秘书长、中央储备银行总裁 、行政院副院长、上海市长等职。日本投降后，国民党南京高等法院以“通谋敌国、图谋反抗本国”罪行，判处周佛海死刑，后改为“无期徒刑”。1948 年 2 月因心脏病死于南京老虎桥狱中。

中国共产党一大是在秘密状态下召开的，不仅没有引起社会的广泛关注，就连中国共产党自身也没有给予应有的“高度关注”。这一点从中国共产党的创始人——“南陈北李”——陈独秀和李大钊都没有参加一大会上，能够反映出来。

陈独秀接到上海小组的会议通知，因为陈独秀当时在陈炯明手下任广东政府教育委员会委员长、大学预科校长，“正在争取一笔款子修建校舍，他一走款子就不好办了。”因此，指派包惠僧作为自己的代表参加。

李大钊在接到会议通知时，正值北大学年终结期，时任北大图书馆馆长的李大钊“忙于主持北大教师索薪工作”，难以抽身前往。于是，北京小组推选张国焘、刘仁静二人出席。

陈独秀与李大钊没有出席一大的原因虽然有所不同，但有一点却是一致的，就是对这次代表大会的重视不够。一大选举了中国共产党中央局委员陈独秀、张国焘、李达“三人团”。陈独秀担任书记，张国焘担任组织主任，李达担任宣传主任，主编《共产党》月刊。

李大钊之所以没有被选入一大领导人，是“由于对一大的意义认识不足，一般习惯于在组织活动中不惊动李大钊，因而没有选举他是并不奇怪的。”1956 年 2 月，董必武来到一大会址，提笔写下了：“作始也简，将毕也巨”。题词出自《庄子》，是说有些事情开始时极其微小，不被重视，后来却发展壮大起来，成就了一番大事业。

初试锋芒

1922 年 1 月，共产国际在莫斯科召开了远东各国共产党及民族革命团体第一次代表大会，大会根据列宁的民族和殖民地革命理论，指出远东各被压迫国家人民面临的首要任务，是进行反对帝国主义、封建主义的民族民主革命。根据这次会议的精神，1922 年 7 月 16 日至 23 日，中国共产党在上海英租界南成都路辅德里 625 号召开了第二次全国代表大会。出席二大的党的中央局成员、地方组织的代表等共 12 人，他们是：陈独秀、张国焘、李达、蔡和森、邓中夏、施存统、王尽美、邓恩铭、项英、向警予、高君宇、张太雷。他们代表着全国 195 名党员。共产国际代表维经斯基也出席了会议。

大会选举了新的中央领导机构，陈独秀、邓中夏、张国焘、蔡和森、高君宇为中央执行委员会委员，李汉俊、李大钊、向警予为候补委员。陈独秀被中央执行委员会推选为委员长，张国焘为中央组织部部长，蔡和森为中央宣传部部长，向警予为中央妇女部部长。

大会提出了党在民主革命阶段的主要纲领是：消除内乱，打倒军阀，建设国内和平；推翻国际帝国主义的压迫，达到中华民族完全独立；统一中国为真正的民主共和国。从来就没有哪一个阶级或政党能够正面提出反帝反封建，二大的做法在中国近代史上是破天荒的举动。仅仅有着 195 名成员的共产党开始投身工人运动，在中国近代史上掀起了第一次全国工人运动高潮，初试锋芒，举国震惊。

香港的船坞工人生活状况非常悲惨，工人要求增薪，遭到雇主拒绝，劳资双方关系紧张。清明节期间，大量华籍工人不约而同集体请假回乡扫墓，因工资问题迟迟得不到解决，节后工人们不打算回香港继续上班。

香港海员无声的罢工行为得到了孙中山与筹组广东护法政府的支持。港督司徒拔为解决海员罢工采取强硬手段，通过戒严令，武力封闭香港海员工会。

港英当局的做法，引发香港其他行业同情海员工人的遭遇，开展了总罢工，参加人数达到 10 多万人。海员代表共产党人苏兆征等人与港府官员、船公司代表举行谈判，资方仍坚持强硬立场，谈判宣告破裂。罢工海员开始封锁香港，禁止广东各地的粮食等食品运往香港。更多的工人离开香港，北上返回内陆。

1922年3月3日，约2000人的工人步行返回广州，当队伍途经沙田时遭香港军警开枪阻止，造成3人死亡8人受伤的“沙田惨案”。

“沙田惨案”引起香港工人更大规模的斗争，英国驻广州总领事代表出面调停，资方同意给工人加薪15%～30%，港府解封工会、释放被捕人员，发放抚恤金予以“沙田惨案”受害者等，历时56天的海员大罢工宣告结束。

刚刚诞生的中国共产党参与组织罢工显示出了巨大力量。港督司徒拔向英国当局报告说：“海员罢工不单纯是一场经济运动，而是一场政治运动。”“广州政府已完全处于这一具有布尔什维克主义性质的组织控制下。”

香港海员大罢工中共产党人不是“主角”仅仅是一个“参与者”，接下来发生的安源路矿工人大罢工则完全是由共产党领导和发动的。

安源路矿，是萍乡煤矿和株萍铁路的合称。株萍铁路是专为运输萍乡煤矿的煤炭而建的。路矿两局共有工人1.3万余人。萍乡煤矿是当时中国最大的工业企业汉冶萍公司的主要厂矿之一。汉冶萍公司是当时最大的官僚买办企业，背后受日本人控制。

中国共产党将安源路矿作为开展工人运动的重点区域。1921年秋，毛泽东到安源路矿工人中开展工作，接着李立三在安源常驻，先后在工人中建立起社会主义青年团组织和共产党支部，成立了工人俱乐部。

李立三，湖南醴陵人，早年赴法国勤工俭学。回国后先后在武汉、上海和广州等地领导工人运动，曾任安源大罢工总指挥、五卅运动大罢工总指挥。从1927年起，李立三任中共中央常委、中共中央秘书长等职务。在他出任中央主要领导期间，推行较为激进的“立三路线”。1931年被派到苏联学习，曾任中共驻共产国际代表团成员兼中华全国总工会驻赤色职工国际代表、共产国际工人出版社中文部主任、《救国时报》主编。回国后历任军调部东北三人小组成员、中共中央东北局委员、敌工部长、城工部长等职。1948年任中共中央东北局职工运动委员会书记，中华全国总工会副主席、党组书记。新中国成立后历任中央人民政府委员、政务院政务委员、政府劳动部部长、工业交通工作部副部长、华北局书记处书记等职务。“文化大革命”中，李立三因受刘少奇的牵涉受迫害，服安眠药自杀身亡。在写给毛泽东的遗书中曾写道：“我现在走上了自杀叛党的道路，没有任何办法来辩护自己的罪行，只有这一点，就是我和我的全家没有做过任何里通外国的罪行，只有这一点请求中央切实调查和审查，并作出实事求是的结论。”“文化大革命”结束后，中共中央宣布对他进行平反。

1922年9月初，中共湘区区委书记、劳动组合书记部湖南分部主任毛泽东来到安源，考察发动安源工人罢工，了解与粤汉铁路工人罢工相呼应的可能性。毛泽东认为安源路矿已经达到非罢工即不能解决的地步，举行罢工的条件正在逐渐成熟。在李立三、刘少奇主持下，党支部遵照“哀而动人”的策略思想，向路矿当局提出保护俱乐部、发清欠晌等三项最低限度要求。成立了以李立三为总指挥，刘少奇为工人俱乐部全权代表的罢工指挥部，并加强工人监察队，确定各处工人监守员，组织工人侦探队。

由于安源路矿工人中参加洪帮的人很多，为了保证全体工人团结一致和在罢工期间保持良好的社会秩序，李立三面晤洪帮大头目提出洪帮在罢工期间关闭妓院、鸦片烟馆，收起赌摊，不制造抢劫案等要求，成功地争取了洪帮对罢工的同情和支持。李立三拜会当地绅商，成功地争取了安源绅商在罢工期间充当工人俱乐部与路矿当局之间的调停人。经过周密计划布置和充分准备之后，俱乐部向全体工人发出罢工命令。按规定部署路局火车房工人率先罢工，停开当日的第一次列车，机务处工人当即拉响汽笛，发出罢工信号。井下工人即知罢工已经开始，像潮水一般涌出矿井，高呼“罢工！罢工”！路局各工作处和各车站，矿局的洗煤台、炼焦处、修理厂等地面各工作处，以及紫家冲分矿1万多人相继罢工。长沙的《大公报》和《通俗日报》，上海的《申报》和《民国日报》，北京崐的《晨报》和《时报》等全国有影响的报纸，陆续报道安源罢工消息。各地工团得知安源工人罢工，纷纷致函电声援。

由于工人俱乐部纪律严明，工人监察队和监守员维持有力，加上洪帮的积极配合，社会秩序良好没有发生抢劫等事情。工人万众一心所显示的威力和他们治理社会的卓越才能，使路矿当局和社会各界人士为之惊奇和叹服，就连维持治安的路矿戒严司令赣军旅长李鸿程也不得不承认他的军队也没有这样好的纪律。

路矿当局在采取镇压、物质利诱、挑拨离间等种种手段失败的条件下，与俱乐部全权代表李立三开始谈判，地方商绅代表出席调停。经过激烈争辩谈判，三方代表按草约正式签订协定。至此，罢工取得完全胜利。

安源工人过去20多年间的屡次反抗均遭失败，而这次罢工取得了胜利，使工人深切认识到团结奋斗的重要，极大地提高了工人们的阶级觉悟和组织性。罢工胜利后不久，工人俱乐部的成员就由罢工前的700多人猛增到1万多人。路矿全体工人团结起来，形成了以中国共产党组织为领导核心、以工人俱乐部为公开组织形式的阶级队伍。在此基础上，安源工人俱乐部同粤汉铁路工人联合成立了粤汉铁路总工会，并发起成立了湖南全省工团联合会和汉冶萍总工会，又与湖北全省工团联合会建立了联系。最后，铁路工会联合起来成立了全国铁路总工会筹备委员会，从而大大推动了工人阶级的全国大联合。刘少奇、朱少连在1923年8月合著的《安源路矿工人俱乐部略史》中曾对安源路矿工人大罢工作了如下评述："这一次大罢工，共计罢工5日，秩序极好，组织极严，工友很能服从命令。俱乐部共费计120余元，未伤一人，未败一事，而得到完全胜利，这实在是幼稚的中国劳动运动中绝无而仅有的事。"

继安源路矿工人大罢工之后，中国共产党又领导了震惊全国的京汉铁路工人大罢工。

京汉铁路纵贯河北、河南和湖北三省，是连接华北和华中的交通命脉，其运营收入是军阀吴佩孚军饷的主要来源之一。

吴佩孚，山东登州人，秀才出身，毕业于北洋武备学堂。曾任北洋陆军第三镇曹锟部炮兵第三标第一营管带、旅长、师长。五四时期，通电拥护五四运动，高谈“劳工神圣”。直皖战争中击败皖系势力，与奉系共同参与控制北京政府，先后出任直鲁豫巡阅副使、两湖巡阅使。在第一次直奉战争中拥护曹锟，将奉系军阀击退山海关关外，成为北洋军阀中的首要人物。苏联驻华全权代表越飞曾致函吴佩孚，希望建立合作关系，遭到吴佩孚拒绝，于是越飞转而联络孙中山。第二次直奉战争中吴佩孚兵败退守湖南、湖北。北伐战争中被北伐军击溃，从此一蹶不振。吴佩孚是第一位登上美国《时代》杂志封面的华人，董必武评价吴佩孚称：“吴氏做官几十年，有过几省地盘，带过几十万大兵，他没有积蓄，也没有田产，相比与同时军阀腰缠千百万，总算难能可贵。”

1923 年 1 月 5 日，京汉铁路总工会第三次筹备会议在郑州召开，决定 2 月 1 日在郑州召开成立大会。1 月底，参加大会的代表和各铁路工会代表、汉冶萍总工会代表、武汉 30 多个工会的代表，以及北京和武汉等地的学生代表近 300 人齐聚郑州。中共中央对这次大会非常重视，派出了张国焘、陈潭秋、罗章龙、包惠僧、林育南等人出席大会。即将开会之时，郑州警察局局长黄殿辰到总工会筹备处宣布吴佩孚的电令，禁止在郑州举行大会。同时，吴佩孚从洛阳电令郑州驻军师长靳云鹗对铁路工会活动实行监视，不准工人举行集会。

共产党员李震瀛、史文彬、李焕章及工人代表凌楚藩、杨德甫等代表全体工人到洛阳面见吴佩孚，提出：根据约法和吴佩孚 1921 年的政治主张，京汉路总工会召开成立大会是合法的，非但不能禁止，而且应给以保护。但吴佩孚仍坚持反对大会的召开并以武力相威胁。

2 月 1 日清晨，京汉铁路各站区和兄弟铁路的代表 430 多人和郑州铁路工人1000多人抬着各地赠送的匾额整队向会场进发。沿途军警荷枪实弹，关卡层层，妄图阻止大会的召开。双方相持数小时，工人代表终于不顾敌人刺刀、棍棒的威胁，冲破反动军警的阻拦，进入普乐园会场。京汉铁路总工会成立大会秘书李震瀛登上讲台，高声宣布京汉铁路总工会成立。军警已层层包围了会场，会议代表很快被驱散，各地工会赠送的匾额被捣毁。

总工会决定把临时办公处由郑州迁至汉口江岸，在京汉铁路总工会的领导下进行全路总同盟罢工，抗议吴佩孚的镇压。2月4日，总工会一声令下，全路开始了大罢工，京汉路变成了一条僵死的长蛇。总工会发表宣言，提出了五项条件：（一）要求交通部撤革京汉路局长赵继贤和南段段长；要求吴佩孚、靳云鹗及豫省当局撤革查办黄殿辰。（二）要求路局赔偿成立大会之损失6000元。（三）要求郑州地方长官将所有当日被军警扣留之一切匾额礼物，军队奏乐送还总工会郑州会所。所有占领郑州分会之军队立即撤退。郑州分会匾额重新挂起，一切会中损失由郑州分会开单索价，并由郑州地方长官向总工会道歉。（四）要求星期日休息，并照发工资。（五）要求阴历年放假一星期，并照发工资。

在党组织和总工会的领导下，罢工有秩序地进行，工人内部的组织也十分整齐严密，“因为全路工人自司机、升火，以至小工，无有不是工会会员的。各会员听命于各分会，各分会听命于总工会，秩序井然。维持秩序，则有全路各分会素有训练之纠察队；刺探消息，则有罢工期内各分会临时组织的调查队。”

吴佩孚采用高压手段，在郑州逮捕了郑州铁路工会委员长高斌和姜海士、刘文松、王宗培、钱能贵等人。2月7日，吴佩孚对京汉全路罢工工人实行了大规模的镇压，制造了震惊中外的二七惨案。在河南，郑州有6人被捕，1人被迫害致死，300多人被开除。彰德、信阳、新乡等处都有被杀的。广大工人受到迫害，郑州党组织也被破坏。在河南领导工运的党的负责人李震瀛、赵子健、徐宽、姚作堂、戴清屏、解长春等被迫离去，工人在斗争中争得的权益全部被剥夺，工会全部被封闭，30多人遇难、200多人受伤。

京汉铁路大罢工虽然失败了，但它充分显示了刚刚诞生的中国共产党所蕴含的无比的组织能力和工人阶级最勇猛的奋斗精神和最伟大的牺牲精神，扩大了中国共产党在全国人民中的影响。

第七章　从合作到对抗

孙中山总结革命失败的教训，认识到建军肃纪是国民党的当务之急。

孙中山建军的想法得到了苏联的支持，在广州黄埔岛上创立了陆军军官学校。孙中山把肃纪的希望寄托在“朝气蓬勃”的共产党人身上。

第一次工人运动高潮，显示了共产党“强大的能量”，但共产党要想“大有作为”还面临诸多困难。共产国际出于自身的战略需要，要求共产党与国民党进行“合作”。

经过激烈的争论，国共两党终于完成了“党外合作”。“打倒军阀”是国共两党合作的“黏合剂”，北伐战争取得了意想不到的胜利，摆在国民党面前的“最大障碍”——旧军阀——轰然倒塌，国民党对共产党的“合作要求”发生了重大转变。

共产党要按照自己的原则进行“社会发展道路的抉择”，不会依附于国民党，成为中国政治舞台的“摆设”。于是，历史便呈现出“从合作到对抗”的走向。

孙中山的困惑

孙中山将大总统的宝座“让位”给袁世凯的时候，曾动情地对袁世凯说，十年内，你安心当你的大总统，我要搞实业，十年修十万公里的铁路。“宋教仁血案”的发生使孙中山不可能“安心实业”，匆忙间发动的“二次革命”，很快以失败告终。

孙中山流亡海外，在总结革命以来的经验教训时，深切感到：国民党内部思想混乱，组织严重不纯，“非袁氏兵力之强，乃同党人心涣散”。如何建军肃纪？孙中山陷入深深的困惑之中。

由于苏联与中国相邻，俄国十月革命对中国政局产生了重大影响。最早将十月革命的信息传回国内的人是北洋政府的驻俄公使刘镜人。

刘镜人，江苏宝山人，早年毕业于北京同文馆，后赴法国留学。曾任清朝总理衙门翻译，驻俄国公使馆二等参赞、驻俄国公使等职。十月革命爆发当天，刘镜人给国内发回一封电报：“近俄内争益烈，广义派（指布尔什维克——作者注）势力益张，要求操政权，主和议，并以暴动相挟制。政府力弱，镇压为难，恐变在旦夕。”当然，刘镜人并不知道正在发生的事件将对中国及整个世界产生多大的震撼，只是例行公事地将俄国的变化发送给了北洋政府。

十月革命爆发之时，孙中山所领导的革命已经历了一次又一次的失败。最初，孙中山对十月革命抱有怀疑，他曾对廖仲恺、汪精卫等人讲：“苏俄革命后实行马克思之共产主义，余甚滋疑惑。以现世界正在资本主义旺盛时代，俄国工商业不甚发达，共产主义不能单独成功，其去实行之期尚远。”十月革命的成功使孙中山开始转变对十月革命的看法，寻求与苏联的合作。孙中山称赞列宁“是一个革命之大成功者，是一个革命中之圣人”，认为“吾等欲革命成功，要学俄国的方法、组织及训练，方有成功的希望”。

十月革命后的苏联在西方列强的包围下面临严峻的困难，为了寻求“稳定的后方”，列宁也把目光转向了中国。1919 年 7 月 25 日，苏联发表《对华宣言》，宣布废除沙皇俄国对华签订的全部不平等条约，废弃在华一切特权，将原先沙皇政府掠夺的一切交还中国。同时，列宁派代表来华，开始同孙中山进行接触。

1920 年秋，苏联代表维经斯基在上海与孙中山会面。维经斯基，在华期间化名吴廷康，先后六次来华，沟通了共产国际和中国共产党之间的联系。列宁给维经斯基来华的主要任务有三项：一是同中国社会主义团体联系，组织正式的中国共产党及青年团；二是指导中国工人运动，成立各种工会；三是物色一些中国的进步分子到俄国游历。

当时，苏联人认为，孙中山领导的国民党在中国具有“重大影响”。因此，维经斯基在会见李大钊、陈独秀等人商讨建立中国共产党的同时，也积极寻求与孙中山的合作。困顿迷茫中的孙中山也希望能够得到苏俄的军事援助。继维经斯基之后，苏联又派代表马林继续与孙中山接触。

1923 年，苏联方面派政府代表特使越飞到上海与孙中山正式面谈合作事宜。

越飞，早年加入俄国社会民主工党，曾协助托洛茨基编辑《真理报》《前进报》。十月革命后，任苏联革命军事委员会委员、俄共（布）候补中央委员、外交部副部长等职务，主要从事外交工作。越飞以副外交人民委员的身份来华担任全权大使，肩负的使命是与吴佩孚控制的北京政府建立外交关系，实际解决两国间悬而未决的中东铁路和蒙古问题，维护苏维埃国家利益。来中国之前，越飞绝对没有想到要和孙中山签署什么联合宣言。

越飞首先来到北京，写信给吴佩孚，信中称赞吴佩孚“给莫斯科留下了特别好的印象”，提议密切双方合作。结果吴佩孚在中东铁路问题和外蒙古问题上毫不松口。

1923年1月17日，越飞已经在北京待了半年，做吴佩孚的工作毫无进展，于是他将重点转向“发展与南方政府关系”，实行以南压北方针。越飞从北京南下，来到上海，去莫利爱路29号孙中山的住宅，首次同孙中山会面，倾谈颇久。此后，双方经过几次会谈，于1月26日联名发表了著名的《孙文越飞宣言》。主要内容如下：

一、孙逸仙博士以为共产党主义组织甚至苏维埃制度，事实上均不能引用于中国，因中国并无可使此项共产主义或苏维埃制度实施成功之情形存在之故。此项见解，越飞君完全同感，且以为中国最重要最迫切之问题，乃在民国的统一之成功，与完全国家的独立之获得。关于此项大事业，越飞君并向孙博士保证，中国当得到俄国国民最挚热之同情，且可以俄国援助为依赖。

二、为明了此等地位起见，孙逸仙博士要求越飞君再度切实声明1920年9月27日俄国对中国通牒中所列之原则。越飞君当即重新确认此项原则，并向孙博士切实宣称：俄国政府准备且愿意根据俄国抛弃帝政时代对华一切条约及强夺权利之基础，另行开始中俄交涉。上述各条约中，包括关于中东铁路之各项条约及协定在内（关于此路之管理，上述通牒中第7条曾特别叙述之）。

三、因承认全部中东铁路问题，只能于适当之中俄会议始克满意解决，故孙逸仙博士以为就目前的实际情况，宜于该路之管理之上，觅一相当办法，且与越飞君同意现行铁路管理法，只能由中俄两国政府不加成见，协商暂时改组。但不得损害两方之真实权利及特别利益。同时，孙逸仙博士以为此点应与张作霖将军商洽。

四、越飞君向孙逸仙博士切实宣称（孙博士对此层完全满意）：俄国现政府决无亦从无欲在外蒙实施帝国主义政策，或使其脱离中国之意思与目的。孙博士因此以为俄国军队不必立时由外蒙撤退，缘为中国实际利益与必要计，中国北京政府庸弱无能，无力阻止因俄兵撤退后白俄反对赤俄之阴谋与敌对行为之发生，而酿成一种较目下尤为严重之局面。

《孙文越飞宣言》是中国现代史上一份非常重要的文件。没有这份宣言，就没有后来的国民党改造，就没有国共合作，也就不会有黄埔军校和北伐战争。苏俄对孙中山的支持也换来了国民党对苏俄的承认，换来了孙中山的“联俄、联共、扶助农工”的三大政策，使苏俄真正的盟友中国共产党有了合法合理的发展空间。通过《孙文越飞宣言》，孙中山完成了对中国革命走向的判断和规定，苏联在中国第一次完成了意识形态与国家利益的交换。

共产党的“两难”

国共合作，源于孙中山和共产国际两个方面的推动。中国共产党在国共合作初期，对国共合作持“怀疑”甚至是“反对”的态度。

从同盟会成立开始，国民党纪律涣散，内部矛盾重重，一直令孙中山苦恼不已，早就想改组、改造国民党。真正促使孙中山下定改造国民党决心的是陈炯明发动的叛乱。

陈炯明，广东海丰县人，清末秀才，早年入广东法政学堂，1909年加入同盟会，曾担任黄花岗起义敢死队第四队队长。中华民国成立后，陈炯明历任广东副都督，代理都督。1920年11月，陈炯明就任广东省省长，邀请孙中山回广东主持大局。孙中山到达广东，即刻召集广东的国会议员召开“非常会议”，会议推选孙中山为“非常大总统”。陈炯明认为孙中山担任“非常大总统”树敌太多，以广东的力量无法抵抗北方的进攻，劝说孙中山放弃“非常大总统”，未果。孙中山力主北伐，武力统一。陈炯明则倾向广东“地方自治”，两人矛盾激化，陈炯明遂被罢黜。

1922年6月16日，陈炯明出兵围攻孙中山的总统府，鸣炮警示要孙中山离开广东，孙中山被迫转移到永丰舰上避难，史称“六一六事变”。

陈炯明叛变对孙中山的刺激很大。孙中山感到国民党内党员构成

“非常复杂”，大多数党员加入国民党的目的就是为做官，若做不上官，“便反对本党，去赞成敌党”。于是，孙中山下决心“改组国民党的全体”。

用什么力量来推动国民党的改造呢？在同苏联的接触中，孙中山将目光转向了苏联和国内刚刚成立的中国共产党。共产党虽然刚刚成立，人数不多，却显示了一定的力量。1922 年 8 月，孙中山在上海亲自主盟吸收著名共产党人李大钊加入国民党，并对他说：“你尽管一面做第三国际党员，一面加入本党帮助我。”之后，包括陈独秀在内的共产党领导人开始担任国民党本部及某些地方支部的负责人。

宋庆龄曾问孙中山为什么一定要与共产党合作，孙中山开门见山地回答：“国民党正在堕落中死亡，因此要救活它就需要新鲜血液。”孙中山一方面坚定国共合作，另一方面对国共合作又有所顾忌。“联俄”是孙中山的一种抉择，但他内心并不相信中国可以走俄国人的道路。孙中山对中国社会发展道路的最终抉择不是社会主义的中国，而是三民主义的中国。

孙中山的联共是有条件的，他不同意共产党与国民党实行党外合作，坚持让共产党人加入国民党实行“党内合作”，目的是想先用共产党人的力量改造国民党，再用国民党人的纪律约束共产党。他在给反对国共合作的国民党内部的邓泽如、林直勉等人的信中说，共产党人“既参加吾党，自应与吾党一致动作，如不服从吾党，我亦必弃之”。

孙中山是想把共产党置于国民党的领导之下，对与共产党人的合作破裂有心理上的准备。陈独秀加入国民党后，便以国民党的身份在共产党创办的《向导》上批评孙中山与奉系、皖系军阀建立反对直系的“三角联盟”，认为这样做是走过去的老路，希望孙中山能够回归到依靠工农革命的道路上来。

孙中山对陈独秀的批评十分恼火，他要求共产党加入国民党后绝对服从国民党的纪律和领导，不能容忍共产党“所谓的意见”。他曾多次对共产国际的代表马林说："共产党既加入国民党，便应该服从党纪，不应该公开批评国民党。共产党若不服从国民党，我便要开除他们，苏俄若袒护中国共产党，我便要反对苏俄。"后来，孙中山虽然并没有真正开除陈独秀，但还是通过召开中央会议讨论对共产党的弹劾方式，压迫和警告了陈独秀。

陈独秀对孙中山的做法深感意外，他在给共产党国际代表维经斯基的信中写道："我们不应该没有任何条件和限制地支持国民党，只应当支持（国民党）左派所掌握的某些活动方式，否则，我们就是在帮助我们的敌人，为自己收买反对派。"陈独秀的这种主张和警告并没有得到共产国际的认同，国共合作分裂后再来回味陈独秀的话，不能不说是入木三分的。

国共合作的第二个重要推动力量，来自共产国际。1919 年 3 月，列宁创立了第三国际，先后在欧洲、美洲、亚洲帮助各国建立和领导了 65 个共产主义政党和组织。1922 年 7 月，中共二大决定中国共产党加入第三国际，并成为共产国际的一个支部，第三国际成了中国共产党的实际领导者。毛泽东在评价共产国际对中国共产党的影响的时候曾说，在中国革命进程中，第三国际曾给予过帮助和支持；同时，也因策略和指示的严重偏差，特别是长期受斯大林大国沙文主义错误的干扰，给中国革命带来了不良后果。

在共产国际中，最早推动国共合作的人是马林。

马林，荷兰人，青年时代曾在荷兰铁路工会任职员，从事铁路工人运动，当选为荷兰工会联合会主席，后被共产国际派到荷属东印度从事革命运动。马林的工作才能和在荷属东印度领导殖民地革命斗争的丰富经验得到列宁的赏识和器重。受列宁委派，马林来到中国推动中国共产党建立的相关事宜。

马林以共产国际的使者来到中国，具体使命主要有三个方面：第一，考察包括中国在内的远东各国的情况并使之与共产国际建立联系。第二，调查是否可以在中国上海筹建一个共产国际联络东方各国的机构——共产国际远东局。第三，帮助中国正式建立起共产党组织。

马林抵达中国后，与上海的共产主义小组的代理书记李达及李汉俊取得了联系，建议立即召开党的各小组统一大会，以便成立党的全国性组织机构——中国共产党。李达后来曾撰文回忆说：“马林和尼克尔斯基由第三国际到上海来，和我们谈了以后，他们建议我们应当及早召开全国代表大会、宣告党的成立。于是，由我发信给各地党小组，各派代表工人到上海来开会。”为使各地代表不致因筹措路费而耽误与会，马林拿出自己的活动经费，在发邀请函的同时代寄每位路费100元。

马林给参加一大的代表留下了深刻印象。毛泽东对他的印象是“精力充沛、富有口才”。包惠僧的印象是“声若洪钟，口若悬河，有纵横捭阖的辩才”。张国焘的印象是“说起话来往往表现出他那议员型的雄辩家的天才”。马林在中国共产党成立问题上功不可没。一大的参加者包惠僧曾回忆说：“马林1921年6月初来到中国，在中国做了许多的工作。他对中共建党和建党初期的工作，是起了促进作用的。如果不是他来，我们党的一大会议可能要推迟一两年，或许更多一点酝酿时间。”

中国共产党成立后，马林便南下广州会晤孙中山。马林认为，刚刚成立的中国共产党是新兴的、先进的、朝气蓬勃的，但太小、太年轻，无论规模和影响力都远远不够，更谈不上领导革命的任何经验。孙中山领导的国民党基础好、影响大，尤其是孙中山本人的革命精神和毅力，更是不可忽视的。中国共产党成立后的工作重点，应当是寻求国共合作。

马林将自己的想法向苏俄驻华使团团长巴意开斯做了汇报。在得到肯定后，马林建议陈独秀改变中共一大决议中“不同任何其他党派建立联系”的政策，与国民党进行合作。陈独秀等人对马林的主张坚决反对，陈独秀等人认为，国民党身上毛病太多，如只是注重社会上层分子，忽视广大工农大众，在斗争的方式上与地方军阀勾结，投机取巧，易于妥协，等等。中共各地方组织在讨论国共合作问题时，很多人都异口同声地表示反对，有人甚至表示，如果中国共产党与国民党合作，他们宁可退党。

面对陈独秀等人的坚决反对，马林只好到莫斯科寻求“尚方宝剑”。在莫斯科，马林向共产国际执行委员会详细介绍了中国的情况。会议认可了马林的主张和判断，包括：

第一，孙中山及国民党在中国南方开展的民族革命运动应该得到共产国际的支持和重视。

第二，共产党人的宗派主义政策，即不与国民党建立联系和合作的做法，是严重背离群众迫切利益的，应予改进。

第三，在目前这个时期，最重要的工作就是要把民族主义运动和共产主义运动结合起来。

三个方面归结为一点，就是中国共产党应立即实行国共两党合作。共产国际“态度明确”，陈独秀等人就不再坚持“反对国共合作”了。1922年6月15日，陈独秀执笔起草了《中国共产党第一次对时局主张》，第一次提出了建立“民主主义联合战线”的主张。在随后召开的中共二大上，正式通过了《关于“民主的联合战线”的决议案》。

需要指出的是，陈独秀和中共文件中提到的“民主的联合战线”，是要在保持共产党独立性的前提下建立与国民党的合作，与马林所主张的共产党员、共青团员以个人名义加入国民党和孙中山同意“共产党服从国民党”的国共合作是有所区别的。

1922年8月，马林拿着共产国际要求共产党与国民党合作的“八月指示”，在杭州西子湖畔举行了讨论国共合作具体方法的杭州西湖会议。在会上，马林先传达了共产国际的决定，接着便坚持认为只有以共产党员和青年团员的个人名义加入国民党组织的方式，才是实现国共合作的唯一可行的具体方法。他陈述了几点理由：

第一，中国在一个很长的时期内，只能有一个民主的和民族的革命，决不能有所谓社会主义革命；而且现在无产阶级的力量和其所能起到的作用都还很小。

第二，孙中山先生领导的国民党，是现在中国一个有力量的民主的和民族的政党，不能说它是资产阶级的政党，而实际上是应被视为一个各阶层革命分子的联盟。

第三，孙中山先生可以而且只能容许共产党加入国民党，绝不会同意与中共建立一个平等和平行的联合战线。

第四，中共必须学会西欧工人运动中，共产国际所推行的各国共产党员加入社会民主党工会的联合战线的经验，中共必须尊重共产国际的意向。

马林的主张受到与会人员的反对。陈独秀说："如果这确是共产国际的不可改变的决定，我们似应当服从。至多，我们只能寻机申诉我们的不同意见。"马林坚决表示："这当然是共产国际已经决定了的政策。"见马林态度坚定，陈独秀便说："国际指示我们当然应该执行，但这也必须是有条件地执行。这条件便是，只有孙中山同意取消打手模及宣誓服从他个人等原有的入党办法，并根据民主主义原则改组国民党组织，中国共产党员才可以加入进去。否则，即使是共产国际的指令，我也要坚决反对的。"见陈独秀态度如此坚决，马林妥协了，最后通过了陈独秀所提出的国民党取消打手模和宣誓效忠个人以后，中共少数负责同志可以根据党的指示先行加入国民党的决定。

西湖会议后，马林与李大钊、陈独秀又亲赴上海与孙中山沟通。孙中山欣然同意，应允取消打手模等原有入党办法，并依据民主主义精神改组国民党。几天后，中共的陈独秀、李大钊、蔡和森、张太雷等便由张继介绍，孙中山亲自主盟，正式宣誓加入了国民党。

1923 年 6 月，中共三大在广州召开。决议指出："共产党党员应加入国民党。""我们加入国民党，但仍旧保存我们的组织并须努力从各工人团体中从国民党左派中，吸收具有阶级觉悟的革命分子，渐渐扩大我们的组织。谨严我们的纪律，以立强大的群众共产党之基础。"至此，国共合作的方式作为中国共产党建立革命统一战线的策略和方针最终确立起来。

迷茫中前行

国共合作，在共产党方面有很多人反对，但共产国际态度坚决，在国民党方面也有很多人反对，但孙中山态度坚决。共产国际所以态度坚决，是为了苏联在远东有一个“稳定可靠的大后方”。孙中山之所以态度坚决，是为了得到苏联“实实在在的援助”。国共合作最直接的成果就是创办军官学校，建立革命军。

在长期的斗争中，孙中山希望国民党能够有自己的军队，这种想法是十分强烈的。因此，当马林向孙中山建议“创办军官学校，建立革命军”，立即得到了孙中山的认同。

孙中山派蒋介石、张太雷、沈定一三人组成“孙逸仙博士考察团”访问苏联，学习建军经验。考察团回国后，组织成立了“陆军军官学校筹备委员会”，蒋介石为筹备委员会委员长。

黄埔军校建校时的正式名称为“中国国民党陆军军官学校”，因其校址设在广州东南的黄埔岛上的原广东陆军学堂和广东海军学校的旧址上，史称“黄埔军校”。

黄埔军校成立，蒋介石为校长，廖仲恺为国民党党代表，李济深、邓演达为教练部正、副主任，王柏龄、叶剑英为教授部正、副主任，戴季陶、周恩来为政治部正、副主任，何应钦为总教官。此外还有熊雄、恽代英、萧楚女、聂荣臻、张秋人等共产党人担任教官及各方面负责工作。

在黄埔军校开学典礼上，孙中山告诫350名学员：“要从今天起，立一个志愿，一生一世，都不存在升官发财的心理，只知道做救国救民的事业。”要牢记军校的训词：“三民主义，吾党所宗，以建民国，以进大同，咨尔多士，为民前锋，夙夜匪懈，主义是从，矢勤矢勇，必信必忠，一心一德，贯彻始终。”黄埔军校训词其后由陈祖康谱曲，成为国民党党歌，开始被人们广为传唱。

1924 年 10 月，冯玉祥在第二次直奉大战中“倒戈”，发动“北京政变”。占领北京后，冯玉祥自视力量单薄，推举段祺瑞为北京临时政府执政，同时联合奉系军阀张作霖电邀孙中山北上，共商国是。

孙中山发表《时局宣言》重申，必须打倒军阀及其赖以存在的帝国主义，废除一切不平等条约。“国民之命运，在于国民之自决。本党若能得国民之援助，则中国之独立、自由、统一诸目的，必能依于奋斗而完全达到。”

孙中山偕夫人宋庆龄等乘永丰舰离广东，经香港，抵达上海。在记者招待会上，孙中山发表了对时局的主张。他说：“我们中国以前 13 年，徒有民国之名，毫无民国之实，实在是一个假民国。”“中国现在祸乱的根本，就是在军阀和那援助军阀的帝国主义者。我们这次来解决中国问题，在国民会议席上，第一点就要打破军阀，第二点就要打破援助军阀的帝国主义者。打破了这两个东西，中国才可以和平统一，才可以长治久安。”

离开上海后，孙中山一行抵达日本长崎。在回答记者提问时，孙中山说：“至于说到国家制度，中国有中国的制度，俄国有俄国的制度，因为中国同俄国的国情，彼此向来不相同，所以制度也不能相同。”“中国将来是三民主义和五权宪法的制度。”孙中山一行离开日本转道天津，抵达北京，受到 2 万多名群众的欢迎。孙中山发表《入京宣言》称：“文此次来京，曾有宣言，非争地位权利，乃为救国。”由于一路劳累，到达北京不久孙中山便病倒了。在北平，经各方精心治疗，孙中山的病情仍不见好转，反而不断加重。于是，人们开始考虑他的后事，请孙中山留下遗嘱。

孙中山的遗嘱由汪精卫起草，并经当时国民党中央执行委员会决议通过。孙中山病危，汪精卫、孙科等人来到孙中山病床前，婉转地对孙中山说，同志们要求先生留下些许教诲之言，以便遵照执行。汪精卫说：“我们现在预备好了几句，念给总理听，如果总理是赞成的，便请签字，当作总理说的话；如果总理听了不赞成，那么便请总理另外说几句，我们可以代为笔记下来，也是一样的。”孙中山点头表示同意。汪精卫将预备好的稿子念给孙中山听，孙中山听后表示很满意，说：“好的，我很赞成。”

在孙中山逝世的前一天，汪精卫和孙中山的家属及在北平的国民党人宋子文、孔祥熙、戴季陶等一起来到孙中山病床前。孙科将他的钢笔递给父亲，但此时孙中山握笔写字已有困难，宋庆龄便用手托着他的手腕。孙中山在遗嘱上签下了“孙文，3 月 11 日补签”字样，并嘱他死后立即公布。孙中山签字后，汪精卫在“笔记者”下签名，其他人则在“证明者”下签了名。

孙中山留有“家事遗嘱”、“政治遗嘱”、“致苏联政府遗书”三份遗嘱。“家事遗嘱”的全文为：

“余因尽瘁国事，不治家产，其所遗衣物书籍住宅等，一切均付吾妻宋庆龄，以为纪念。余之儿女，已成长，能自立，望各自爱，以继余志。此嘱。”

“政治遗嘱”的全文为：

“余致力国民革命凡四十年，其目的在求中国之自由平等。积四十年之经验深知欲达到此目的，必须唤起民众及联合世界上以平等待我之民族，共同奋斗。”

“现在革命尚未成功，凡我同志，务须依照余所著《建国方略》、《建国大纲》、《三民主义》及《第一次全国代表大会宣言》，继续努力，以求贯彻。最近主张开国民会议及废除不平等条约，尤须于最短期间促其实现。是所至嘱！”

“致苏联政府遗书”的全文为：

“苏维埃社会主义共和国大联合中央执行委员会亲爱的同志：

我在此身患不治之症，我的心念此时转向于你们，转向于我党及我国的将来。

你们是自由的共和国大联合之首领。此自由的共和国大联合，是不朽的列宁遗与被压迫民族的世界之真正遗产。帝国主义下的难民，将借此以保卫其自由，从古代奴役战争偏私为基础之国际制度中谋解放。

我遗下的是国民党，我希望国民党在完成其由帝国主义制度解放中国及其他被侵略国之历史的工作中，与你们合力共作。命运使我必须放下我未竟之业移交于彼谨守国民党主义与教训而组织我真正同志之人。故我已嘱咐国民党进行民族革命运动之工作，俾中国可免帝国主义加诸中国的半殖民地状况之羁缚。为达到此项目的起见，我已命国民党长此继续与你们提携。我深信，你们政府也必继续前此予我国之援助。

亲爱的同志，当此与你们诀别之际，我愿表示我热烈的希望，希望不久即将破晓，斯时苏联以良友及盟国而欢迎强盛独立之中国，两国在争取世界被压迫民族自由之大战中，携手并进，以取得胜利。

谨以兄弟之谊，祝你们平安！”

眼看孙中山即将辞世，守护在旁的宋庆龄、孙科、汪精卫、何香凝、张静江见状就急着悄声议论起中山先生的后事问题。汪精卫首先提出，如果总理不测，是否葬于北京景山为妥。岂料被醒来的孙中山听到了，他急切地连声说：“不，不，我要紫金山。”在场者对孙中山突然启口交代要葬紫金山一事感到惊喜和疑惑。在孙中山逝世当晚召开的葬事筹委会上，汪精卫传达了孙中山遗嘱葬于紫金山后，与会者多数因不了解紫金山的地理方位而感到茫然。这时陈去病受命北上已到了北平，他也是12位葬事筹委会成员之一。听了汪精卫的讲述，陈去病说：“紫金山即是南京的钟山。”接着，他讲了其中的原委。

1912年4月1日，孙中山曾与胡汉民等人一起到南京东郊打猎，在半山寺（即今中山陵处）休息，孙中山举目环顾，远处群山和脚下秦淮尽收眼底。孙中山感叹说：“这里的地势要比明孝陵还要好，待他日辞世后，向国民乞一抔土，以安置躯壳耳。”

孙中山逝世后，按照孙中山生前的遗愿，国民政府在南京举行了追悼孙中山大会。宋庆龄、孙科等人到紫金山当年孙中山打猎休息处踏勘，正式确定在小茅山南麓中段平阳之地修建孙中山陵墓。

孙中山去世后纷纷扰扰的国共合作关系将向何处发展扑朔迷离，而此时发生的“廖仲恺遇刺事件”，更使国民党的一切变得如雾里看花。

廖仲恺，广东惠阳人，留学日本，参加同盟会，先后担任国民党中央执委、常委、政治委员会委员，并兼任工人部长、农民部长、黄埔军校党代表、广东省省长、财政部长、军需总监、大元帅秘书长等要职。1925 年 8 月 20 日，在设于惠州会馆的国民党中央党部被暴徒刺杀。

孙中山逝世后，国民党被置于有多种走向、多种发展可能性的岔路口上，进入敏感和躁动不安的时期。廖仲恺身在风口浪尖，处于国民党各种矛盾旋涡的中心。“廖仲恺遇刺案”的发生，在一定程度上影响并改变了国民党历史发展的走向。

到底是谁刺杀了廖仲恺一直以来是一个“谜”，存在着种种的猜测。

第一种猜测认为是“反共产”势力所为。在国民党内，廖仲恺联共态度鲜明，一直被视为“亲共”“袒共”分子。孙中山逝世后，国民党内“反共产”口号不断高涨，一时甚嚣尘上。廖仲恺被看作“共产党的工具”，甚至被认为是共产党。舆论普遍认为“廖仲恺遇刺案”是“反共产”的势力暗中制造的。

第二种猜测认为是反对汪精卫派掌权者所为。孙中山逝世后，围绕着国民党最高权力的第一轮角逐，在胡汉民、汪精卫两人间展开。最后汪精卫出任广州国民政府主席和军事委员会主席，成为国民党政坛的“一号人物”。廖仲恺持“拥汪”的态度，在汪精卫与胡汉民的权力斗争中起了相当重要的作用。廖仲恺自然成为反汪拥胡派势力的众矢之的。

第三种猜测认为是仇视、破坏工农运动的势力所为。省港大罢工由共产党广东区委发动，并得到广州国民政府的支持。廖仲恺不仅参与了对省港罢工的策划和领导，还以国民政府高官的身份对罢工给予多方面的支持和帮助，甚至公开出任省港罢工委员会顾问。省港罢工遭到港英等多种势力的反对和抵制，身为罢工“坚强后盾”的廖仲恺无异于将自己置于罢工的反对者和破坏者的刀刃之上。著名诗人柳亚子先生在廖仲恺纪念碑的“碑文”中称赞廖仲恺是“以一身而系革命前途之安危”。

“廖仲恺遇刺案”发生后，国民党成立了由汪精卫、许崇智、蒋介石组成的“三人特别委员会”，被“授以政治、军事、警察全权，以应付非常之局势”，负责查办“廖仲恺遇刺案”。

在查办元凶、后台过程中，案件侦查、审讯波澜起伏，国民党大批上层人物牵连其中，政治权力不断地被重新分裂和组合。在“廖仲恺遇刺案”中首先受到牵连的是胡汉民。

胡汉民，广东番禺人，留学日本，1905 年入同盟会，一直追随孙中山，成为孙中山的得力助手。曾任中华民国临时大总统府秘书长、中华革命党政治部部长、《民国》杂志主编等职，在国民党一大上当选为中央执行委员。

“廖仲恺遇刺案”发生后，身为国民党中央政治委员会主席的胡汉民从一开始就被认为是涉嫌人物。汪精卫的妻子陈璧君回忆说：廖仲恺遇刺后，“全市哗然，谓杀廖君者，必为胡汉民”。后来胡汉民的弟弟胡毅生被人检举涉嫌指使刺杀廖仲恺，胡汉民更是有口难辩。胡汉民自己曾说：这是想“以莫须有三个字，置我于死地”。国民党元老戴季陶也出面发表谈话，说胡汉民是个很平和之人，委婉提出对胡汉民、胡毅生兄弟应区别对待，“决不能相提并论”。汪精卫在国民党中央常会上也说：“胡毅生虽与汉民同志为兄弟，然胡毅生此次谋杀廖仲恺同志举动，汉民同志事前毫不知情，何能代为负责？”然而，舆论不依不饶、铺天盖地，胡汉民最后只好出国留洋躲避风头。胡汉民出走留出的权力真空，很快被汪精卫、蒋介石所填补。

在“廖仲恺遇刺案”中受到牵连的上层人物还有许崇智。

许崇智，广州人，留学日本陆军士官学校，多年协助孙中山主持军事，成为粤军的主要军事领导人之一，曾任粤军第二军军长、广东国民政府军事部部长兼广东省政府主席等职。

许崇智本来是查办廖仲恺遇刺案件的“三人特别委员会”成员之一，没有想到案件查来查去查到了自己的头上。在举报刺杀廖仲恺事件中，许崇智部粤军的许多将领受到牵连，使身为国民党中央政治委员会委员、国民政府常委、军事委员会委员、广东省务主席的许崇智开始“麻烦不断”。汪精卫与蒋介石联手排挤许崇智。

蒋介石以广州卫戍司令的身份，以“解决反革命各军”的名义，出动军队，宣布广州全市戒严，并派军队包围许崇智的住宅，力劝许崇智“暂离粤境”。许崇智打电话质问汪精卫缘由，汪精卫说：“余敢信介石对公事虽毫不假借，不讲感情，但决非余不讲感情之人。为先生计，为大局计，亦莫善于暂行赴沪，一任介石将此一切难题，及感情上不能解决之难题解决后，即请先生回。”在万不得已的情况下，许崇智只好卸职，登上了开往上海的轮船，离开了广东。

汪精卫、蒋介石正是借办案之机，利用波云诡谲的形势，以铁的手腕，赢得了这场政权与军权的博弈。排挤胡汉民与驱逐许崇智，这是汪精卫与蒋介石之间的一笔政治交易。蒋介石帮助汪精卫排挤胡汉民，为巩固汪精卫的“最高”地位扫除障碍；汪精卫帮助蒋介石驱赶许崇智，为蒋介石独掌军权打开通途。

清除了胡汉民、许崇智，广州并未就此太平。邹鲁、谢持、林森等人组成了一个公然向汪精卫、向广州国民党中央说“不”的政治联盟——“西山会议派”。邹鲁等人甚至不惜以“另立中央”，“另行召开国民党全国代表大会”的强硬手段，与广州国民党对着干。

汪精卫排斥异己，试图挟持蒋介石自重，殊不知却把一位最危险的对手拉上了台。蒋介石掌握军权后，通过“中山舰事件”逼迫汪精卫黯然离职。汪精卫是查办“廖仲恺遇刺案”的主角，但他并没有最终赢得这场权力博弈。

“廖仲恺遇刺案”发生前，蒋介石的职务是黄埔军校校长、粤军参谋长，他不是国民党中央委员，也不是国民政府委员。蒋介石是因进入“廖仲恺遇刺案”特别委员会，才得以进入国民党最高权力核心层的。

蒋介石掌握军权的关键，是以武力驱逐许崇智、并吞粤军开始。掌握军权的蒋介石通过第二次东征使个人威望达到新高。

1925 年 9 月，原已被打败的广东军阀陈炯明残部再次叛乱，占潮州、汕头，企图向广州进攻。广州国民政府为彻底消灭广东省的军阀势力，统一广东革命根据地，遂决定进行第二次东征。

东征军由蒋介石任总指挥，兵分三路，向东江腹地继续进攻，很快大获全胜。陈炯明残部流窜于闽赣边，再也无力袭扰东江。与此同时，国民革命军另一部又先后消灭了邓本殷在高州、雷州及海南岛的部队，使广东革命根据地基本趋于统一，为国民政府奠定了较为可靠的后方基地。

在东征胜利返回途中，沿途男女老少观者如堵，道路为之堵塞，社会各团体整齐列队欢迎，民众簇拥，万头攒动，国民政府要员站成一列，以前所未有的谦恭向政界新秀蒋介石致敬。广州的汪精卫、谭延闿、伍朝枢、宋子文等联名给蒋介石发去贺电：“我兄建此伟功，承总理未竟之志，成广东统一之局，树民国革命之声威，凡属同志，莫不钦感，东征功成，省中大计诸待商榷，凯旋有日，尚祈示知，是所祈企。”就连当年的孙中山也不曾有过这等风光。

在国民党二大上，蒋介石以最高票 249 票（与满票仅差一票）当选中执委。以 245 票当选的宋庆龄在大会上发言时赞扬蒋介石说：“此间一切的政治军事都很有进步，而且比先生在的时候弄得更好。”一句“比先生在的时候弄得更好”由宋庆龄的口中说出，实在是对蒋介石的最好褒奖。1924 年国民党一大时，连一张入场券都没有弄到手的蒋介石，在 1926 年国民党二大时个人声望达到顶点。广州第一公园大门口出现一副对联。上联是：精卫填海。下联是：介石补天。

踌躇满志的蒋介石通过“中山舰事件”和“整理党务案”完成了将国民政府党政军权集于一身的蜕变。廖仲恺遇刺后，汪精卫成了国民党的领导人，继续推行国共合作。反对国共合作的国民党右翼成立“西山会议派”，与汪精卫公开唱反调。驻广州的苏联顾问季山嘉与蒋介石关系不和，竭力拉拢汪精卫打压和反对蒋介石。蒋介石掌握国民政府的军权，地位日隆，他既想得到苏联的援助，又不愿看到共产党坐大，既想反汪精卫，又不想马上与“西山会议派”联手。

1926 年 3 月 18 日，蒋介石以黄埔军校驻省办事处的名义，传达给海军局代理局长兼中山舰舰长李之龙（当时是共产党员）一个命令，要李之龙调中山舰到黄埔候用。

中山舰原是一艘炮舰，是 1910 年由清朝海军大臣载洵和北洋海军提督萨镇冰在日本三菱工厂订造的，命名为“永丰”号。军阀陈炯明在广州发动武装叛乱，孙中山登上“永丰”舰避难。孙中山逝世后，广州国民政府将“永丰”舰改名为“中山”舰。1938 年 10 月，在武汉保卫战斗中，“中山”舰被日军击沉于长江金口水域。

当中山舰开到黄埔时，广州城内“共产党要阴谋暴动”、“共产党要推翻广东革命政府”的谣言四起。蒋介石以此为借口，调动军队宣布戒严，断绝广州内外交通，逮捕李之龙，扣留中山舰，收缴省港罢工委员会的枪械，包围驻广州的苏联顾问所，驱逐了黄埔军校及国民革命军中以周恩来为首的共产党员。

蒋介石通过“中山舰事件”夺取了在粤海军实权，清除了国民党第一军中的共产党员，完全掌握了第一军的军权，使其成为自己的嫡系部队。

完成军事夺权后，蒋介石又马不停蹄地制造了“整理党务案”。在国民党二届二中全会上，蒋介石以改善国民党与共产党的关系，避免共产党在国民党内的力量发展引起“党内纠纷”为名，提出了《整理党务决议案》。

《整理党务决议案》的主要内容有：加入国民党的共产党员在国民党中央、省、特别市党部中担任执行委员，其数额不得超过各该党部委员数额的三分之一；共产党员不得担任国民党中央各部部长；国民党员不得加入共产党；共产党须将加入国民党的共产党员名单交国民党中央主席保存；共产党对参加国民党的共产党员的指示，须事先提交国共两党联席会议通过方能下达；等等。

中共方面对蒋介石的做法采取了妥协态度，表示全盘接受《整理党务决议案》。国民党二届二中全会后，原任国民党中央部长的共产党员全部离职。张静江代理国民党中央常务委员会主席，叶楚伧任国民党中央党部秘书长，顾孟余代理中央宣传部部长，邵元冲任中央青年部部长，蒋介石任中央组织部部长兼军人部部长。随后，蒋介石又任国民党中央常务委员会主席和国民革命军总司令，开始掌握国民党最高军事权力，一手控制了国民党的党、政、军大权。

打倒列强，打倒列强，除军阀，除军阀。

努力国民革命，努力国民革命，齐奋斗，齐奋斗！

工农学兵，工农学兵，大联合，大联合。

打倒帝国主义，打倒帝国主义，齐奋斗，齐奋斗！

伴着嘹亮的歌曲，轰轰烈烈的北伐战争开始了。广州国民政府发表《国民革命军北伐宣言》，蒋介石就任北伐军总司令。在《国民革命军北伐宣言》中，对北伐的目的进行了明确说明：

“本党从来主张用和平方法，建设统一政府，盖一则中华民国之政府，应由中华人民自起而建设；一则以凋敝之民生，不堪再经内乱之祸。故总理北上之时，即谆谆以开国民会议，解决时局，号召全国。”

“孰知段贼于国民会议，阳诺而阴拒；而帝国主义者复煽动军阀，益肆凶焰。迄于今日，不特本党召集国民会议以谋和平统一之主张未能实现，而且卖国军阀吴佩孚得英帝国主义者之助，死灰复燃，竟欲效袁贼世凯之故智，大举外债，用以摧残国民独立自由之运动。”

“帝国主义者复饵以关税增收之利益，与以金钱军械之接济，直接帮助吴贼压迫中国国民革命；间接即所以谋永久掌握中国关税之权，而使中国经济生命，陷于万劫不复之地。”

“吴贼又见国民革命之势力日益扩张，卖国借款之狡计，势难得逞，乃一面更倾其全力，攻击国民革命根据地，既使匪徒扰乱广东，又纠集党羽侵入湘省。本党至此，忍无可忍，乃不能不出于出师之一途矣。”

北洋政府控制在以张作霖为首的奉系军阀手中。直系军阀吴佩孚沦为附庸，占据两湖、河南三省和河北、陕西，控制京汉铁路。直系军阀后起之秀孙传芳占据长江中下游地区。北伐军以两广为基地，以“打倒吴佩孚，联络孙传芳，不理张作霖”为策略，实行各个击破。北伐军首先进军湖南，将矛头直指吴佩孚的军队。

1926年8月，北伐军6个团对湖北汀泗桥发起猛烈攻击，吴佩孚亲临督战，下令“退却者杀无赦”，双方互有胜负，汀泗桥几度易手，最后，张发奎的三十五团和叶挺独立团占领了汀泗桥。汀泗桥战役后，北伐军又与吴佩孚在贺胜桥展开激战。北伐军取得贺胜桥大捷，乘势向武汉三镇发动攻势，占领了汉阳、汉口、武昌。吴佩孚率残部逃往河南信阳。至此，吴佩孚部队基本被消灭。

两湖战场结束后，北伐军从两湖地区挥师东进江西，追击孙传芳。

孙传芳，山东省历城人，留学日本陆军士官学校，曾任陆军第二师师长、长江上游警备总司令、福建军务督理、浙江军务督理等职务。在反奉战争中，驱逐沪、苏、皖等地奉系势力，宣布成立“浙、闽、苏、皖、赣五省联军”，自任总司令，成为直系后期最大的军阀。

北伐军与孙传芳军在南昌展开激战，经过反复争夺，最后北伐军攻克南昌，取得了北伐以来规模最大的战役胜利，孙传芳军大溃，精锐尽丧。北伐军乘势又占领了南京。在北伐军于两湖地区激战时，孙传芳军周荫人部以2.5万的兵力进军粤东，试图将北伐军的根据地连根拔除。镇守广东的何应钦率国民革命军第一军在永定战役中将周荫人的主力击溃。周荫人手下曹万顺与杜起云两旅接受广东政府收编的建议，倒戈改组为国民革命军第十七军。何应钦升任国民革命军东路军总指挥。东路北伐军很快占领了福建、浙江全境。

北伐战争取得了意想不到的成功，然而结局并不是人们所期盼的“和平”“统一”。孙中山逝世，廖仲恺遇刺，国民党权力发生重大更替，“反苏”、“反共”暗潮涌动，国民党将向何处发展？国共合作的前途如何？一切都如雾里看花，一切都似乎预示着某种“突变”不可避免。

风云突变

国共合作是特定历史条件下形成的“特殊产物”，主持制定国共合作大局的孙中山逝世，使国共合作蒙上了一层“无法预知的变数”的阴影。

由于孙中山的坚持，国民党内反对国共合作的声音没有形成主流。随着孙中山的逝世、蒋介石的掌权，国民党内反对国共合作的暗流开始涌动，“戴季陶主义”的出笼便是明显的证明。

戴季陶，四川广汉人，早年留学日本，在日本结识了蒋介石。回国后，戴季陶加入同盟会。因在《民权报》上写下大量反对袁世凯的文章，被关入牢狱，使他坚定“百万锦绣文章，终不如一枝毛瑟（枪）。”戴季陶被营救出狱后，便直接投身反对袁世凯的斗争，成为孙中山的秘书。后曾任中山大学校长、国民党宣传部长、考试院长等。戴季陶对蒋介石十分忠诚。西安事变发生后，戴季陶与何应钦都坚决主张对张学良、杨虎城开战。何应钦主张开战的目的是“取蒋而代之”，戴季陶则完全是为了蒋介石的安全。宋氏兄妹力主和平解决西安事变，戴季陶也由“主战派”转为“主和派”。在一次讨论是否“进攻西安”的高层会议上，戴季陶竟然向与会者磕头。他说：“我是信佛的。活佛在拉萨，去拉萨拜佛有三条路，一是由西康经昌都，二是由青海经玉树，还有一条是由印度越大吉岭。这三条路都可通拉萨，诚心拜佛的人三条路都走，这条不通走另一条，总有一条走得通的，不要光走一条路。”主张进攻西安的“主战派”便赞同了“主和派”的意见。抗战胜利后，戴季陶曾劝蒋介石不要急忙派兵到东北，但蒋介石不听。一些好友纷纷庆贺抗战胜利时，戴季陶却一反常态地说：“有什么值得祝贺的？哭还在后面。”后来东北局势果然如戴季陶所言，出现“不妙局面”。1949 年 2 月，戴季陶在广州服安眠药自杀。

戴季陶是国民党右派理论家，1925 年先后发表了《孙文主义之哲学的基础》和《国民革命与中国国民党》两本小册子，提出“举起左手打倒帝国主义”，“举起右手打倒共产党”，为蒋介石集团进行反共夺权，做了理论与舆论上的准备。“戴季陶主义”的出现，是国共由合作走向分裂的“征兆”。

北伐军以区区 10 万军队对峙吴佩孚、孙传芳 40 万军队，取得了意想不到的胜利。然而，当北伐军高歌猛进之时，国民党内部业已存在的分裂种子也开始萌发。

北伐军击溃吴佩孚占领武汉后，国民政府决定由广州北迁武汉。而蒋介石却把北伐军的大本营安置在了南昌，随之国民党中央党部也入驻南昌。在南昌，国民党召开中央政治会议，议决要求撤掉苏联代表鲍罗廷。武汉方面也召开中央执委全体大会，选举了以汪兆铭、谭延闿、孙科、宋子文、徐谦等为国民政府常务委员，将蒋介石排除在外。显然，国民党开始出现“两个组织”、“两种声音”。

蒋介石反共的想法由来已久。1926 年 11 月，蒋介石把国民革命军总司令部设在江西南昌后，公开反共。在南昌总部演讲中蒋介石声称：“我是中国革命的领袖，并不仅是国民党一党的领袖，共产党是革命势力之一部分，所以共产党员有不对的地方，有强横的行动，我有干涉和制裁的责任及其权力。”各地开始出现反共举动，驻赣州新编第一师倪弼枪杀了江西省总工会副委员长、赣州总工会委员长陈赞贤。在九江，蒋介石指使捣毁并强占左派领导的国民党市党部和市总工会。在安庆，杨虎等人捣毁左派领导的国民党安徽省党部和安庆市党部，以及安徽省总工会和农民协会筹备处。

1927 年 3 月 24 日，北伐军攻下南京。进入南京时北伐军和当地外侨冲突，英美军舰以此为理由炮击南京，遂形国际冲突，是为“南京事件”。蒋介石下令阻止事态扩大，静候政府以外交方式解决。蔡元培等部分国民党元老检举揭发“南京事件”是“共产党破坏革命，危害国本之逆谋”，国民党中央监察委员会决议通过“非常紧急处置案”。

共产党人在北伐军攻克的地方搞“打土豪、分田地”的政策被国民党军官所反对。张作霖在北京冲进苏联大使馆，逮捕了躲藏在其中的58 名中国人，包括中国共产党的主要创始人之一李大钊，还查获并向外界公开了大量文献资料，证明苏联确实“全面指挥了中国的颠覆政府的运动”。蒋介石等国民党右派认为，共产党在国民党内部势力日益膨胀，“党中有党”，如不早日“剪除”今后会更难控制。

蒋介石到达上海后，公开表示保证与租界当局密切合作，以建立上海的法律与秩序。他通过报界宣布：“绝不用武力改变租界的现状，租界问题将通过外交途径解决。”并派员到英、美、日、法、意领事馆就南京事件表示“遗憾”，声明将“火速解决南京事件”“解除上海工人武装”，防止出现“用武力及暴动”收回租界的事件。同时，蒋介石向上海的大资本家表示，在劳资问题上，“绝不使上海方面有武汉态度”。上海青红帮头目黄金荣、杜月笙、张啸林等组织了秘密的中华共进会和公开的上海工界联合会，充当蒋介石反共的打手。

黄金荣，江苏苏州人，早年在上海法租界巡捕房当巡捕。后来组织发展帮会势力，成为上海青帮最大的头目，门徒达1000余人，操纵贩卖鸦片、赌博等罪恶勾当。四一二反革命政变后，被任命为国民政府少将参议、行政院参议。蒋介石当年在上海滩因从事股票交易亏本，被债主追债走投无路时，曾投奔法租界鼎鼎大名的黄金荣门下寻求“保护”。黄金荣在酒店“招待”各路债主们，席间黄金荣指着蒋介石说：“现在志清（蒋介石别名）是我的徒弟了，志清的债，大家可以来找我要。”债主们这才明白，黄金荣这是摆下了鸿门宴。于是大家顺水推舟，纷纷表示过去的债务“一笔勾销”。国民党溃败，上海即将解放。有人劝黄金荣去台湾。82 岁的黄金荣说：“我已经是快进棺材的人了，我一生在上海，尸骨不想抛在外乡，死在外地。”如何对待黄金荣？在上海解放前夕，刘少奇曾说：“观察一个时期再说。”周恩来指示，对待黄金荣的目的是“努力使上海不乱”。上海市人民政府出面召见黄金荣，向他说明既往政策不变，但希望他能写“悔过书”公开登报，以求得在某种程度上的谅解。1951 年 5 月 20 日，上海《新闻报》《文汇报》刊出了《黄金荣自白书》。上海滩第一大亨的“忏悔”引起轰动，对稳定上海社会秩序，震慑帮会残余势力起了不少作用。黄金荣接受政府改造，开始“扫大街”，“黄金荣扫大街”的新闻不胫而走。两年后，黄金荣这个曾在上海滩显赫一时的人物，因发热病倒去世，时年 86 岁。

杜月笙，上海浦东人，混迹上海滩，得到青帮老大黄金荣的赏识。后与黄金荣、张啸林开设三鑫公司，垄断法租界毒品交易，三人并称“上海滩三大亨”。曾任国民党陆海空总司令部顾问、军事委员会少将参议、行政院参议、上海市地方协会会长、中国红十字会副会长、中国通商银行董事长等职。国民政府推行“新生活运动”，杜月笙亦带头响应，戒掉长期的鸦片烟瘾。抗战爆发，杜月笙动员恒社门生组织别动队协助国民党军作战，并暗中帮助军统网罗人员、收集情报，并协助戴笠建立“人民行动委员会”，策划多次暗杀汉奸活动。杜月笙后移居香港，62 岁病逝。

张啸林，浙江宁波人。民国初年，拜上海青帮“大”字辈樊瑾丞为“老头子”，“上海滩三大亨”之一。1920 年，三人合股开设“三鑫公司”，贩卖鸦片，逼良为娼，横行霸道。四一二反革命政变时组织“中华共进会”，率“敢死队”冒充工人，袭击工人纠察队，被蒋介石委任为陆海空总司令部顾问、军委会少将参议。1932 年经杜月笙推荐，任上海华商纱布交易所监事。抗战爆发后，指使徒众组织“新亚和平促进会”，收购军需物资资敌，大发国难财。1939 年投敌叛国筹建伪浙江省政府，拟出任伪省长。1940 年 1 月，被由国民党军统收买的贴身保镖林怀部刺毙于上海。

国民党右派为“清共”加紧制造舆论。吴稚晖在国民党中央监察委员会常委会上诬蔑加入国民党的共产党员“谋叛国民党”，提出对共产党“应行纠察”。吴稚晖还致函国民党中央监委，声称共产党“逆谋昭著，举凡中央执行委员会内叛逆有据之共产党委员及附逆委员，应予查办”。蒋介石邀集国民党中央监察委员开会，向国民党中央提出《检举共产分子文》，要求对共产党作“非常紧急处置”。蒋介石与汪精卫秘密会谈讨论“对付共产党”。蒋介石主张立刻用暴力手段“清党”，汪精卫因担心这样做会使权力由蒋介石独揽，主张召开国民党二届四中全会来解决“共产党问题”。

蒋介石发布总司令部布告，要求工人武装纠察队与工会一律在总司令部的管辖之下，“否则以违法叛变论，绝不容许存在”。蒋介石发布《战时戒严条例》，严禁集会、罢工、游行，并成立了淞沪戒严司令部，以白崇禧、周凤岐为正、副司令。

中共中央和中共上海区委对于蒋介石的某些阴谋活动是有警惕的，也采取过坚定的态度。但是共产党领导人陈独秀发表“要缓和反蒋”的信函，使上海的反蒋斗争开始放松。特别是《汪精卫、陈独秀联合宣言》发表后，许多人误以为局势已经和缓下来。1927 年 4 月 11 日，蒋介石发出“已克复的各省一致实行清党”的密令，上海的形势骤变。

4 月 12 日凌晨，停泊在上海高昌庙的军舰上空升起了信号，早已做好准备的青红帮流氓打手，臂缠白布黑“工”字袖标，冒充工人，从租界内分头冲出，向闸北、南市、沪西、吴淞、浦东等 14 处工人纠察队袭击。工人纠察队奋起抵抗。双方正在激战，国民革命军第二十六军以调解“工人内讧”为名，收缴工人纠察队武装，1700 多支枪被缴，300 多名纠察队员被打死打伤。

事件发生后，上海工人和各界群众举行总罢工和示威游行。要求：

第一，收回工人的武装；第二，严办破坏工会的长官；第三，抚恤死难烈士的家属；第四，向租界帝国主义者提出严重的抗议；第五，通电中央政府及全国全世界起而援助；第六，军事当局负责保护上海总工会。

当游行队伍行至宝山路三德里附近时，遭到二十六军第二师的镇压，当场打死100多人，伤者不知其数。当天下午，反动军队占领上海总工会和工人纠察队总指挥处。接着，查封或解散革命组织和进步团体，进行疯狂的搜捕和屠杀共产党人。在事变后3天中，上海共产党员和革命群众被杀者300多人，被捕者500多人，失踪者5000多人，优秀共产党员汪寿华、陈延年、赵世炎等光荣牺牲。在广州，国民党抓捕共产党员和革命群众2000多人，封闭工会和团体200多个，优秀的共产党员萧楚女、熊雄、李启汉等被害。江苏、浙江、安徽、福建、广西等省也以“清党”名义，对共产党员和革命群众进行大屠杀。

蒋介石实施“清共”后将国民政府的首都定在南京，并成立了以胡汉民为主席的南京国民政府（宁），下令通缉共产党人。武汉方面对蒋介石成立的南京政府不予承认，推举汪精卫为武汉国民政府（汉）主席，继续国共合作，下令开除蒋介石的党籍并予以通缉。“南京国民政府”与“武汉国民政府”分庭抗礼，即宁汉分裂。

面对突如其来的变化，共产党内部意见不一。有人主张武装工农成立新军，进行彻底的土地改革；有人主张仍然留在国民党内，使国民党及武汉国民政府成为工农革命专政的机构。武汉国民政府为了取得军事上的优势，依仗握有军权的唐生智，提出继续北伐。

唐生智，湖南东安人，毕业于保定陆军军官学校，曾参加辛亥革命和讨袁、护法战争。北伐时任国民革命军第八军军长、前敌总指挥、第四集团军总司令、湖南省主席。武汉国民政府之所以提出北伐，目的是希望能够与北方的冯玉祥合作先取得北京。唐生智之所以支持武汉政府，目的是趁北伐之际，进一步壮大湘军实力。

宁汉分裂，南京蒋介石反共，武汉汪精卫继续联共，但不久也开始了反共。加速汪精卫由联共走向反共的重要原因有两点：一是共产党在湖南开展的轰轰烈烈的农民革命，二是共产国际发给中国的“五月指示”。

北伐战争前，湖南的农民运动就有较好的基础。北伐军进入湖南后，各地农民更迅速地组织起来，农民运动的广度和深度都超过其他各省。到 1926 年 11 月初，湖南全省 75 个县中已有 50 多个县成立了以贫农为骨干的农民协会，会员发展到 130 多万人。湖南成立了省农民协会，各县农协成立自卫部，组织农民自卫军。农民运动打击的主要目标是土豪劣绅、不法地主，一场迅猛异常的大革命在湖南农村出现了。

在北伐军占领的湖北、江西，农民运动也有很大发展。湖北农民协会会员达到 284 万人，江西农民协会会员达到 5 万多人。在湘鄂赣农民运动的推动下，广东、河南、陕西、安徽、四川、福建、浙江、江苏、河北、山东、广西、热河、察哈尔、绥远等省的农民运动也日益发展，并在武汉成立了全国农民协会临时执行委员会，毛泽东、邓演达、彭湃、方志敏等 13 人被推举为执行委员。到大革命失败前，全国农民协会会员发展到近千万人。

各地开展的打倒土豪劣绅，成立农民协会的举动，对北伐军军官的家庭构成了严重威胁，因为很多北伐军军官的家庭都属于“地主的范畴”。唐生智部第三十五军军官多为湖南士绅阶层出身，为数不少的军官家庭于后方受共产党批斗。何键之父亲亦在长沙被抄家，逮捕后游街示众。于是，在湖南军界中，逐渐出现了严重的反共情绪。三十五军驻长沙的第三十三团许克祥部率先反共，发动了“马日事变”。许克祥下令封锁共产党各机关，解除共产党武装，逮捕和杀害共产党人。与此同时，武汉国民政府拉拢冯玉祥的计划也宣告破产，加速了武汉国民政府的反共步伐。

在国共关系濒临破裂的关键时刻，共产国际代表罗易把共产国际给中国共产党的“五月指示”交给了汪精卫，这就是轰动一时的“罗易泄密事件”。

罗易，印度加尔各答人，早年曾是一名激进的民族主义者，投身于印度反对英殖民者的斗争。后来到墨西哥，参与组织成立了墨西哥共产党，被选为共产国际执行委员会委员和主席团委员。罗易以在殖民地问题上见解独到而闻名于国际，成为共产国际中声望很高的活动家。列宁称赞他为“殖民地革命主义的最杰出的代表”和“东方革命的象征”。

罗易作为共产国际代表来到中国，对中国革命缺少建树。毛泽东评价罗易时说：“罗易这个人能说，而且说得太多了，却不提出任何实现的方法。”蔡和森评价罗易时也说：“事后追论，罗易不失为一介书生：他总是在纸上坚持原则，而在实践上一个问题也解决不了。”

罗易抵达武汉时，蒋介石发动反共的“清党”事件，宣布成立“南京国民政府”。汪精卫宣布成立武汉政府，为了取得共产党人的支持，口头上高喊“反共即反革命”。但是，随着两湖地区的工农运动的不断发展，汪精卫再也不能容忍共产党领导的群众运动，在政治上日趋反共。驻守宜昌的夏斗寅和驻守长沙的许克祥相继反共，国共合作处于严重的紧急关头。

许克祥发动马日事变后，罗易主张给以有力的打击，但共产国际的另一位代表鲍罗廷等怕破坏统一战线，引起国共两党破裂而一味妥协退让。

鲍罗廷，苏联人，1923 年 5 月，受苏联政府派遣任国民党的首席政治顾问，为国共合作的建立做了大量工作。孙中山在北京逝世后，鲍罗廷对蒋介石提出限制共产党在国民党内活动的种种要求采取了让步政策。汪精卫发动反共事件后，共产国际派罗明纳兹来接替鲍罗廷，鲍罗廷返回苏联。

由于罗易与鲍罗廷意见相左，罗易决定直接请示莫斯科，给斯大林发了电报。5 月 30 日，共产国际执委会向鲍罗廷、罗易等人发出了旨在挽救中国革命的紧急指示，这就是著名的“五月指示”。主要内容如下。

第一，加强在敌人后方的工作和对蒋介石部队的瓦解工作，并给广东农民起义者以帮助。

第二，开始组建8个或10个由革命的农民和工人组成的、拥有绝对可靠的指挥人员的师团。这些师团将是武汉在前线和后方用来解除不可靠部队武装（亲蒋介石武装部队）的近卫军。

第三，有步骤地开展土地革命，口号是“一切权力归农会和村委会”。在“保护指挥人员财产和分给士兵土地”的前提之下，在湖南、广州等省实行“在共产党的积极参与下由农民实际没收土地”。

共产国际的“五月指示”，与当时中国的实际状况不相符合。鲍罗廷认为，“指示是荒唐可笑的”。在中共中央政治局会议上，陈独秀说，共产国际的电报“表明莫斯科不了解中国的实际情况”。第一，“莫斯科可能不知道，没有过火行为，反动派的统一战线不会这么容易形成。在这种情况下，我们不能谈及土地问题。”第二，“共产国际建议由工农领导人来加强国民党的领导。国民党的领导是在党的代表大会上选举产生的。现在我们怎么能改变它呢？”第三，“组建国民法庭实际上是不可行的”。

陈独秀致电共产国际：“用改组的办法驱逐汪精卫尤其困难。当我们还不能实现这些任务的时候，必须与国民党和国民革命军将领保持良好关系。”实际上是代表中共中央向莫斯科宣告，“五月指示”现在无法执行！

中共中央和鲍罗廷拒绝执行莫斯科的紧急指示，使罗易大失所望。而没有鲍罗廷和陈独秀的支持，罗易孤掌难鸣。于是，罗易做出了一个大胆的决定：将共产国际的“五月指示”交给汪精卫，以争取汪精卫的支持。

汪精卫回忆说：“罗易把那个决议案给我，一是俄文的，一是中文的。”待汪精卫看完电报后，罗易说：“这可以算是最后通牒。你如接受电报的要旨，共产国际将继续同你合作，否则，就将同国民党一刀两断。”汪精卫无可奈何地摇了摇头，苦笑着说：“这些指示中的任何一条都不能实行，因为随便实行哪一条，国民党就完了。”

汪精卫将“五月指示”传示给孙科、陈友仁等人。看过文件以后陈友仁说道：“这意味着国民党同共产党之间的战争。”汪精卫表示：“已经到了争船的时候了，已经到了争舵的时候了。要将国民革命带往共产主义那条路去的，不能不将国民党变成共产党，否则只有消灭国民党一法。要将国民革命带往三民主义那条路去的，不能不将共产党变做国民党，否则只有消灭共产党之法。正如一只船，有两把舵的，有两个不同的方向。除了赶去一个，更无他法。”

当鲍罗廷得知罗易给汪精卫看了“五月指示”后，当面对罗易进行了“严厉训斥”，并立即打电报给斯大林，“要求撤回罗易”。罗易的鲁莽行为令共产国际十分不满。共产国际执委会政治书记处召开秘密会议，决定：“立即把罗易同志从他所担任的共产国际执委会代表职位上召回，因为他给国民党中央的一些成员看了只发给鲍、罗、柳三同志而无论如何不能给其他人看的电报。”事后，共产国际书记布哈林评价罗易的做法“完全是一种糊涂、愚蠢的做法”。

我们不能说是罗易给汪精卫看了“五月指示”才导致汪精卫的公开反共，但罗易的泄密无形中为汪精卫进行反共寻找借口，帮了一个大忙。

汪精卫开始着手反共计划。武汉国民政府解除苏联顾问鲍罗廷和加仑等140余人的职务。随后，召开国民党中央政治委员会主席团秘密会扩大会议，通过《统一本党政策案》规定，“制裁共产党人违反本党主义政策之言论行动”。

7月15日，汪精卫召集武汉国民党中央执行委员会，正式做出了关于“分共”的决定。在“宁可枉杀千人，不可使一人漏网”的口号下，对共产党员进行大屠杀，国共合作完全破裂。

第八章 星星之火

国共合作有其特定的历史背景和特定的目标，国民党是在执行孙中山的国共合作“命令”，中国共产党在执行共产国际的“指示”。

北伐战争的胜利让“命令”和“指示”不再延续，蒋介石发动“四一二反革命政变”、汪精卫发动“七一五反革命政变”，宣告国共合作走到了尽头。

面对惨重的失败是继续“听命”于共产国际，还是开辟一条“适合自己的道路”，两种完全不同的抉择思路开始在中国共产党内悄然酝酿。

素有“郴衡湘赣之交，千里罗霄之腹”的井冈山，点燃了中国共产党的“星星之火”，“井冈山模式”是两种完全不同的抉择思路相互撞击的“逻辑原点”。

“不是请客吃饭”

早期中国共产党的领导人大都出身“笔杆子”。陈独秀是北京大学文学院院长、教授，李大钊是北京大学图书馆馆长、教授，董必武、何叔衡均为前清秀才。国共合作之初，共产党人还提出：“军事交给国民党，共产党专做工农运动”的口号。

五四运动时期毛泽东在《湘江评论》上撰文，呼吁中国要采取“不流血的革命”。7年后，他在《湖南农民运动考察报告》一文中，掷地有声地写下了：“革命不是请客吃饭，不是做文章，不是绘画绣花，不能那样雅致，那样从容不迫，文质彬彬，那样温良恭俭让。革命是暴动，是一个阶级推翻一个阶级的暴烈的行动。”

国共合作中共产党“专心于工农运动”忽视了对军事工作的领导，当国民党进行“分共”、“清共”时，令共产党措手不及。

1927年8月7日，中共中央在汉口秘密召开了一次紧急会议，讨论国共分裂后的应对策略。与会者多数认为，在国共合作中，共产党只重视上层几个领袖人物，忽视了广大工农群众，这就使党失掉了群众基础。共产党对国民党看得太高，对谭延闿、唐生智、孙科等人的本质缺乏正确认识，必然造成中央在指导路线上的错误。

毛泽东在发言中批评了陈独秀不做军事工作的错误，他说：“蒋介石、唐生智都是拿枪杆子起家的，从前我们说孙中山专做军事运动，我们则恰恰相反，不做军事运动专做民众运动。以后要非常注意军事，须知政权是由枪杆子中取得的。”若干年后，毛泽东回忆说：“像我这样一个人，从前并不会打仗，甚至连想也没想到过要打仗，可是帝国主义的走狗强迫我拿起武器。”

八七会议后，主持中共中央工作的瞿秋白向毛泽东征求意见，准备让毛泽东到上海中央机关去工作。毛泽东回答说：“我不愿去住高楼大厦，我要上山结交绿林朋友。”随即毛泽东以中央特派员的身份回湖南，准备发动和领导湘赣边界秋收起义。

面对国民党的“反共”、“清共”，共产党在仓促间被迫奋起反击。中共中央最初的想法是，集合共产党在北伐军中掌握和影响的部分国民革命军，并联合以张发奎的第二方面军，南下广东，举行新的北伐。

在联络张发奎的过程中，发现张发奎反共倾向浓重，于是中共中央决定依靠自己掌握和影响的部队，“实行在南昌暴动”。预定参加起义的部队有：国民革命军第二方面军第十一军第二十四、第十师，第二十军全部，第四军第二十五师第七十三、第七十五团，以及朱德为团长的第五方面军第三军军官教育团一部和南昌市公安局保安队一部，共 2 万余人。南昌防守空虚，只有国民党第五方面军警备团和第三、第六、第九军各一部，共 3000 余人驻守。

1927 年 8 月 1 日，在周恩来、贺龙、叶挺、朱德、刘伯承的领导下，举行南昌起义。起义部队成立了中国国民党革命委员会，推举邓演达、宋庆龄、何香凝、谭平山、吴玉章、贺龙、林伯渠、叶挺、周恩来、张国焘、李立三、恽代英、徐特立、彭湃、郭沫若等 25 人为委员。吴玉章为秘书长，周恩来、贺龙、叶挺、刘伯承等组成参谋团，刘伯承为参谋团参谋长，郭沫若为总政治部主任，起义军仍沿用国民革命军第二方面军番号，贺龙兼代方面军总指挥，叶挺兼代方面军前敌总指挥。

南昌起义后，汪精卫急令张发奎、朱培德等部向南昌进攻。起义军分批撤出南昌，决定沿抚河南下，计划经瑞金、寻邬进入广东省，攻占东江地区，之后再攻取广州。起义军在撤退过程中，遭到敌人围追堵截，损失惨重，最后不得不放弃南下广州的计划。800 多人在朱德、陈毅的率领下，转战闽粤赣湘边，到达井冈山同秋收起义部队会合。

南昌起义失败的一个重要原因在于，党的领导人在指导思想上深深烙下了苏联成功的模式，即在“大城市搞武装暴动”的成功经验。南昌起义试图占领大城市广州，然后举行“新北伐”，而这种想法，完全脱离了当时的实际。

追随苏联“中心城市武装暴动”成功经验的想法在中国党内根深蒂固，并没有随着南昌起义的失败而结束。南昌起义之后进行的秋收起义，攻打的目标依然是“长沙，长沙”。

八七会议后，毛泽东受命到湖南组织领导秋收起义。秋收起义不像南昌起义时沿用国民革命军的番号，而是将起义部队统一编为中国工农革命军第一军第一师，由卢德铭任总指挥，余洒度任师长，参加起义的部队共约5000人。

卢德铭，四川自贡人。毕业于黄埔军校，北伐战争时期任国民革命军第四军叶挺独立团连长，在汀泗桥、贺胜桥和攻克武昌等战役中屡建战功，后升为武汉国民政府警卫团团长。秋收起义时任起义总指挥，在起义军向井冈山进军途经江西萍乡芦溪山口岩时，遭国民党军伏击，英勇牺牲，年仅22岁。听到卢德铭牺牲的消息，毛泽东痛惜不已地说：“还我卢德铭！给我3个师也不换。”

余洒度，湖南平江人，毕业于黄埔军校，随叶挺独立团北伐到武昌，后历任国民政府警卫团第一营营长、团长，江西省防军暂编第一师师长。秋收起义时任工农革命军第一师师长，在起义受挫后仍主张“取浏阳，直攻长沙”，不愿“钻山沟”。三湾改编后率部脱离秋收起义部队，辗转抵沪，最后脱党。

秋收起义部队按预定计划准备进攻长沙。第一团从江西修水出发，向长寿街进攻，中途受挫，被迫向浏阳转移。第二团在安源起义后，进攻萍乡未克，西进攻占了老关、醴陵，旋即受挫。第三团在铜鼓起义，胜利占领了白沙镇、东门市，遭国民党包围，被迫撤退。

三路起义部队均受挫，汇集浏阳县文家市。文家市地处湘赣边界，距长沙市100多公里，与江西万载县、宜春市、上栗县毗邻。相传明代文姓人家聚居于此，逐步形成圩场集市，“文家市”由此得名。

在文家市里仁学校的一间教室里，秋收起义前敌委员会召开了紧急会议，就是否继续攻打长沙展开了激烈争论。余洒度等人主张执行中央的决定，“取浏阳，直攻长沙”。毛泽东则主张放弃攻打长沙的计划，保存实力，到敌人统治力量薄弱的地区开展武装斗争。

会后，起义部队辗转到达永新县三湾村。永新县地处赣西边境，罗霄山脉中段，距井冈山厦坪镇仅42公里。三湾村地处湘赣边区的九陇山区，是茶陵、莲花、永新、宁冈四县的交界地，有50多户人家，在山区算是较大的村庄。部队在三湾休整，开展了著名的“三湾改编”。

中国共产党成立后，党将工作的重点放在了“领导工农运动”上，一直没有一支独立的军事武装。北伐战争期间，虽然共产党整合和影响了一些国民党军队，并在军队中建立了党的组织，但党组织（支部）都是设在团一级，连一级没有党的组织，难以直接掌握军权，缺乏对军队的绝对领导。

毛泽东根据秋收起义部队减员较多，组织很不健全，思想混乱的情况，提出如果不在部队中建立基层党组织，党就不能切实掌握部队，部队中的雇佣军队的影响就不能消除，难以适应艰苦的斗争环境，主张“党建在连上”。

三湾改编后，红军连以上都设立了士兵委员会，士兵委员会的任务主要有五项：一是参加军队管理；二是维持红军纪律；三是监督军队经济；四是作群众运动；五是作士兵政治教育工作。在军队中建立士兵委员会的这种做法，让士兵群众参加军队的民主管理，以确立不同于旧式军阀部队的新型的官兵关系，这是对建军原则的一个重要创造。关于士兵委员会的组织和任务，陈毅在《关于朱毛军的历史及其状况的报告》中，做了详细而具体的叙述。

“在军、团、营、连均设士兵委员会，官长同时为士兵委员会。全连士兵大会选举五至七人或九人为连士委执委，推主席一人。以全营人数按每五人举一代表组成全营士兵委员会，推举十一人至十三人组织营士执委，推举一人为主席。按全团人数每十人举代表一人组织全团代表会，推举十七人至十九人组织团士执委，推举一人任主席。全军按三十人至五十人举一代表组织全军代表会，选举十九人至二十一人或二十三人组织军士执委，选一人为主席，军士执委选五人至七人为常委。连无常委机关，军团常委均设机关于政治部内日常办公，营常委不设机关。”

罗荣桓在回忆三湾改编时，谈道：“这支部队中，虽然有不少是党员，但没有形成坚强的组织核心，也没有明确的行动纲领。军事指挥员大部分是黄埔军校的学生，他们都是知识分子，没有经过更多实际战争的锻炼，指挥能力弱，旧的一套带兵方法，妨碍着上下一致、官兵一致。”“三湾改编，实际上是我军的新生，正是从这时开始，确立了党对军队的领导。如果不是这样，红军即使不被强大的敌人消灭，也只能变成流寇”。

在三湾经过短暂的停留，起义部队离开三湾，开赴井冈山腹地——茨坪，与袁文才、王佐的农民武装会合。毛泽东率领秋收起义部队到达井冈山时，王佐和袁文才已经在井冈山“占山为王”。袁文才、王佐都生长在井冈山地区，早年因反抗土豪劣绅的压迫，相继投身绿林，组织队伍，“杀富济贫、除暴安良”，在茅坪和茨坪遥相呼应，控制了整个井冈山。

工农革命军要在井冈山落脚，不得到袁文才、王佐的允许是根本不可能的。王佐和袁文才两人早年曾参加过大革命，袁文才还是共产党员。但他们对毛泽东率领的这支工农革命军毕竟没有多少了解，还担心这支比他们力量大得多的部队上山会不会“火并山寨”，夺取他们原有的地盘。

在古城会议期间，袁文才的代表曾表示：可以接济工农革命军一些给养，但请工农革命军“另找高山”。怎样说服和争取这两支农民武装？毛泽东选定先从袁文才入手，再通过他去做王佐的工作。

袁文才手下有一百五六十人，只有60支枪，缺少枪械。毛泽东向前委提议，准备一下子送他们一百支枪，将袁文才的全部人员都武装起来。前委成员听到这个大胆的设想，有的人表示怀疑，余洒度坚决反对。经过毛泽东反复说明，才以多数通过。

1927 年10 月6 日，毛泽东委托宁冈县委书记龙超清做介绍，在距茅坪不远的大仓村第一次会见了袁文才。毛泽东只带几个随员前往，袁文才预先在林家祠堂埋伏了20 多人，见到毛泽东只来几个人，袁文才就比较放心了，埋伏的人始终没有出来。会面中，毛泽东说明是由江西省委介绍来找他们的，充分肯定他们“劫富济贫”的革命性，同时说到工农革命军目前的困难。双方谈得很投机，毛泽东当场宣布送给袁文才一百支枪，这很出袁文才的意料，也使他很受感动。

袁文才向毛泽东表示，一定要竭尽全力帮助工农革命军解决各种困难，随即回赠给工农革命军600 块银元，并同意革命军在茅坪村建立后方医院和留守处，答应上山做王佐的工作。

毛泽东率部进驻井冈山后，重点就是抓军队和地方的建党工作。各连的党支部先后建立起来，连里的政治空气逐渐浓厚，党员数量逐渐增多，各种工作开展迅速，部队显得十分活跃。

在军队内部建党的同时，毛泽东也抓紧地方党组织的恢复和发展。井冈山附近各县，在革命时期都建立了党的组织。党组织负责人很多是外地回来的学生也有当地农会的骨干分子。大革命失败后，多数党组织被打散了，但不少党员仍在坚持斗争。毛泽东从军队里抽调一批有政治工作经验的干部，到农村基层去开展建党工作，很快井冈山周边地区各县的区、乡两级大都建立起党的组织。

毛泽东多次同袁文才、王佐谈心，既肯定他们反对土豪劣绅的革命精神，又指出他们受封建帮会影响、政治目标不明、阶级界线不清等问题，循循善诱地帮助他们提高政治思想水平。袁文才十分佩服毛泽东，经常对部下说：“跟毛委员一起干革命不会错。”王佐逢人就说：“毛委员是最有学问的人，同他谈上一次话，真是胜读十年书！”

应王佐的要求，毛泽东派曾经留学法国的何长工到王佐部当党代表，做团结、改造王佐部队的工作。何长工经过耐心的多方面的工作，逐步消除了王佐原有的戒心，特别是帮助王佐消灭了他多年的宿敌

——永新地主武装靖卫团团总尹道一，取得王佐的信任，使改造王佐部队的工作得以顺利展开。

经征得袁、王同意后，在他们部队里也建立起党的基层组织和士兵委员会。工农革命军又派了20多名党员干部，分任袁、王部的连长、排长和党代表。王佐和袁文才部队正式编为工农革命军第一师第二团，袁文才任团长，王佐任副团长，何长工任团党代表。工农革命军和袁、王部队正式合为一体，在井冈山站稳了脚跟。

为说服王佐和袁文才做了大量工作的何长工回忆道："1928年初，毛泽东同志决定派我上井冈山去做王佐的工作。王佐是坐镇井冈山上的'上皇帝'，他和袁文才一文一武，是土客籍的两个领袖，根据毛泽东同志的指示，我便向他提出扩编的问题——建议王、袁两支部队合编成立一个团。王佐也有此心，他说去和他们的'老庚'商讨。他所谓的'老庚'即袁文才。此人是个知识分子，参加过大革命，思想比王佐进步些，他是客籍的领袖。毛泽东同志和宁冈县委书记龙超清同志对他做了一些争取工作，王佐愿意改编，他那一关就不难通过了。"

南昌起义失败后，朱德、陈毅率余部退守湘南地区，成立了湘南苏维埃政府。听到秋收起义部队在井冈山建立了根据地，朱德、陈毅等人决定，退出湘南，上井冈山与毛泽东部会师。

在井冈山的毛泽东得知朱德、陈毅率领的南昌起义军余部正向井冈山方向撤退，当即决定兵分两路去迎接朱德、陈毅部上山：一路由毛泽东和何挺颖、张子清率领工农革命军第一师第一团，从江西宁冈的砻市出发，楔入湘南的桂东、汝城之间；另一路由何长工、袁文才、王佐率领第二团从井冈山大井出发，向资兴、郴州方向前进。

毛泽东还派毛泽覃带着一个特务连赶到郴州，同朱德、陈毅领导的部队取得联系。在毛泽覃带领的特务连接应下，朱德、王尔琢率领的工农革命军第一师主力经安仁、茶陵到达酃县的沔渡。

陈毅率领湘南特委机关、各县县委机关和部分工农革命军第一师的主力到达资兴县城，同从井冈山下来的由何长工、袁文才、王佐率领的工农革命军第二团会合。

毛泽东等率第一团在桂东、汝城牵制敌军，掩护湘南起义军转移，于4月中旬到达资兴县的龙溪洞，同萧克领导的宜章独立营会合。这是第一支同毛泽东亲自率领的部队会合的湘南起义军。同时，陈毅带着工农革命军第1师主力一部，以及何长工、袁文才、王佐带领的第二团一起到达酃县的沔渡，与朱德率领的主力部队汇合。

接着，朱德、陈毅带领直属部队从沔渡经睦村到达井冈山下的宁冈砻市。1928年4月下旬，毛泽东率领部队返回砻市，在龙江书院会见朱德，完成了历史性的两军会师。

两军会师后，合编为工农革命军第四军。朱德任军长，毛泽东任党代表和军委书记，王尔琢任参谋长，辖3个师，朱德、毛泽东、陈毅分任第十、第十一、第十二师师长，共1万余人。不久取消师的建制，编为6个团。5月下旬，第三十团和第三十三团返回湘南开展游击战争，在井冈山的部队为由南昌起义军余部组成的第二十八团、由湘南宜章农民军组成的第二十九团、由湘赣边界秋收起义部队组成的第三十一团、由袁文才、王佐部队组成的第三十二团，共6000余人。

1928年12月，彭德怀、滕代远率领在平江起义中创建的红五军主力800多人，突破敌人的围追堵截，来到井冈山同红四军会合。井冈山又多了一支革命劲旅。

井冈风波

井冈山根据地的建设经历了三次较大的“风波”。王佐、袁文才被杀事件，是第一次风波。

王佐、袁文才二人在加入中国共产党之前就是井冈山地区的两大“土匪”组织头目。王佐、袁文才的祖辈都是为了躲避北方的战乱，背井离乡从北方迁移到井冈山地区。因为当地的土籍人占据着适合农耕的平坦地区，所以迁徙来的客家人只能居住在土籍人不愿意居住的山区，而且还要受到当地土籍豪绅地主的压迫和剥削，土籍人和客家人之间存在较大的矛盾。

毛泽东在《井冈山的斗争》一文中对井冈山地区存在的客家人与土籍人之间的矛盾做了如下叙述："客籍占领山地，为占领平地的土籍所压迫，素无政治权利。前年和去年的国民革命，客籍表示欢迎，以为出头有日。不料革命失败，客家被土籍压迫如故。我们的区域内，宁冈、遂川、酃县、茶陵，都有土客籍问题，而以宁冈的问题最为严重。前年至去年，宁冈的土籍革命派和客籍结合，在共产党的领导下，推翻了土籍豪绅的政权，掌握了全县。去年六月，江西朱培德政府反革命，九月，豪绅带领朱培德军队'进剿'宁冈，重新挑起土客籍人民之间的斗争。"

在井冈山前敌委员会中，宛希先是唯一的外籍干部，是能为土、客籍双方都能接受的人物，尤其与袁文才、王佐过从甚密，成为袁文才、王佐在边界特委内唯一的依靠。

宛希先，湖北黄梅人。1925 年加入中国共产党，北伐战争时期，曾在国民革命军第二方面军总指挥部警卫团任连长。1927 年 9 月参加湘赣边界秋收起义，任工农革命军第一师一团一营党代表。不久，宛希先就被特委以"逃跑"罪名处死。这样，井冈山特委从书记，副书记、常委、执行委员几乎都是土籍人士。当时，在宁冈有"土籍的党，客籍的枪"之称，这形象地说明了特委与袁文才、王佐之间的现状。

客籍的袁文才、王佐与土籍的特委领导王怀、朱昌偕、刘珍、龙超清、邓乾元等之间已出现互不买账的现象。袁文才、王佐不大听从特委的领导，特委则认为袁文才、王佐闹独立，想占山为王，当土匪，所以视他们为潜在的敌人。湘赣边特委负责人邓乾元在《湘赣边界工作报告》中，竟然把袁文才、王佐当成不可救药的"匪首"。报告中说："危害边界的第一个势力就是土匪，本来边界的政权并不是真正的共产党所领导的政权，而是与土匪合作的联合政权。现在土匪问题更加严重，袁、王现在对我们处处怀疑，袁有另找出路脱离我们的象征，王在袁的影响下，亦与我们关系日趋恶化，过去对土匪的缓冲政策已是不能再用了。”

1930年年初，王佐、袁文才活捉了茶陵靖卫团团长罗克绍，还俘获了20多名造枪工人和部分造枪机器。在没有请示特委的情况下，他们自作主张，劝降罗克绍，计划用他们办一个兵工厂。特委认定是袁文才、王佐与敌人勾结，这件事也就成为杀害袁文才、王佐的导火线。

特委想除掉袁文才、王佐的想法，与中央到井冈山的巡视员彭清泉的想法不谋而合。袁文才、王佐掌控的红四军三十二团，拥有1000余兵员，700余支枪，还有一座兵工厂，他们无力对付。于是，他们就打算将袁、王二人诱骗至永新县城，然后借助正游弋在安福、永新边界的彭德怀的红五军力量，再行下手。

特委成员知道袁文才、王佐最听毛泽东的话，于是他们就盗用毛泽东的名义，给王佐、袁文才修书一封，约王佐、袁文才率部在永新县城合编，然后配合红五军共同攻打吉安。

特委负责人朱昌偕、王怀等人前往彭德怀红五军军部，对彭德怀说：“袁文才、王佐要叛变”、“在永新县城联席会议上，强迫特委决定把边区地方武装归他们改编统率”等。彭德怀信以为真，就答应派张纯清率红五军第四纵队300余人随朱昌偕赶往永新县城，同时特委又将宁冈、茶陵、遂川等五县赤卫队调往永新县城。

特委部队包围了袁文才、王佐的驻地，闯入袁文才房间，将袁文才乱枪打死在床上。王佐闻讯逃出永新城，逃跑中淹死在东关潭中。袁文才、王佐部队的主要骨干大多都被处死。

毛泽东得知袁文才、王佐被杀的消息，悲痛之至，连呼“杀错了，杀错了”。袁文才、王佐的残部，举旗“反水”。从此，井冈山根据地随之丧失。后来，红军数次想恢复井冈山根据地，萧克曾经率红十七师攻到黄洋界山脚下，也只能远眺井冈山，望而兴叹。

在井冈山根据地建设过程中，经历的第二次“风波”使“红旗到底能打多久”的消极思想弥漫。

1927 年冬，毛泽东率领秋收起义部队 5000 余人开赴井冈山，行军途中有不少人逃跑、叛变，有人对革命持悲观情绪，提出“红旗到底能打多久”的疑问。1928 年 3 月，“左”倾盲动主义排斥毛泽东的正确意见，让毛泽东率领工农革命军离开井冈山开赴湘南进行年关暴动。年关暴动遭受失败，又有人提出“红旗到底能打多久”的疑问。

1928 年 8 月，因为中共湖南省委的错误指导，红军二十八团和二十九团冒进湘南，敌人趁机进攻井冈山，导致井冈山的“八月失败”。有人又重提“红旗到底能打多久”。1928 年冬，湘赣敌军调动重兵围攻井冈山，井冈山上粮食艰难，军民以红米、南瓜、野菜充饥，身穿茅草、稻草御寒，一些人又提“红旗到底能打多久”。1929 年春，湘赣敌军重兵第三次“会剿”井冈山，有人又提“红旗到底能打多久”。

为了解决在红军战士和干部中普遍存在的“红旗到底能打多久”的疑问，毛泽东先后写下了《中国的红色政权为什么能够存在?》《星星之火，可以燎原》等文章，从理论上阐述了红旗不但不能够倒，而且“星星之火，可以燎原”。

在《中国的红色政权为什么能够存在?》一文中，毛泽东总结了湘赣边界斗争的经验，论证了红军和红色政权在中国存在和发展的五个条件：第一，中国是一个政治经济发展极不平衡的半殖民地半封建的大国，反革命营垒内部不统一并充满矛盾，因而使许多农村小块革命根据地能够在反革命政权的包围下产生、坚持和波浪式地向前扩大；第二，经过第一次大革命影响和锻炼的工农兵士，为建立革命军队和红色政权准备了良好的群众基础；第三，中国革命形势是跟着国内买办豪绅阶级和国际资产阶级的继续的分裂和战争，而继续地向前发展的。这就为小块红色区域的长期存在和发展，提供了客观依据；第四，相当力量的正式红军的存在，是红色政权存在的必要条件；第五，共产党组织的有力量及其政策的正确，是红色政权长期存在和发展的关键条件。

由于红四军与国民党交战中受挫，中共中央根据共产国际总书记布哈林的指示起草《中央给毛泽东、朱德两同志并转湘赣边特委信》，俗称“二月来信”。信中对红四军在农村的革命形势持悲观态度，不赞成在农村中扩大武装斗争和土地革命，强调争取群众和城市工作。还要求毛泽东、朱德离开部队回中央，所部分编成小部队以“隐匿大的目标”，散入湘赣边境进行土地革命，每支队伍定为数十人、数百人，最多不超过500人。

当时年仅21岁担任红四军第一纵队队长的林彪，在给毛泽东的私人新年贺信中，提出了与“二月来信”中同样的观点和军事思想。毛泽东写了《时局估量和红军行动问题》一文，回复林彪，并且印发各大队党支部。

在信中，毛泽东对林彪的悲观情绪进行了批评，“我从前颇感觉、至今还有感觉你对于时局的估量是比较的悲观。我知道你相信革命高潮不可避免的要到来，但你不相信革命高潮有迅速到来的可能，因此在行动上你不赞成一年争取江西的计划，而只赞成闽粤赣交界三区域的游击；同时在三区域也没有建立赤色政权的深刻的观念。”

在信中，毛泽东指出：“单纯的流动游击政策，不能完成促进全国革命高潮的任务，而朱德毛泽东式、方志敏式之有根据地的，有计划地建设政权的，深入土地革命的，扩大人民武装的路线是经由乡赤卫队、区赤卫大队、县赤卫总队、地方红军直至正规红军这样一套办法的，政权发展是波浪式地向前扩大的，等等的政策，无疑义地是正确的。”提出了与“二月来信”相反的“农村包围城市”的观点。

毛泽东写给林彪的回信——《时局估量和红军行动问题》，后来多次被出版。1947年秋，中共中央筹备出版《毛泽东选集》。林彪致信中共中央宣传部，要求再出版这篇文章时不要公开他的名字，“以免对中央内情不了解的人发生种种无谓的猜测”。毛泽东看过林彪的请求后，表示“同意”。这封长信在后来出版的《毛泽东选集》中，被更名为“星星之火，可以燎原”。

当年林彪没有料到毛泽东会给自己回这么一封长长的“信”，而且将“信”分发到全军阅读。这件事对林彪产生了“一定的压力”。1969年9月，林彪借重游井冈山之际，写下了一首诗。

繁茂三湾竹树，茫茫五哨云烟。
井冈搏斗忆当年，唤起人间巨变。
红日光弥宇宙，战旗涌作重洋。
工农亿万志昂扬，誓把敌顽埋葬。
四十年前旧地，万千往事萦怀。
英雄烈士名蒿莱，生死艰难度外。
志壮坚信马列，岂疑星火燎原。
辉煌胜利尽开颜，斗志不容稍减。

多少年之后，黄克诚在评论林彪“红旗到底能打多久”问题时说：“林彪不隐瞒自己的观点，尽管观点错误，但敢于向上级反映，就这一点说，是表现了一个共产党员的态度。”“在党内不隐瞒自己的观点，按照组织系统提出自己的意见，我们应当提倡这种事情，不是批判这种事情，特别现在应当提倡这种作风。”“据我了解，像这类的事情林彪不止这一回，他向毛主席提意见，还有提得更厉害的。”

在井冈山根据地建设过程中，经历的第三次“风波”便是“前委与军委之争”。

井冈山会师以后，在红四军中前委与军委一直并存，军委置于前委领导之下，以确保党对军队的绝对领导。

1929年1月，毛泽东、朱德、陈毅等率领红四军离开井冈山，向赣南、闽西进军。在行军途中，敌人围追堵截，山道崎岖险峻，形势复杂多变，为应付突发事变，红四军决定军委停止办公，将权力集中到前委，由毛泽东任前委书记。到了1929年5月，随着赣南、闽西根据地的开辟和党务、政务、军务、群众工作的展开，前委工作繁重，难以兼顾军委工作，遂决定军委恢复办公，并由新到红四军工作的刘安恭任军委书记，接替毛泽东的政治部主任职务。

刘安恭，重庆人，早年留学德国，期间结识了朱德等中共旅欧支部的成员。八一南昌起义失败后留学苏联，回国后被中央派往红四军工作。刘安恭担任书记后，临时军委会议做出决定：前委只讨论红四军的行动问题，不要管军队的其他事情。实际上限制了前委的领导权。

朱德、毛泽东对刘安恭的做法表示了不同的态度。朱德赞同刘安恭的做法，认为军委与前委分清彼此的职权范围，有利于工作的开展。毛泽东坚决反对刘安恭的做法，认为这不是简单地分权问题，而是从根本危及党对红军的领导、关系到民主集中制和根据地建设的重大原则问题。

林彪坚定地站在毛泽东一边，在福建永定县湖雷召开的会议上与刘安恭展开了激烈的争辩。两种意见争执不下。红四军移师福建上杭白沙，准备召开前委扩大会议。白沙会议召开前，林彪派人给毛泽东送了一封信。他在信中说："现在四军里实有少数同志的领袖欲非常高涨，虚荣心极端发展。这些同志又在群众中是比较有地位的。因此，他们利用各种封建形式结成一无形的结合派，专门吹牛皮攻击别的同志。这种现象是破坏党的团结一致的，是不利于革命的，但是许多党员还不能看出这种错误现象起而纠正，并且被这些少数有领袖欲望的同志所蒙蔽。"

会上毛泽东公开了林彪的信，并提出："从机构设置上看，军委不仅与前委重复，而且是同前委分权，更为重要的是动摇了党管理一切的最高原则。现在，前委不好放手工作，但责任又要担负；部分负责干部对于决议案没有服从的诚意，讨论时不切实地争论，决议后不仅反对，还要将责任归咎于个人，前委陷入了不生不死的状态。我不愿在不生不死的前委工作。我提出辞职！"

白沙会议以36票赞成、5票反对的多数压倒少数，决定撤销军委。这样一来，刘安恭的军委书记一职自然不复存在，改任红四军第二纵队司令。

白沙会议虽然撤销了军委，但争论范围还在继续延伸。白沙会议结束后，林彪又给毛泽东写了一封信，“不赞成毛泽东同志离开前委，希望他有决心纠正党内的错误思想。”

针对林彪的信，毛泽东写了《复林彪同志信》，朱德写了《答林彪同志谈前委党内争论的信》。毛泽东的信从历史和环境两方面说明了红四军内部存在的问题和争论的原因，希望党组织批准自己到莫斯科学习的请求。

朱德则认为，在红四军中，确实出现了党的组织替代群众组织、忽视基层工作的缺点，形成了书记专权的沉闷现象，这在一定程度上打击了广大群众的积极性和主动性。

红四军第七次代表大会在龙岩城内召开。会议认为，毛泽东是前委书记，对争论应多负些责任，给予党内“严重警告”处分。大会改选了红四军党的前敌委员会，毛泽东落选，陈毅被选为前委书记。

毛泽东在会上最后发言说：“现在还是要根据我们历来实际斗争中的经验，加强政治领导，加强党对红军的领导，军队要做群众工作，要打仗，要筹款。至于会议对我个人有许多批评，我现在不辩，如果对我有好处，我会考虑；不正确的，将来自然会证明这个不正确。”

红四军七大，受到中央的严肃批评。主要原因有四点：第一，对朱德、毛泽东两同志的问题，前委自己不先提办法，而交下级自由讨论，客观上是放任内部斗争，关门闹分歧；第二，没有从政治上指出正确路线，只是在组织上回答一些个人问题；第三，削弱了前委的权力，客观上助长了极端民主化的发展；第四，对朱、毛问题没有顾及他们在政治上的责任之重要，公开到群众中没有指导的任意批评，使朱、毛两同志在群众中的威望受到影响。中央要求前委采取补救措施挽回上面的负面影响。

三个月后，红四军在福建上杭县城召开第八次代表大会，致信毛泽东要他出席会议。毛泽东回信：“红四军党内是非不解决，我不能随便回来；再者身体不好，就不参加会议了。”前委接到毛泽东的信，觉得毛泽东态度有问题，又给了毛泽东一个党内“警告”的处分。毛泽东只能坐着担架赶到上杭，等他赶到时，会议已经结束。

红四军八大开得很不成功，在熙熙攘攘中吵了三天，毫无结果地结束了。红四军党内的争论引起了党中央的重视。陈毅奉命赴沪汇报。周恩来、陈毅起草了《九月来信》。

《九月来信》在总结红四军斗争经验的基础上，规定了红军的基本任务。强调“党的权力集中于前委指导机关，这是正确的，绝对不能动摇。不能机械地用‘家长制’这个名词来削弱指导机关的权力，来作极端民主化的掩护”。

《九月来信》批评了前委在处理朱德、毛泽东问题上的错误，没有引导群众注意斗争方式，自己不提出办法，而交下面自由讨论，客观上有放任内部斗争关门闹纠纷的问题，没有从政治上指出正确路线，削弱了前委的权力，助长了极端民主化的发展。对朱毛问题没有顾及他们在政治上的重要责任，公开提到群众中对他们任意批评，使朱毛在群众中的信仰发生动摇，一般同志对朱毛的批评大半是一些唯心的推测，没有从政治上检查他们的错误，这样不但不能解决纠纷，而且使纠纷加重。

《九月来信》批评了朱德、毛泽东两人在工作方法上也存在的缺点，常犯有主观和不公开的问题等，特别强调要加强红四军内部的团结，维护朱德、毛泽东的领导地位，毛泽东仍为前委书记。

朱德对毛泽东的离职也深感不便。他说：“朱不离毛，毛不离朱，朱离了毛，过不了冬”。朱德与同志们一起联名写信给毛泽东，请毛泽东病愈后即回红四军前委主持工作。

1929 年 12 月 28 日至 29 日，第四军第九次党代表大会在上杭县古田村召开。大会由陈毅主持，毛泽东做了政治报告，朱德做了军事报告。陈毅传达了中央《九月来信》，与会者讨论了中央指示和上述报告，总结经验教训，通过了《中国共产党红军第四军第九次代表大会决议案》，即著名的“古田会议决议案”。会议选举毛泽东、朱德、陈毅、李任予、黄益善、罗荣桓、林彪、伍中豪、谭震林、宋裕和、田桂祥为前委委员，毛泽东为前委书记。

古田会议总结了自南昌起义以来红军的建军经验，划清了红军与旧式军队的界限，确立了党对军队绝对领导的原则。会议强调了加强政治工作的重要性，批判了单纯军事观点，批判了轻视政治工作的倾向，指出那种把军事和政治对立起来的思想，是极端错误的。

围而不能“剿”

南昌起义前，共产党“没有一兵一卒”，经历了短短的三年时间，红军主力部队和地方武装迅速发展到10万人，开辟了井冈山等10余块苏维埃红色根据地。面对迅猛发展的红军，蒋介石组织力量，决定用武力将红军“消灭在萌芽中”，发动了一次又一次的“围剿”。蒋介石任命江西省政府主席兼国民革命军第九路军司令鲁涤平出任围剿军总司令，张辉瓒任总指挥，集中11个师约10万兵力，向位于赣南的中央苏区发起进攻。

中共方面主要由红一方面军应战。红一方面军下辖红一军团和红三军团约4万人。红军决定采取“诱敌深入”的策略，主动放弃大部分苏区，计划在赣江东岸同国民革命军展开决战。

就在蒋介石发动第一次“围剿”之时，红军内部发生了“富田事变”。1929年冬，赣西南苏区开始进行“肃反运动”。“肃反运动”的最初目标是肃清混入红军和地方党组织、苏维埃政权的地主、富农、豪绅分子及其他反革命分子。后来，“肃反运动”发生扩大化倾向，斗争的矛头扩大到地主富农出身的党员和干部。

赣西南党团特委印发了《反改组派AB团宣传大纲》，指出：“AB团是江西豪绅地主的封建组织，是江西豪绅地主的集合场”，对敌情做了扩大化的估计，认为“赣西南党、团特委机关，赣西南苏维埃政府，红军学校发现大批AB分子，各级指导机关，无论内外，多数为AB团富农所充塞。”

红一方面军前委“肃反委员会”主任李韶九到富田指导“肃反”工作。

李韶九，湖南嘉禾人，早年参加北伐、南昌起义，曾任红一方面军总政治部秘书长兼“肃反委员会”主席。李韶九到了富田后，将“肃反”对象严重扩大化。他下令逮捕了中共江西省行委常委段良弼、省行委代理秘书长李白芳、红二十军政治部主任谢汉昌、省行委常委兼军事部长金万邦、省苏维埃政府秘书长马铭、省苏维埃政府财政部长周冕等人，并使用酷刑，逼迫他们承认是“AB 团”成员。李韶九还根据一些人所谓的“口供”，扩大打击面，关押了所谓“AB 团”分子 100 多人，下令枪毙了 20 多人。李韶九的做法引起红二十军部分军官的恐慌和反抗。一营政治部主任刘敌率部队包围富田，扣留李韶九等人，史称“富田事变”。

“富田事变”之后，红二十军认为红一方面军总前委在“富田事变”的处理上存在严重问题，已经不相信红一方面军，于是渡过赣江在赣江以西地区开展游击活动，并提出“和红一方面军分裂”的口号。

中共中央代表团到达中央根据地后，认定“富田事变”是“AB 团”所进行的“反革命行动”。对红二十军进行整编，将副排长以上干部统统扣压，大部以“AB 团要犯”“反革命”等罪名枪决，取消二十军番号。此后，各根据地进行大规模“肃反运动”，结果杀了“AB 团”7 万多人、“社会民主党”6200 多人、“改组派”2 万多人。令人扼腕的是，后来的历史证明，共产党内从来就没有过“AB 团”这一类的组织，“AB 团”纯属子虚乌有。

国民党利用“富田事变”加紧向中央苏区进攻。在龙冈张辉瓒所部 2 个旅 9000 余人中伏，被红三军、红四军、红十二军以及红三军团一部共 2 万余人包围于龙冈，突围未果被全歼，张辉瓒被俘。经此一役，红一方面军士气大振，毛泽东欣然写下了《渔家傲·反第一次大“围剿”》。

万木霜天红烂漫，
天兵怒气冲霄汉。
雾满龙冈千嶂暗，
齐声唤，
前头捉了张辉瓒。
二十万军重入赣，
风烟滚滚来天半。
唤起工农千百万，
同心干，
不周山下红旗乱。

第一次“围剿”失败后，蒋介石任命军政部长何应钦为总司令，调集18个师另3个旅，20万人的兵力，“以厚集兵力，严密包围及取缓进为要旨”，采取稳扎稳打、步步为营的作战方针，对红一方面军进行第二次“围剿”。

经过第一次反“围剿”的锻炼，红一方面军斗志旺盛。毛泽东提出的“诱敌深入”的战略方针，已经为广大军民所认识和接受。红军采取由西向东横扫，先打弱敌，各个击破的作战方针，横扫七百余里，连打五个胜仗，歼敌3万余人，缴枪2万余支，打破了蒋介石的第二次“围剿”。

第二次“围剿”失败后，蒋介石亲自就任总司令，调集23个师另3个旅，约30万人的兵力，采取“长驱直入”的作战方针，发动第三次“围剿”。

游击战是非正规作战。以袭击为主要手段，具有高度的流动性、灵活性、主动性、进攻性和速决性，并能广泛动员群众投入战争。游击战的精髓是“敌进我退，敌退我进，敌疲我打，敌退我追”。遵循合理选择作战地点，快速部署兵力，合理分配兵力，合理选择作战时机，战斗结束迅速撤退等五项基本原则的作战方式。红一方面军以一部兵力在地方武装的配合下，迟滞敌人前进。从闽西地区开发，绕道千里，回师赣南兴国地区，适时转入反攻，集中兵力各个歼敌，红军六战五捷，击溃敌人7个师，歼敌17个团，毙伤俘敌3万余人，缴枪2万余支，粉碎了敌人的第三次“围剿”。红军趁反“围剿”胜利之势转入进攻，赣南、闽西两块根据地连成一片，成为一个完整的中央根据地。中央根据地范围达到21个县境，面积5万平方公里，人口约250万。

第三次“围剿”失败后，蒋介石调集40万人采取“分进合击”的方针，对根据地进行第四次“围剿”。红一方面军在林彪、董振堂的指挥下，在黄陂首次组织了大兵团山地伏击战，取得了重大胜利。共全歼敌2个师部、9个团，击溃1个团，逃脱1个独立团和2个残营。共俘敌1万余名，缴枪1万余枝，机枪百余挺，无线电台一部，首创红军战史上大兵团伏击战成功先例。

黄陂战役后，红军乘胜取得了草台冈战役大捷，伤敌师、旅长各1人，击毙敌旅长1人、团长3人，俘敌官兵6000余人，缴枪5000余支，彻底粉碎了蒋介石对中央苏区的第四次“围剿”。毛泽东称赞黄陂草台冈战役是“一次大胜仗”。蒋介石在给陈诚的手谕中写道：“惟此次挫失，凄惨异常，实有生以来惟一之隐痛。”

“三人团”

受“左”倾路线的干扰，在第四次反“围剿”中，毛泽东受到排挤被剥夺了军事指挥权，红军的最高指挥权由中央政治局常委秦邦宪、政治局常委兼中央革命军事委员会常委周恩来和苏联军事顾问李德“三人团”负责，其中秦邦宪是最后负责者，代行总书记职责。

秦邦宪，又名博古，早年留学苏联，入莫斯科中山大学学习。在苏联学习期间，莫斯科中山大学的29个中国留学生自称是“共产国际最坚定的支持者”“瞿秋白路线的坚决反对者”，组成松散联盟。由于其中一人徐以新的立场摇摆不定，被称为“半个”布尔什维克。“二十八个半布尔什维克”由此得名。

“二十八个半布尔什维克”的主要成员有：

王明，原名陈绍禹，安徽金寨人。早年留学苏联莫斯科中山大学，期间深得莫斯科中山大学副校长米夫赏识，以马克思理论家自诩。在中共六届四中全会上因米夫力挺，王明从一个普通的党员“一步登天”，进政治局常委。中央政治局兼中央常委主席向忠发被捕叛变，共产国际“指定”由王明为中共代理书记。期间，执行“左”倾冒险主义，给共产党带来很大的危害。抗日战争开始后，主张“一切经过统一战线”，“一切服从统一战线”，放弃党对统一战线的领导权。在担任长江局书记期间，给党带来很大损失。延安整风运动中，王明受到了严厉批评。中共六届七中全会作出的《关于若干历史问题的决议》，“宣判了曾统治党4年之久、影响党达14年之久的王明错误路线的死刑”。其后，王明曾任七大中央委员、中共中央政治研究室主任，法制问题研究委员会主任、政务院政法委员会副主任。新中国成立后，王明长期留居苏联。1974年3月27日，病逝于莫斯科。

孟庆树，安徽寿县人，王明的妻子。早年留学苏联，入莫斯科中山大学学习。曾任中央长江局妇女工作委员会书记、中国人民抗日军事政治大学第八大队政治处主任、中共中央妇女运动委员会委员、中共中央南方工作委员会委员、中共中央统战工作委员会委员等职务。1956年1月，陪王明赴苏就医，一直滞留苏联。1983年在莫斯科去世。

博古，江苏无锡人，本名秦邦宪，博古为化名，为俄语“上帝”的音译。早年留学苏联莫斯科中山大学，回国后曾任中共中央政治局常委，1931年9月至1935年1月为中国共产党实际最高领导人，主持中共中央工作。在第五次反“围剿”中，与周恩来、共产国际军事顾问李德组成“三人团”主持军事决策。期间红军伤亡惨重，被迫进行战略转移。遵义会议后任中央政治局委员，不再担任党的最高领导人。其后，参与西安事变的和平解决、国共合作的谈判等工作。领导创办了中央机关报——《解放日报》。1946 年4 月8 日，由重庆飞延安，因飞机失事在山西兴县黑茶山遇难。

张闻天，江苏南汇人，早年曾在日本、美国学习，后留学苏联莫斯科中山大学。回国后，任中共中央宣传部部长，临时中央政治局委员及政治局常委。1934 年1 月在中共六届五中全会上当选为中央政治局委员、中央书记处书记。遵义会议上拥护毛泽东的正确主张，会后代替博古负总责。张闻天曾长期兼任党中央宣传部长、西北工作委员会主任、《解放》周刊主要负责人、《共产党人》编辑，做了大量宣传教育工作。解放战争期间，任合江省（今在黑龙江省内）省委书记、东北局常委兼组织部长、东北财政经济委员会副主任、辽东省（今在辽宁省和吉林省内）省委书记等职务。新中国成立后，出任驻苏联大使、外交部第一副部长。在中共八届一中全会上当选为中央政治局候补委员。1959 年在庐山会议上，因为支持彭德怀的正确意见，受到错误的批判，被打成“彭、张、黄、周反党集团”的骨干成员。1976 年7 月1 日，张闻天在江苏无锡病逝。《新华日报》第3 版右下角以“本报讯”的报道方式登出张闻天逝世的消息，仅78 个字：“中国科学院哲学社会科学部经济研究所特约研究员张闻天同志，因长期患心脏病，医治无效，于1976 年7 月1 日在江苏无锡病故，张闻天同志1925 年加入中国共产党，终年76 岁。”十一届三中全会后，张闻天得到平反。邓小平赞颂“张闻天同志的一生，是革命的一生，是忠于党、忠于人民的一生。”

王稼祥，安徽泾县人，早年留学苏联莫斯科中山大学，回国后，任中国工农红军总政治部主任等职。遵义会议上，拥护毛泽东为代表的正确路线。会后，同毛泽东、周恩来一起组成中央三人军事指挥小组。先后担任中共驻共产国际代表、中央军事委员会副主席、总政治部主任兼八路军总政治部代主任等职。1943 年7 月，王稼祥在《中国共产党与中国民族解放的道路》一文中，首次提出“毛泽东思想”概念。新中国成立后，成为首任驻苏联大使、外交部副部长。从1951 年起，长期任中共中央对外联络部部长。在中共八大和八届一中全会上，当选为中央委员和中央书记处书记。“文化大革命”中被诬陷“修正主义外交路线”，遭到迫害。十一届三中全会后得到平反。

杨尚昆，重庆人，早年在上海大学学习，后留学苏联莫斯科中山大学。回国后，先后担任中华全国总工会宣传部部长、上海总工会联合会党团书记、江苏省委宣传部部长、中共中央宣传部部长等职。1933 年 1 月，进入中央革命根据地，担任中央苏区中央局宣传干事、红色中华通讯社（新华社前身）总负责人、红一方面军政治部主任、红三军团政治委员。遵义会议上拥护毛泽东的正确主张，任红军总政治部副主任、中国工农红军陕甘支队政治部副主任、中国工农红军抗日先锋军总政治部主任、中国抗日红军大学政治部主任。抗日战争爆发后，任中共中央北方局副书记、书记。中共七大后任中共中央军委秘书长、中共中央办公厅主任等职。新中国成立后，长期担任中共中央副秘书长、中央办公厅主任、中央军委秘书长、中直机关党委书记等职。十一届三中全会后，担任中共广东省委第二书记、副省长。1981 年任中央军委常委兼秘书长，1982 年任中央军委常务副主席兼秘书长，1988 年七届人大第一次会议上，当选为中华人民共和国主席。

陈昌浩，湖北武汉人，早年赴苏联入莫斯科中山大学学习。回国后任中国工农红军第四方面军政治委员、第四方面军政治委员等职。陈昌浩一生有两件事情，一直引发后人海量评价。第一件是所谓的“密电事件”。长征途中，毛泽东率领的第一方面军与张国焘率领的第四方面军会师。当时第一方面军仅剩下 1 万多人，到达陕北后仅剩下约 8000 人，而第四方面军尚有 8 万之众，且武器精良，装备整齐。毛泽东要求张国焘率第四方面军“北上”，而张国焘则意欲“挥师南下”。张国焘曾拍发了一份密电给时任第四方面军政委的陈昌浩，指示陈昌浩劝毛泽东“南下”，“如他们不听劝告，应监视其行动。若坚持北进，则应开展党内斗争，彻底解决之”。叶剑英截获此“密电”后，交给毛泽东。毛泽东连夜即率党中央及部队秘密北上，迅速撤离险境，这就是党内传闻的所谓“密电事件”。多少年来关于“密电”是否存在，一直存有争议。第二件是有关西路军兵败问题。1937 年，红军西路军主力两万余人在甘肃一带被马家军围歼，总体失败，万余人血洒疆场，成为红军史上最严重的一次惨败，其中4000 余人经营救返回延安，陆续到达新疆的有 600 余人，4000 多人流落民间。西路军兵败河西走廊，时任西路军总指挥的陈昌浩难逃干系，成为陈昌浩人生中最大的转折点。此后的陈昌浩在中国革命的舞台上销声匿迹，渐渐为历史所湮没。西路军兵败后，陈昌浩获准到苏联治病，开始了他长达 10 多年漂泊异国的生涯。1951 年，陈昌浩回国，曾任中央编译局副局长。“文化大革命”中遭到迫害，61 岁的陈昌浩吞了大把的安眠药自杀。1980 年 8 月，中央为陈昌浩平反。时任中共中央总书记的胡耀邦批示指出，西路军失败有着特定的历史原因，并非故意为之，陈昌浩是被林彪、“四人帮”迫害致死的，应该恢复名誉。

张琴秋，浙江桐乡人，早年经沈雁冰（茅盾）的弟弟沈泽民介绍在上海大学读书，并与沈泽民结婚。1925 年 11 月，在党组织的安排下，张琴秋与张闻天、王稼祥、乌兰夫、伍修权、孙冶方等 100 多人来到莫斯科中山大学留学。回国后，曾任红四方面军政治部主任、红四方面军政治部组织部部长、中共中央西北局成员。1933 年 11 月张琴秋的丈夫沈泽民病逝，1936 年 7 月，与红四方面军政委陈昌浩结婚。西路军兵败被俘，经组织营救出狱，回到延安，任中国女子大学教育长。1939 年 8 月，周恩来骑马时造成右臂粉碎性骨折，中共中央做出决定，送周恩来去苏联医治。同机前往苏联的有，陈昌浩、原共产国际军事顾问李德、周恩来的养女孙维世、陈昌浩之子陈祖涛、高岗之子高毅、陈伯达之子陈小达等。陈昌浩去苏联治病长期滞留苏联，张秋琴与陈昌浩的婚姻便名存实亡，经组织同意，张琴秋与陈昌浩解除了婚姻关系。1943 年春，经中共中央组织部批准，张琴秋与红四方面军的老战友苏井观结为夫妻。新中国成立后，苏井观任卫生部副部长，张琴秋任纺织工业部副部长。“文化大革命”中她遭到迫害，坠楼自尽而亡。十一届三中全会后张琴秋的冤情得以平反昭雪。

王盛荣，湖北武汉人。1927 年 11 月到苏联莫斯科中山大学文化班学习。回国后，任共青团上海沪西区委副书记、共青团兴国县委书记、中华苏维埃共和国中央革命军事委员会委员（主要负责苏区少年先锋队工作)。遵义会议后，任红军总政治部青年部副部长、共青团中央组织部部长等职。抗日战争时期，任新四军第八团政治委员、鄂豫边特委书记、新四军挺进支队政治委员。解放战争时期，任中共齐齐哈尔市市委书记。新中国成立后，任重工业部副部长，中南工业部副部长等职。1959 年被打成“右倾机会主义分子”。“文化大革命”中受迫害。2006 年 9 月 1 日逝世，享年 99 岁。

徐以新，浙江省衢州人，参加八一南昌武装起义，曾代总指挥贺龙的机要秘书。1927 年 12 月，赴苏联莫斯科中山大学学习。回国后，曾任共青团沪中区委书记、中共鄂豫皖省委常委、中国工农红军第四方面军政治部主任、中共川陕省委委员等职。抗日战争时期，任中央统战部干部科科长、中央直属机关党委书记兼中央管理局政治部主任。抗日战争胜利后，任中共热河省热东地委副书记、辽东地委副书记、依兰县委书记、佳木斯市委书记、东北军区政治部主任等职。新中国成立后，任外交部苏联东欧司副司长、司长，外交部副部长。曾出任驻阿尔巴尼亚首任大使、驻挪威大使、驻叙利亚大使、驻巴基斯坦大使。1994 年 12 月 30 日逝世。

凯丰，江西萍乡人，1927 年 12 月，赴苏联莫斯科中山大学学习。回国后，任团中央宣传部长、书记，中央委员、中央政治局候补委员。遵义会议上不赞同毛泽东的主张，会后一度被中共中央撤销了所任红九军团中央代表职务。洛川会议政治局会议上，被选为中央军事委员和政治局委员。抗日战争时期，任中共中央长江局宣传部长、中宣部代理部长。中共七大后，任中共中央东北局宣传部长。新中国成立后，任中共中央东北局常委、沈阳市委书记、中央宣传部副部长、马列学院（今中共中央党校）院长等职。1955 年 3 月 23 日，在北京逝世，终年49岁。

沈泽民，浙江桐乡人，作家沈雁冰（茅盾）之弟。早年赴日本入东京帝国大学读书，曾任上海大学社会学教授，并编《国民日报》副刊《觉悟》。1926年春，赴苏联入莫斯科中山大学学习。回国后，曾任中央委员、中央宣传部部长、鄂豫皖分局书记。1933年11月20日，因病逝世。

盛忠亮，湖南石门人，曾在北京法政大学读书，任中共北京地委宣传部秘书。1926年底到1930年秋，在莫斯科中山大学学习和工作。回国后，当选为中共中央委员，中共上海中央局宣传部长、书记。1934年10月，被捕叛变。在国民党政府中担任驻印远征军特别党部少将书记长、外交部欧洲司司长、驻乌拉圭大使、驻伊拉克大使。大陆解放前夕，逃往台湾，后移居美国。

夏曦，湖南益阳人，曾与毛泽东是同学，在湖南省立第一师范读书。1921年加入中国共产党。同年秋，参加莫斯科召开的远东各国共产党、民族革命团体第一次代表大会，并受到列宁的接见。留学苏联莫斯科东方大学前，曾任中共湖南省委书记、中央委员。回国后，任湘鄂西苏区中央局书记，兼任“肃反委员会”书记，期间以抓所谓“改组派”、“托派”、“AB团”、“第三党”、“取消派”为名，杀害了大批红军将士，造成了湘鄂西苏区的极大危机。贺龙曾说，夏曦的“肃反杀人，到了发疯的地步”。1936年2月，在红二、六军团长征途中，于贵州毕节县七星关溺水身亡。

“二十八个半布尔什维克”的成员还有：宋潘民、陈原道、殷鉴、李竹声、孙济民、袁家镛、王云程、何子述、朱阿根、汪盛荻、李元杰、王保礼、朱自舜、杜作祥、萧特甫等人。“二十八个半布尔什维克”形成于中国共产党早期，以王明为核心，支持以苏联的方式进行中国革命。由于团体成员中人们的政治主张随后发展不同，随着遵义会议后，着眼于国情和红军实力发展，此团体结束。

“三人团”中博古不懂军事，在军事指挥上几乎全部听从于李德的指挥。

李德，德国人，早年加入德国共产党，后到苏联，毕业于伏龙芝军事学院，在苏军总参谋部任职。后受共产国际委派到中国，以共产国际派遣的“军事顾问”自居，把持中共军事指挥权。李德在军事指挥上坚持堡垒对堡垒的正规战，拼消耗的错误做法，对第五次反“围剿”中中共红军的失利负有不可推卸的责任。当时担任李德翻译的伍修权回忆说：“李德的权力，不是他自己争来的，而是中共中央负责人拱手交给他的，造成失败的主要责任应该是中国同志本身。”

第四次反“围剿”失败后，蒋介石调集100万兵力，其中，直接用于进攻中央苏区的兵力达50万人，对红军进行第五次“围剿”。在“围剿”中，蒋介石吸取几次“围剿”失败的教训，确立了持久战与堡垒主义相结合的战略和以守为攻、合围之法的战术，在苏区周围广筑碉堡。红军的反“围剿”斗争形势十分严峻。

中共临时中央领导人博古等认为，这次反“围剿”战争是争取中国革命完全胜利的阶级决战。在军事战略上，拒绝和排斥红军历次反“围剿”的正确战略方针和作战原则，继续实行“左”倾冒险主义的战略指导，提出御敌于国门之外的方针，企图以阵地战、正规战在苏区外制敌，保守苏区每一寸土地。

决定红一方面军实行分离作战，一部组成东方军入闽作战，另一部组成中央军在赣江、抚河间活动，创造会攻抚州、南昌的条件。这种“两个拳头打人”的战略，造成红一方面军东方军十分疲劳，而中央军置于无用地位，使红一方面军既不能集中优势兵力打击敌人，又失去了进行反“围剿”准备的宝贵时间。

在第五次反“围剿”中，李济深、陈铭枢、蒋光鼐、蔡廷锴等人不满蒋介石“攘外必先安内”的政策，发动“福建事变”，在福州宣告成立中华共和国人民革命政府。中共临时中央继续坚持“左”倾路线，未能很好地抓住这个机会。蒋介石在镇压了福建事变以后，得以全力对付红军。

在红军的多次反“围剿”中，第五次反“围剿”历经时间最长，红军损失最大，对中国共产党、中国工农红军、中国革命几乎造成灭顶之灾。红军在根据地内粉碎敌人“围剿”的可能性已经完全丧失，中央红军主力被迫实行战略转移。近9万人撤离中央苏区，踏上向西突围的征途，被迫进行长征。

第九章　远征难

在人类的历史上曾经出现过多次的远征。公元前6世纪末，迦太基汉尼拔率部远征罗马。罗马天主教教皇针对伊斯兰国家进行了十字军东征。拿破仑横扫欧洲远征俄罗斯。但是，历史上的所有远征都无法与红军进行的二万五千里长征相提并论。

毛泽东不仅是一位政治家、军事家，同时也是一位文人，他的《七律·长征》，气势磅礴，前无古人，后无来者。

红军不怕远征难，万水千山只等闲。
五岭逶迤腾细浪，乌蒙磅礴走泥丸。
金沙水拍云崖暖，大渡桥横铁索寒。
更喜岷山千里雪，三军过后尽开颜。

渡湘江

长征，不是共产党人主观故意，而是被迫为之。我们无法想象，当年一群热血青年的豪迈之举。长征的时候，中共中央政治局委员中，年纪最大的是红军总司令朱德48岁，年纪最小的是凯丰28岁，平均年龄不足32岁。长征的时候，工农红军高级军事指挥员中，红一军团团长林彪28岁，红三军团团长彭德怀36岁，红九军团团长罗炳辉31岁，红五军团团长董振堂39岁。红二方面军总指挥贺龙38岁，红六军团红四方面军总指挥徐向前33岁，平均年龄不足34岁。

第五次反“围剿”失败，中共中央和红军总部及直属纵队离开江西瑞金，开始了战略大转移。

战略大转移初期，虽然中央红军接连突破国民党军第一道、第二道、第三道封锁线，但是也付出了沉重代价。突破第一道封锁线时，红军损失3700余人；突破第二道封锁线时，红军损失9700余人；突破第三道封锁线时，红军损失8600余人。博古、李德等领导人疲于奔命，一味退却，消极避战，红军无法摆脱国民党的围追堵截，始终处于国民党的包围之中，情况十分危急。

在第三道封锁线被红军突破之后，蒋介石又组织了第四道封锁线，湘军刘建绪的第一纵队，开赴广西东北部的全州，与广西第十五军夏威部取得联系，组成拦截红军的正面防线。国民党中央军吴奇伟的第二纵队，由薛岳指挥，沿湘桂公路祁阳、零陵、黄沙河一线进行侧击，保持机动，防止中央红军北上与二、六军团会合。国民党中央军周浑元的第三纵队、湘军李云杰的第四纵队、湘军李韫珩的第五纵队，从东面将中央红军压向湘江防线，企图将中央红军消灭于湘江以东。

中央红军先头部队在广西贺县白芒营、恭城龙虎关分别与桂军交战。白崇禧担心中央红军从富川、贺县一带进入广西腹地，同时担心蒋介石将红军由龙虎关两侧地区向南压迫，一举除掉红军、广东、广西，于是做出了将部署于全灌兴三角地区的夏威部主力南撤的决定。

蒋介石无奈准许桂军南撤，要求何健派湘军南下全州接防。白崇禧不等湘军接防下令连夜撤防。湘军接到接防命令后也并没有即刻南下接防，而是一再拖延，这就为红军突围创造了机会。红一军团抢占了全州以南、界首以北的所有湘江渡口。桂军在新圩向红三军团发起进攻，湘江战役正式打响。

新圩，位于广西灌阳县西北部，距湘江渡口约40公里，新圩以北5公里的古岭头是红军前往渡口的必经之地。为了防止灌阳县城方向的桂军北上切断红军西进通道，中革军委命令红三军团五师从新圩南下，占领马渡桥，将桂军阻挡在新圩以南。

第五师师长李天佑率3900余人打响了新圩阻击战。新圩阻击战异常激烈，战斗中师参谋长、十四团团长、副团长及团参谋长、政治部主任牺牲，十五团团长、十五团政委和十四团政委负重伤，营以下干部大部分牺牲。《中国工农红军第三军团史》中说："红十四、十五团浴血奋战三昼夜，伤亡2000多人"。渡过湘江以后，红五师缩编为一个团。

红五师将新圩防区交给红十八团，迅速赶到界首东南的渠口，与红十三团汇合，从界首渡过了湘江。

红十八团在新圩接防后与桂军继续展开激战，战斗中红十八团伤亡惨重。为避免部队被桂军吃掉，红十八团被迫后撤向湘江岸边转移。后撤中被分割包围，2000名将士大部分壮烈牺牲，只有少数战士突破重围。红六师十六、十七团损失也比较大，全师基本上不成建制，后缩编为一个独立团。

中革军委电令红三十四师接替六师阻击桂军，但实际上，三十四师接到命令时新圩阵地已经失守。军委的命令致使三十四师孤军深入，最后全军覆没。

桂军占领新圩后，首先将国民党中央军周浑元纵队约一个连缴械，迫使中央军停止西进进入广西，然后才调过头来向西追击红军。中央红军大量未来得及过江的部队，被桂军四十四师和二十四师切断、冲散，损失惨重。

脚山铺，坐落在桂（林）黄（沙河）公路边，北距全州16公里，南距军委纵队渡河的界首渡口约30公里。军团长林彪、政委聂荣臻和参谋长左权决定在脚山铺构筑两道阻击线，北侧一列山岭为第一道阻击线，南侧一列山岭为第二道阻击线。

林彪命令红六团扼守公路西侧的美女梳头岭，红五团扼守公路东侧的先锋岭，红四团扼守公路正面和公路的两侧，红二团做预备队。为防止湘军迂回，林彪又紧急电令红一师增援脚山，准备待一师（缺一个团）赶到，将其全部部署在公路西侧美女梳头岭一带。

脚山铺阻击战是湘江战役中著名的三大阻击战之一，是湘江战役中双方投入兵力最多的一场战斗。在国民党方面，是第一路追剿司令刘建绪指挥的湘军部队，包括十六师、六十二师、六十三师和第十九师之一部、4 个补充团、3 个保安团。紧随湘军后面的，还有中央军薛岳的5 个师。当时湘军的编制，每个师有1 万～1.2 万，湘军刘建绪部的总兵达到六七万人。在红军方面，是林彪的红一军团。红一军团共3 个师，即红一师、红二师、红十五师（少共国际师），共 19880 人。脚山铺一战，红一军团两个师，与湘军鏖战 3 天，伤亡惨重。军团政委聂荣臻负伤，四团政委杨成武和五团团长钟学高负伤，五团政委易荡平等2000 余人牺牲，两个师共损失近 6000 人。

湘江战役期间，红五军团三十四师奉命前往灌阳枫树脚阻击从灌阳北上的桂军。由于军委的失误，三十四师接到命令时枫树脚已经失守，加上地形不熟，红三十四师陷入桂北的崇山峻岭之中，在羊肠小道中艰难跋涉，未能按时接替红六师十八团阻击桂军，反而使自身陷入了孤军奋战的险恶境地。

由于地形不熟，部队被切为数股，各团各自为战。一〇〇团政委候中辉、一〇一团团长苏达清、一〇一团政委彭竹峰先后牺牲。红三十四师沿白路河而上，经大白路、小白路转移到瑶寨茶皮浸，此时全师只剩下 1000 多人。

茶皮浸海拔 1200 米，其南面为板瑶山、北面仅有一条羊肠小道通往灌阳。这时桂军四十四师从安和沿大路经蕉江再从小路经高屋场赶到板瑶山。当桂军到达板瑶山时，红军正从村南的小道向灌阳前进，双方发生遭遇战。陈树湘爬上板瑶山村寨的后龙岭，用望远镜观察情况，发现通往灌阳的山路已经被桂军切断，遂命令部队退回茶皮浸。随后，红三十四师由茶皮浸瑶族青年梁明卿带路，沿一条羊肠小道至鱼湾住宿，暂时摆脱了桂军。文塘一战，红三十四师损失惨重，由4300余人锐减至800余人。

陈树湘率余部从新圩以南穿越全灌公路时，在新圩附近的罗塘、板桥铺遭到桂军围攻，仅400余人冲出包围，被迫再次翻越观音山，于当晚在地处半山腰的洪水箐村宿营。第二日被桂军发现，再次遭到包围。陈树湘紧急召集师、团干部，宣布两条决定：第一，寻找敌人兵力薄弱的地方突围出去，到湘南发展游击战争。第二，万一突围不成，誓为苏维埃新中国流尽最后一滴血。陈树湘决定突围，沿长征原路返回井冈山。

突围过程中，负责掩护的红一〇〇团大部分将士牺牲，部分分散到群众中去寻找党组织。团长韩伟几经辗转，于抗战期间回到部队，1955年授中将军衔，曾任北京军区副司令，1992年病逝。他是红三十四师唯一幸存的团以上干部。师长陈树湘率余部一百多人进入湖南，在抢渡牯子江时，遭到湖南江华县保安团伏击，腹部中弹受伤。受伤的陈树湘与部队分离，藏匿于驷马桥附近的洪东庙疗伤，被道县保安军何湘部抓获，后自杀身亡，时年29岁。

红八军团下辖第二十一师、第二十三师，总兵力为10922人。长征期间，红八军团担任全军的右后翼，掩护军委纵队前进。越过三道封锁线后，红八军团变为左后翼。渡过潇水后，红八军团与红九军团向江华、永明方向开进，威胁广西龙虎关、恭城、富川、贺县等地，迫使桂军夏威部主力从灌阳南调恭城。

中革军委下达了《我野战军前出至全州、兴安西北之黄山地域的作战部署》的作战命令，决心从桂北西渡湘江，电文规定：“八、九军团为第四路纵队，经永明（如不能占领永明则从北绕过之）三峰山向灌阳、兴安县道前进。”根据这一命令，八、九军团成为最靠南的一路纵队。红八、九军团在湘桂边境的三峰山遭到桂军及民团的阻击，无法按原定路线前进，改道北上由雷口关入桂。此时，距桂军夏威部主力南撤恭城已经过去了五天，距中革军委做出西渡湘江决定已经过去了两天，而八、九军团仍滞留于湖南永明、江华境内，他们要先北上再西进，走一条直角形的路线，比其他部队多走了不少路。而此时，中央军占领了道县，桂军主力返回灌阳，湘军刘建绪部进占全州，八、九军团的西进通道随时都可能被中央军、桂军、湘军切断，成为红军部队中处境最为危险的部队。

红八军团最后从位于界首下游12公里的凤凰嘴徒涉湘江，全军团战斗人员仅剩600余人，连挑夫、勤杂人员等林林总总的加起来，也只有1200人。中革军委决定取消红八军团的番号，余部并入红五军团。走在红八军团前面的红九军团损失也很大，其中红二十二师损失4000余人，基本上全师覆没。

中国工农红军少共国际师，于1933年8月5日在中央根据地江西宁都成立，长征出发时的人数大约为7000人。湘江战役中，少共国际师隶属红一军团。少共国际师娃娃兵多、新兵多，战斗力不强，因此未参加激烈的脚山铺阻击战。渡过湘江后，红十五师仅剩2700余人。1935年遵义会议后不久，红十五师撤销，其人员分别编入红一师、红二师。

湘江战役是中央红军长征以来损失最大的一次作战行动。湘江一战，中央红军的损失还没有权威的统计资料，据估计应该在3万人以上。连同红军突破国民党三道封锁线的损失，中央红军由长征开始时的8.6万余人，在渡过湘江后锐减为3万余人。湘江战役的失利，充分暴露了李德等人在军事战略战术上存在的严重错误，客观上也加速了毛泽东的复出。

渡过湘江后，红军占领了湖南怀化通道县，中央军委临时决定召开紧急会议，讨论红军战略转移的前进方向问题。通道会议是长征中红军召开的一次生死攸关的重要会议，由于当时情况紧急，会议多是在行军途中召开的，也有人把这次会议称为“飞行会议”。

关于通道会议的详细内容，目前还没有披露，这是一次鲜为人知的重要会议。会议着重讨论红军战略转移的前进方向问题。李德、博古认为“我们依靠二军团的根据地，再加上贺龙和萧克的部队，就可以在广阔的区域向敌人进攻，并在湘黔川三省交界的三角地带创建一大片苏区……”毛泽东极力说服博古等主要领导人，建议放弃与二、六军团会合的原定计划，改向敌人力量薄弱的贵州前进。他说：“应该放弃在长江以南同二军团一起建立苏区的意图，向四川进军，去和四军团会师。”张闻天、王稼祥、周恩来等大多数人赞同毛泽东的正确主张。但李德、博古仍坚持与二、六军团会合的原订计划。虽然这次会议通过了毛泽东的建议，但是由于中央领导层中意见不统一，故未能对战略转移的大方向做出决定。

会后，中革军委下达了“万万火急”的《我军明十三号继续西进的部署》，仍然按照李德、博古的意见行事，电令一军团之第二师及九军团应向黎平方向前进，“相机进占黎平”。同时，寻机北上，与二、六军团会合。在《我军进入贵州动作的部署指示》中指出：“我军以迅速脱离桂敌，西入贵州，寻求机动，以便转入北上。”野战军司令部给二、六军团的指示重申：“我西方野战军已西入黔境，在继续西进中，寻求机动，以便北上。”要求活动于常德一带的二、六军团，策应中央红军北上。

通道会议研究了军事问题，虽然没有就战略方针的转变问题取得一致意见，但是促进了这个问题的解决，从而为之后的黎平会议决策红军战略计划转变，做了必要的准备。

通道会议后，中央红军从通道分两路转兵西进。一路由当时通道县城的县溪进入靖州县的新厂、平茶，然后由新厂、平茶分两路进入贵州。一路由通道的播阳进入贵州的洪州向黎平进军。刘伯承在《回顾长征》一书中指出：“通道会议，如果不是毛主席坚决主张改变方针，还剩3万红军的前途只有毁灭。”

1934年12月15日，中央红军占领黎平。中央政治局在黎平召开会议，讨论红军的进军路线问题。黎平会议是通道会议的继续，经过激烈的争论，毛泽东的意见得到与会大多数人的肯定，通过了《中央政治局关于战略方针之决定》决定放弃与红二、六军团会合的原订计划。决议指出："鉴于目前所形成之情况，政治局认为过去在湘西创立新的苏维埃根据地的决定在目前已经是不可能的，并且是不适宜的。""政治局认为新的根据地区，应该是川黔边地区，在最初应以遵义为中心之地区，在不利的条件下应该转移至遵义西北地区，但政治局认为深入黔西、黔西南及云南地区，对我们是不利的。我们必须用全力争取实现自己的战略决定。"

为执行新的战略方针，决定对部队进行整编，撤销八军团并入五军团，军委一、二纵队合并为军委纵队，由刘伯承任司令员、陈云任政治委员、叶剑英任副司令员。

黎平会议是长征以来具有决定意义战略转变的关键，决定了当时红军长征战略转折的大政方针，会议作出的决议、决定等至关重要，决定着中共中央和红军的命运和未来。会议首次否定了博古、李德顽固坚持致使红军遭受巨大损失的错误的战略方针，结束了从1931年11月赣南会议以来的三年多时间里毛泽东在中央领导层受排斥的状况，开始形成了中央绝大多数领导人赞同、支持、拥护他的正确主张的局面，从而为遵义会议重新确立毛泽东同志在党中央的核心领导地位奠定了坚实的基础。这次会议成为中国共产党独立自主地解决自己重大问题的尝试，开创了中国共产党历史上否定共产国际及其代表对中国革命错误指导的先例，是中国共产党对共产国际从盲从到独立思考，从逆来顺受到自己作主的转折点。

遵义会议

黎平会议后，中央红军分两路向黔北挺进，占领贵州北部重镇遵义，将国民党几十万追兵抛在乌江以东、以南地区，取得了进行短期休整的机会。

中央决定召开会议反思第五次反“围剿”的失败和红军战略转移中遭受的挫折。参加会议的政治局委员有：博古、周恩来、张闻天、朱德、毛泽东、陈云。政治局候补委员有：王稼祥、刘少奇、邓发、凯丰。红军总部和各军团负责人有：刘伯承、李富春、林彪、聂荣臻、彭德怀、杨尚昆、李卓然、尹自勇。中央秘书长：邓小平。共产国际军事顾问：李德。

会议的主要议题是总结第五次反“围剿”的经验教训。会上，博古做关于第五次反“围剿”的总结报告，他在报告中极力为“左”倾冒险主义错误辩护。周恩来来做了副报告，主要分析了第五次反“围剿”和长征中战略战术及军事指挥上的错误，并做了自我批评，主动承担了责任。毛泽东在会上做了重要发言，着重批判了第五次反“围剿”和长征以来博古、李德在军事指挥上的错误，以及博古在总结报告中为第五次反“围剿”失败做辩护的错误观点。

张闻天、王稼祥、朱德、刘少奇等多数同志在会上发言，支持毛泽东的正确意见。会议经过激烈的争论，在统一思想的基础上，委托张闻天起草了《中共中央关于反对敌人五次“围剿”的总结决议》(以下简称《决议》)，并由常委审查通过。

《决议》否定了博古的报告，认为博古的报告基本上是错误的。《决议》列举大量事实，说明红军在主观上、客观上均具备粉碎第五次“围剿”的条件，明确指出反“围剿”失败的主要原因是“军事上的单纯防御路线”。《决议》指出，在敌人采用“持久战与堡垒主义的战略战术”的情况下，我们的战略战术应该是决战防御（即攻势防御)，集中优势兵力选择敌人的弱点，在运动中有把握地去消灭敌人的一部或大部，以各个击破敌人，以粉碎敌人。然而。我们却以专守防御代替了决战防御，以阵地战、堡垒战代替了运动战，并以所谓“短促突击”的战术原则来支持这种单纯防御的战略路线。以分散兵力的作战方针代替集中兵力的作战方针，违背了我军战略上持久，战术上速决的基本原则。放弃诱敌深入的方针，而搞“御敌于国门之外”，结果造成严重损失，使红军不得不退出中央苏区根据地。《决议》指出，政治上，“左”倾机会主义者提出“中间派是最危险的敌人”，没有利用敌人内部的第一矛盾冲突，拒绝援助“福建事变”，丧失了打破“围剿”的良机。在战略转变和实行突围问题上，“在苏区内同敌人拼命抗战、大量消耗红军的有生力量。退出苏区变成了一种恐慌失措的逃跑的与搬家式的行动。在干部中群众中关于这种战略转变没有解释，组织庞大的后方机关使行军作战受到困难，使所有的部队变成掩护队”。在领导作风上，在军委内造成了不正常现象，错误是“严重的政治错误”。

《决议》肯定了以毛泽东为代表的正确军事路线。要求红军迅速完成从阵地战到运动战的转变，灵活机动地运用战略战术，为创建新的根据地而斗争。会议一致决定改变黎平会议以黔北为中心来创造苏区根据地的决议，改为在成都之西南或西北建立苏区根据地。会议决定改组中央领导机构，增选毛泽东为政治局常委，取消博古、李德的最高军事指挥权，由周恩来、朱德指挥军事。会后，常委进行分工，由张闻天代替博古负总责，毛泽东、周恩来负责军事。在行军途中，又成立了由毛泽东、周恩来、王稼祥组成的三人军事指挥小组，负责长征中的军事指挥工作。

遵义会议确立了以毛泽东为核心的新的党中央的正确领导和毛泽东在红军和党中央的领导地位。挽救了党，挽救了红军，挽救了中国革命，是中国共产党生死攸关的转折点，是中国共产党从幼年走向成熟的标志。

中央红军突破乌江，进占遵义城。蒋介石等人大为震惊，急调其嫡系部队和川黔滇四省的兵力及广西军队一部，共150余个团，从四面八方向遵义地区进逼包围。刘伯承、聂荣臻提议：我们打过长江去，到川西北去建立根据地。聂荣臻认为：“四川条件比贵州要好得多。从我到贵州看到的情况，这里人烟稀少，少数民族又多，我们原来在贵州又毫无工作基础，要想在这里建立根据地实在是太困难了。而到四川，一来有红四方面军的川陕根据地可以接应我们，二来四川是西南首富，人烟稠密，只要我们能站稳脚跟，就可以大有作为，三来四川对外交通不便，当地军阀又长期有排外思想，蒋介石想往四川大量调兵不容易。”会议接受了这两位四川籍将领的建议，中央红军3.7万余人从贵州遵义南北地区出发，分三路纵队向川黔交界的赤水方向急进，踏上这条北上的捷径。

四川军阀刘湘为保守地盘，采取北守南拒的两面作战计划，急调川军11个旅又4个团，组成以潘文华为总指挥的“四川南岸剿匪军”，向川黔交界的习水、赤水推进，迎击中央红军。

中央红军按照既定方针进入土城地区。土城镇位于赤水河中游东岸，“滨播枕永，襟合带泸”自古为兵家必争之地。汉代于此设置“平夷县”，其名称和含意就是：“平服和震慑少数民族的军事重镇”。三国蜀汉时期，李恢因此在这里设置“庲降都督府”。宋代命名为“武都城”，明确地将土城的军事战略地位提了出来。元代在今土城儒维堡子头设置“永宁镇边都元帅府”，并在今土城菜园子设立“古磁城千户所”，土城地区成了永宁和播州两大土司重兵防守之地，明代中期在今儒维堡子头设置“唐朝镇”，后来在土城改置“忠赤镇”，是永宁奢氏抵御播州和南明王朝控扼川黔的军事要地。因此，清代著名学者顾祖禹在《读史方舆纪要》中说：“扼永宁以拒川蜀之师，则川蜀未敢争也!”土城在古今军事战略地位上的重要性，就在于它是川滇黔三省通道的交汇点，北面通往四川腹地，西南面通往云南，东南面通往重庆，綦江和遵义，因此说土城的军事地位是“一卒镇三方”，谁控制了土城，谁就在战略上赢得了主动权，可以迂回穿插于川滇黔三省之间，使之立于不败之地。

土城至赤水县城之间是一条狭窄的河峪地带，不便于大部队的作战和转移，这对于中央红军来说，完全是死路一条。因此，当中央红军由习水县城下行到土城一带河峪地区后，蒋介石认为中央红军走入了当年太平天国石达开灭亡的老路，是消灭中央红军的最好时机。川军统帅刘湘要求所部哪怕全军覆没也要全力阻击和围歼中央红军。于是刘湘命令川军南岸“剿总”潘文华命令郭勋祺和廖泽等4个旅昼夜兼程从后面猛追中央红军，将中央红军退路堵住；在北面，潘文华命令达凤岗和章安平两个旅昼夜兼程抢占赤水县城，堵住中央红军北出与红四方面军会合的通道，在军情和地理条件上，中央红军处于进退两难的被动局面。

土城处于这条狭峪的南端，地处云、贵、川三省通道的交汇处，地势较为开阔，如同一条口袋的袋口部分，中央红军如果不在土城与尾追的川军决战，将其击溃，而是按照蒋介石设下的圈套丢下土城北进，就进入了口袋之中，中央红军就将在撤退和生还的重大战略选择上失去主动权，中央红军就有被分化瓦解进而被消灭在赤水河狭峪的危险。

中央红军进入土城后，毛泽东已经觉察到土城对于红军生存的重要性。为了给中央红军从土城西渡赤水赢得时间，打破蒋介石扼杀中央红军于赤水河狭峪的图谋，毛泽东决定进行土城战役。

土城战役事关全局，如果土城战役战场失利，中央红军就必须放弃土城和西渡赤水而沿河东岸北撤，这是一条蒋介石最乐意看到的危险之路。如果土城战役战场获胜，中央红军就有打破敌人企图，实现战略转移的机遇和时间。土城战役尽管进行得十分艰苦和激烈，红军伤亡较大，但是最终以红军在战场上的全线胜利赢得了整个战略上的胜利。

关于土城战役的评价，有人认为是“红军在毛泽东指挥下打的第一个败仗”，“红军因在土城打了败仗才被迫仓忙西渡赤水”。也有人认为土城战役是“毛泽东军事思想的得意之笔”“这一仗是改变红军被动局面的关键一仗。没有土城这一仗的战场和战略上的胜利，中央红军长征的历史将会是另一种结果”。土城战役由于红军伤亡较大，川军自侍赢得了“土城大捷”。毛泽东在扎西会议上从“敌情没有摸准”和“轻敌”两个方面造成红军伤亡较大，认为土城战役是场失利之战。但后来毛泽东对土城战役做出了与先前不同的评价，他说：“土城这一仗，由于及时渡过了赤水，摆脱了尾敌，改变了被动局面。部队果断地变为轻装，甩掉了包袱（笨重物资），行动更自由了，更能打运动、游击战了。这又为后来三次渡赤水打胜仗，创造了有利条件。”

土城战役后，中央红军各部进至赤水、土城附近地域，红军大部队分左、中、右三路，从元厚、土城向西，第一次渡过赤水河。

红军进至川南的叙永、古蔺地区，寻机北渡长江。此时，张国焘借口嘉陵江“江阔水深，有重兵防守”，抗拒中央命令，不仅不率红四方面军南下以吸引川敌，反而北攻陕南，致使川军无后顾之忧，得以集中全力堵红军北进。南面敌军吴奇伟、周浑元两纵队和黔军王家烈部，则由南向北机动，尾追红军；滇军孙渡部 4 个旅，也向毕节、镇雄等地急进。

鉴于出现以上新情况，毛泽东等人决定，暂缓实行北渡长江的计划，改向川黔滇三省边境敌军设防空虚的扎西地区，利用短暂时间完成了部队整编、精简，大大加强了部队战斗力，为待机歼敌创造了良好条件。

敌军主力已经大部分被红军吸引到川滇边境，黔北兵力空虚的情况，红军决定出敌不意的回师东进，折回贵州。红军先头 1 个团先敌抢渡二郎滩，成功地掩护部队在太平渡、二郎滩第二次渡过赤水河。

红军再次攻占了遵义城，击溃和歼灭国民党 2 个师又 8 个团，俘敌 3000 余，是中央红军战略转移以来取得的一次最大的胜利。红军遵义大捷后，蒋介石亲自指挥对红军的围攻，企图采取堡垒与重点进攻相结合的战法，南守北攻，围歼红军于遵义、鸭溪狭窄地区。为粉碎敌人新的围攻，红军将计就计，伪装在遵义地区徘徊寻敌，以诱敌迫进，然后突然转兵向北，从茅台第三次渡过赤水河。

红军第三次渡赤水河进入川南，再次摆出北渡长江的态势，完全迷惑了蒋介石。蒋介石调动国民党军再次把主力和注意力集中到了川南。中央红军秘密、迅速地从太平渡、二郎滩、九溪口第四次渡过赤水河。

四渡赤水战役历时三个多月，红军实行高度灵活机动的运动战方针，纵横驰骋于川、黔、滇边境广大地区，迂回穿插于敌人数十万重兵之间，积极寻求战机，有效地歼灭敌人。从而摆脱了敌人的围追堵截，粉碎了敌人妄图围歼红军于川、黔、滇边境的计划，使中央红军在长征的危急关头，从被动走向主动，从失败走向胜利。美国作家哈里森·索尔兹伯里在所著的《长征——前所未闻的故事》中写道，长征是独一无二的，长征是无与伦比的。而四渡赤水又是长征史上最光彩神奇的篇章，毛泽东说，四渡赤水是他一生中的“最得意之笔”。

铁索寒

四渡赤水战役使红军由被动变为主动，甩掉数十万敌军的重围，顺利地渡过金沙江，到达四川会理地区。会理，位于四川省最南端，是古西南丝绸之路必经重镇。

由于部队连续作战，非常疲劳，而且有些战斗，如土城、鲁班场、习水等几次战斗，也没有打好，在部队中引起一些怨言。这种情绪在中央和红军领导层中也有所反映，出现了一股小小的风波。有指挥员抱怨毛泽东的指挥，说：毛泽东指挥部队尽走“弓背路”，要求走“弓弦”，走捷径。认为“这样会把部队拖垮的，像这样领导指挥还行吗”？据杨尚昆回忆：“四渡赤水，是红军在长征中为了摆脱敌人而走得最频繁的时候，不仅白天走，晚上也走。加之又接连下雨，部队非常疲劳。部分指战员和大部分战士又不了解领导意图，很多人怕这样下去部队给拖垮，所以‘怪话’很多。很多战士们说，不要走了，打仗吧。”

林彪曾给彭德怀打电话说：“现在的领导不成了，你出来指挥吧。

再这样下去，就要失败。我们服从你领导。你下命令，我们跟你走。”林彪还为此给毛泽东写了一封信。至于信中的内容，原文至今未见任何材料。据《彭德怀自述》，林彪给毛泽东的信的大意是：毛泽东、朱德、周恩来随军主持大计，让彭德怀任前敌指挥，迅速北进与红四方面军会合。

为了解决部队中存在的思想上的混乱，政治局在会理召开了紧急会议。会理会议上，毛泽东总结了红军四渡赤水抢渡金沙江的胜利，阐明了运动战略正确思想。决定立即北进，抢渡大渡河，向红四方面军靠拢。会理会议在中国共产党的历史上本算不上是一次非常重要的会议，但会议涉及要求“撤换毛泽东的军事指挥权”，而且又涉及林彪、彭德怀与毛泽东之间的关系，使会议变得敏感而神秘。在会上毛泽东虽然主要是批评林彪，但不满的主要对象却是彭德怀和张闻天。

对张闻天，毛泽东有两件事情不满意。第一件事情是三渡赤水前，关于打不打打鼓新场问题的争论。林彪、聂荣臻致电朱德：“建议野战军应向打鼓新场、三重堰前进，消灭西安寨、新场、三重堰之敌。”所有的人都赞同攻打打鼓新场，只有毛泽东一个人反对。毛泽东陈述了自己的反对理由：打鼓新场附近“不仅有周浑元、吴奇伟的两个纵队，而且还有孙渡的四个旅，如果红军对驻守打鼓新场的黔军实施攻击，那么面临的敌军将不只是黔军，而是蒋介石在黔的全部兵力，进攻一开始就将有迅速被敌人围困的危险。”

关于是否打打鼓新场争论十分激烈，毛泽东甚至以“辞去前敌总指挥的职务力争”。张闻天依据“少数服从多数”的组织原则，还做出打的决定并要彭德怀替代毛泽东暂代前敌总指挥。周恩来后来回忆说：“但毛主席回家一想，还是不放心，觉得这样不对，半夜里提马灯又到我这里来，叫我把命令暂时晚一点发，还是想一想。我接受了毛主席的意见，一早再开会议把大家说服了。”周恩来接受了毛泽东的意见，使毛泽东有了转机。重新开会，周恩来“把大家说服了”，攻打打鼓新场的计划取消了，毛泽东也复职了。从毛泽东提出辞职到重新担任前敌司令部政委，没有超过24小时。

“打鼓新场风波”引起毛泽东的思索，对张闻天在战争中机械执行少数服从多数，并决定由彭德怀代替他来指挥，心存不悦。中央政治局会议讨论了毛泽东提出的集中军事指挥权力的建议，会议决定成立由周恩来、王稼祥、毛泽东组成的三人军事领导小组。

第二件事情是中央从红二、六军团任弼时来电中获悉，中共中央上海局已经遭到严重破坏，决定再派一位负责同志到上海。张闻天自告奋勇提出要去，大家没有同意。毛泽东认为张闻天此举是想趁机离开红军，又增添了对张闻天的误解。

在会理会议上，毛泽东对林彪的批评是轻描淡写：“林彪还是个娃娃，懂什么?”把批评的主要矛头对准了彭德怀。

彭德怀，湖南湘潭人，早年务农做工，后考入湖南陆军讲武堂，毕业后回湘军任排长、连长、营长，参加北伐战争。1928年7月与滕代远、黄公略等领导平江起义，组建中国工农红军第五军。率五军主力到达井冈山，与毛泽东、朱德领导的第四军会师。曾任第三军团总指挥、中华苏维埃共和国中央革命军事委员会副主席、中共第六届候补中央委员。在遵义会议上彭德怀支持毛泽东的主张，拥护中央北上方针，反对张国焘的分裂活动。毛泽东曾写《六言诗·给彭德怀同志》，评价彭德怀的军事能力：“山高路远坑深，大军纵横驰奔，谁敢横刀立马，唯我彭大将军。”抗日战争爆发后，彭德怀任八路军副总指挥。1940年，在华北指挥了大规模的交通破袭战，史称百团大战，沉重地打击了日伪军，使全国军民受到鼓舞。延安整风运动后，曾任中央军委副主席兼总参谋长，协助毛泽东、朱德指挥对日本作战。解放战争时期，任西北野战军（后为第一野战军）司令员兼政治委员、中国人民解放军副总司令。粉碎了国民党军胡宗南等部20多万人对陕甘宁解放区的重点进攻。曾任中共中央西北局第一书记、西北军政委员会主席、西北军区司令员，运用军事进攻与和平谈判方式，解放了西北五省。新中国成立后，任中央人民政府人民革命军事委员会副主席。

1950年10月，出任中国人民志愿军司令员兼政治委员，把以美国为首的“联合国军”赶回到三八线以南，接受停战谈判。朝鲜战争结束后，主持中共中央军委日常工作，曾任国务院副总理兼国防部部长和国防委员会副主席等职。1955年，被授予元帅军衔。1959年7月，庐山会议期间，写信给毛泽东，对“大跃进”和人民公社化运动提出批评，遭到错误批判，被错定为“右倾机会主义反党集团”的首领，免去国防部长等职务。“文化大革命”中遭到迫害，1974年11月29日，在北京辞世。党的十一届三中全会后得到平反昭雪，恢复名誉。

在会理会议上，彭德怀对毛泽东的批评没有做“说明”和“辩解”。会理会议埋下了毛泽东与彭德怀之间日后的“误解”。

红军被国民党军队围追堵截至大渡河南岸，蒋介石希望在前有大河阻断，后有追兵的情况下，全歼红军，使红军成为“石达开第二”。

大渡河，发源于青海巴颜喀拉山南麓，在四川丹巴县与小金川汇合后称大渡河，至乐山入岷江。大渡河为高山峡谷型河流，地势险峻，水流汹涌，自古有“大渡天险”之说。太平天国名将石达开当年就因天险，被清军“剿灭”在大渡河畔。

红军偷袭大渡河畔的安顺场，用仅有的几只小船，强渡大渡河。由于大渡河水流湍急，根本没办法架桥，数万红军要靠仅有的几只小船摆渡，大约需要一个月的时间，但蒋介石的追兵距离红军只有2天路程。于是，红军制订了一个冒险的计划：由刘伯承和聂荣臻率领第一方面军一师和干部团坐船渡江，为右路军，顺大渡河向北走，夺取泸定县城，而剩下的红军由林彪率领，为左路军，放弃渡河，顺大渡河南岸向北走，两军隔岸并进，尽快夺取连接大渡河两岸的唯一一座桥——泸定桥。

泸定桥又称铁索桥，位于四川省泸定县境内，桥身由13根百米的铁索组成。泸定桥竣工之际，康熙皇帝亲自为该桥题写“泸定桥”桥名。大渡河自北向南，浪大水急，两岸谷壁陡峭，险峰兀立，泸定桥是连接川藏交通咽喉之地。美国作家哈里森·索尔兹伯里在所著的

《长征——前所未闻的故事》中写道，廖大珠的二连被选为突击队，三连跟进负责铺桥板。杨成武从望远镜里看到，桥上的大部分木板都被拿掉了。下午4时，杨成武把重机枪布置在桥后面的制高点，掩护部队行动。步枪用来加强火力。廖大珠连长率领突击队，每人带一支冲锋枪或手枪、一把大刀和十几个手榴弹，在没有桥板摇摇晃晃的粗大铁索上匍匐前进。战士们伏在铁索上一节一节地向桥那边爬去，一边往前爬，一边把木板往桥上铺。在这场拼死的攻击中，22人中有18人活下来了，而且没有受伤。

飞夺泸定桥，粉碎了蒋介石南追北堵欲借助大渡河天险将红军变成“第二个石达开”的美梦，泸定桥之战也成为长征时期的经典战役而载入史册。

长征途中，红军不仅要面对国民党军队的围追堵截，还要面对极端恶劣的自然环境。夹金山又名“甲金山”，藏语称为“甲几”，夹金为译音，意为很高很陡的意思。这里地势陡险，山岭连绵，重峦叠嶂，危岩耸突，峭壁如削，空气稀薄，天气变化无常。当地流传着的一首民谣：“夹金山，夹金山，鸟儿飞不过，人不攀。要想越过夹金山，除非神仙到人间！”

红军克服重重困难，翻越了人迹罕至的夹金山。参加长征的萧华上将在《过雪山草地》中写道：

雪皑皑，
野茫茫，
高原寒，
炊断粮。
红军都是钢铁汉，
千锤百炼不怕难。
雪山低头迎远客，
草毯泥毡扎营盘。
风雨侵衣骨更硬，

野菜充饥志越坚。
官兵一致同甘苦，
革命理想高于天。

三军会师

翻越夹金山后，红一方面军先头部队在北进达维途中，在懋功同红四方面军一部相遇，红一方面军和红四方面军在懋功胜利会师。

中国工农红军红一方面军，又称中央红军，与红二方面军和红四方面军并称为中国工农红军三大主力部队之一。毛泽东率领的秋收起义部队到达井冈山，与朱德、陈毅率领的南昌起义部队会师，合编为工农革命军第四军。不久，改称红军第四军。彭德怀、滕代远率领由平江起义武装组成的红军第五军主力，从湘鄂赣边地区转战到达井冈山，同红四军会师。

随着土地革命战争的发展，在赣西南、闽西、湘鄂赣等地区，又组建了若干个红军的军和独立师。在赣西南、闽西地区活动的红军第四军、第六（后称第三军）、第十二军组成红军第一军团，共2万余人。在湘鄂赣地区活动的红军第五军、第八军组成红军第三军团。随后，湘鄂赣边独立师及部分游击队组成第十六军，属第三军团建制，全军团共1万余人。

红军第一军团、第三军团在湖南浏阳永和会合，组成了中国工农红军第一方面军。朱德任总司令，毛泽东任总政治委员和总前委书记，朱云卿任参谋长，杨岳彬任政治部主任。第一军团总指挥部由方面军总指挥部兼任下辖：第三军军长黄公略，政治委员蔡会文；第四军军长林彪，政治委员罗荣桓；第十二军代军长罗炳辉，政治委员谭震林；第二十军军长曾炳春，政治委员刘士奇；第二十二军军长陈毅，政治委员邱达三。

第三军团由彭德怀任总指挥，滕代远任政治委员，邓萍任参谋长，袁国平任政治部主任，下辖：第五军，军长邓萍兼，政治委员张纯清；第八军，军长何长工，政治委员袁国平兼；第十六军，军长孔荷宠，政治委员李楚屏。

在第一次反“围剿”后，由赣南地方武装组成的红军第三十五军，军长邓毅刚，政治委员罗贵波，归红一方面军建制。广西百色起义组成的红军第七军，军长张云逸，政治委员邓小平，归红一方面军建制。1931年11月，红一方面军总部撤销，其所属部队归中华苏维埃共和国中央革命军事委员会指挥，统称中央红军。

宁都起义的原国民党第二十六路军，改编为中国工农红军第五军团，季振同任总指挥，萧劲光任政治委员，董振堂任副总指挥，赵博生任参谋长，刘伯坚任政治部主任，下辖：第十三军，军长董振堂兼，政治委员邝朱权；第十四军，军长赵博生兼，政治委员黄火青；第十五军，军长黄中岳，政治委员左权。第五军团编入中央红军序列。

1932年3月，中央红军组建了红一军团总指挥部，林彪任总指挥，聂荣臻任政治委员。1932年6月，中央红军复称红军第一方面军，朱德任方面军总司令，毛泽东、周恩来先后任方面军总政治委员，叶剑英、刘伯承先后任参谋长，王稼祥任政治部主任。红一方面军辖3个军团又4个军，共约7万人。

1933年3月，红一方面军取得了第四次反“围剿”的胜利，队伍发展为约10万人。9月，组建了红军第八军团，军团长周昆，政治委员黄苏。长征开始，红一方面军由8.6万余人减少到3万余人。遵义会议后进行整编，下辖第一军团、第三军团、第五军团、第九军团。

长征期间，第一军团、第三军团组成中国工农红军陕甘支队，彭德怀任司令员，毛泽东任政治委员。陕甘支队越过岷山，攻占天险腊子口，突破渭河封锁线，翻越六盘山，到达陕甘革命根据地的吴起镇。至此，中央红军主力的长征胜利结束。1937年8月，根据中共中央的决定，红军第一方面军和陕南红军第七十四师等部，编为国民革命军第八路军第一一五师。

中国工农红军第二军团是1930年7月由湘西地区的红军第四军（后改称红二军）与鄂西地区的红军第六军在湖北省公安县城（今南平）会师后组成的。贺龙任总指挥，周逸群任前委书记、邓中夏任政治委员。

1931年3月，红二军团缩编为红军第三军，贺龙任军长，邓中夏任政治委员。1934年10月，红三军与萧克领导的红六军团会师。红三军恢复红二军团番号，贺龙任军团长，任弼时任政治委员，红二军团4400余人，红六军团3300余人。湘鄂川黔苏区建立，部队进行扩编，红二军团发展到6500余人，红六军团发展到5200余人。

长征开始时，红二、红六军团主力由桑植地区出发，实行战略转移，共1.7万余人。1936年7月5日，红二、红六军团与红三十二军组成中国工农红军第二方面军。贺龙任总指挥，任弼时任政治委员，萧克任副总指挥，关向应任副政治委员，下辖第二军、第六军、第三十二军，共1.3万余人。

长征途中，红二方面军在甘肃静宁与红一方面军会师。抗日战争全面爆发后，红二方面军与红二十七军、红二十八军等部，编为国民革命军第八路军第一二〇师。

红军第四方面军是在1931年10月底，由鄂豫皖革命根据地的第四军、第二十五军，在湖北省黄安七里坪镇建立。总兵力3万余人，徐向前任总指挥，陈昌浩任政治委员，实际领导权由张国焘控制。第四军军长徐向前，政委陈昌浩。第二十五军军长邝继勋，政委为王平章。1933年7月，红四方面军击败川军的三路围攻，巩固了川陕革命根据地，力量迅速发展，下辖5个军，总兵力达8万人。1935年3月，红四方面军强渡嘉陵江西进，开始长征。6月，红四方面军在四川懋功与红一方面军会师，两军混编共同北上。

红四方面军主力和红军总司令部为左路军，由张国焘率领。左路军穿过松潘草地到达阿坝后，拒绝执行中央北上方针，擅自率领左路军重过草地，向南退却到天全、芦山、大小金川等地。

左路军南下途中，部队损失严重，付出了重大代价，红军由南下时的10万之众锐减为4万余人。1936年6月，在四川甘孜地区，红四方面军与红二方面军会师。红二、四方面军编成左、中、右三路纵队北进。左路纵队由贺龙率领，中央纵队由徐向前率领，右路纵队由董振堂率领，红二、四方面军组成西北局，张国焘任书记，任弼时任副书记。

1936年10月，红四方面军同红一方面军在会宁会师。一部到达陕北，红四方面军总部率第五军、第九军、第三十军，共21800余人，组成“西路军”西渡黄河。

1937年4月，西路军终遭失败。余部800多人由李先念等率领转战祁连山，至新疆后返延安；900余人在王树声率领下分散游击绕回陕北。抗日战争爆发后，红四方面军余部近2万人和红二十九军等，编为八路军第一二九师。

红一方面军与红四方面军会师时，红一方面军约2万人，红四方面军约8万人。张国焘对当时的政治形势的认识同毛泽东存在着分歧。毛泽东认为：“总的方针应是占领川陕甘三省，建立三省苏维埃政权。目前应当先夺取松潘、平武，消灭胡宗南部。”张国焘却认为，应当向西康发展，建立“川康政府”，实现“川康计划”。

毛泽东和张国焘早就相识了。五四运动时期，毛泽东曾在北京大学图书馆当助理员，那时候张国焘是北大的学生领袖。后来，毛泽东曾对斯诺说：“我在北大图书馆工作时，还遇见了现任苏维埃副主席的张国焘。”

毛泽东与张国焘第二次相见是在中共一大上。毛泽东在一大上担任书记员，负责会议记录，张国焘是一大中共中央政治局三成员之一。后来张国焘出任中国劳动组合书记部主任，毛泽东是湖南分部的主任。张国焘是中共二大的中央局5名执委之一，中共四大中央局5名执委之一，中共五大政治局三常委之一。从资历上看，毛泽东与张国焘相比“逊色”很多。毛泽东参加了一大，二大没有参加，三大上当选中央委员，四大没有参加，五大当选为候补委员。在 1927 年八七会议上，张国焘因南昌起义失败被降为政治局候补委员，毛泽东因筹划秋收起义被升为政治局候补委员。毛泽东因率秋收起义部队进军井冈山，被开除了政治局候补委员资格，张国焘在中共六大当选为政治局七委员之一。

红一方面军与红四方面军会师后，毛泽东认为两个方面军的会合为开创红军和革命发展的新局面，创造了十分有利的条件，因此“总的方针应是占领川陕甘三省，建立三省苏维埃政权，目前应当先夺取松潘、平武，消灭胡宗南部”。张国焘认为，革命形势低落。因此，他主张向西康发展，建立“川康政府”，实现其所谓“川康计划”。

为了统一战略思想，党中央政治局于 1935 年 6 月 26 日在懋功以北的两河口举行会议。会上周恩来代表党中央提出了三个方面的问题。

一、关于战略方针。红四方面军在会师以前的战略方针是不同的。红四方面军决定西去懋功向西康；红一方面军决定到岷江东岸，并派支队到新疆。两个方面军会师后在什么地区创建新根据地，首先要便利于我军作战，应力求具备如下三个条件：第一，地域宽大，好机动。松潘、理番、懋功地域虽大，但路狭，敌人容易封锁，我不易反攻。第二，群众条件好，汉族人口较多的地方。松潘、理番、懋功、温川、抚边等 8 个地区人口只有 20 万，且藏民占多数。第三，经济条件好，要比较宽裕。松潘、理番、懋功一带粮食缺少，牛羊有限，布匹不易解决，军事补给困难，在大草原和游牧地，既不习惯又不安全。鉴于此，党中央决定在川陕甘建立新根据地，而且必须迅速前进。

二、关于行动方针。面对当时形势红一、四方面军的战略行动转移，不可能向南转移；向东过岷江也不可能，因为岷江东岸有敌兵力 130 个团；向西北是广大草原。在这种情况下，党中央认为只有一个转向——甘肃。向岷山山脉以北背向西，该地域道路多，人口多，山地少，可以用运动战消灭敌人，以实现建立川陕甘根据地的战略方针。

三、关于战略指挥。指挥问题的最高原则是：应集中统一，集中军委；使作战更有力量，须统一为左、中、右三个纵队；为克服粮食、气候、地形、少数民族区等各种困难，须加强政治工作。

张国焘勉强接受了中央政治局决定的北上在甘肃南部建立根据地的战略方针，但对中央北上战略方针仍持怀疑的态度。他认为："由于胡宗南部有20个团兵力牵制我们，还有蒋介石的部队，我们去甘南还是立足不稳的，还要移动地区，还要减员，所以去甘南，一定要取得主力打下胡敌至少打下他几团，才能立稳运动战中各个击破敌人。"

两河口会议后，红一方面军与红四方面军两军混编共同北上，红一方面军主力和中共中央为右路军，红四方面军主力和中共中央军委为左路军。右路军跨过草地，抵达班佑、巴西地区。在包座全歼国民党军第四十九师约5000余人，打开了向甘南前进的门户。张国焘率左路军到达阿坝地区后，拒绝执行中共中央的北上方针，并要挟中共中央和右路军南下，在卓木碉集会，另立中央。

毛泽东率右路军继续北上，夺取腊子口，突破国民党军渭河封锁线，翻越六盘山，到达陕北吴起镇，先期结束了长征。

1934年10月10日，红军开始长征，最初的战略目标是湘西，到黎平会议将战略目标修正为川黔边。遵义会议将战略目标调整为川西北，扎西会议将战略目标修正为云贵边。两河口会议将战略目标调整为川甘陕，俄界会议将战略目标修正为"与苏联接近的地方"。直到榜罗镇会议，最终将战略目标锁定在陕北。

在湘鄂川黔根据地的红军二、六军团，于1935年11月从湖南桑植出发，转战湖南、贵州、云南三省，击溃国民党军的拦截，渡过金沙江，经西康、四川，于1936年6月底至甘孜，与张国焘率领的南下受挫的红四方面军会师。二、六军团合组为二方面军。1936年7月，红二、四方面军共同北上，在红一方面军接应下，10月先后在甘肃省会宁县城和静宁县将台堡与红一方面军会师。至此，红军长征结束。

红一方面军长征从1934年10月至1935年10月，历时13个月零2天，纵横11个省份，长驱二万五千里，途中总共爬过18座山脉，走过600里人迹罕至的茫茫草地，渡过24条河流，打过大小战斗300多次。

红二方面军长征从1935年11月至1936年10月，历时11个月，转战九省，行程一万六千里，进行大小战斗110次。

红四方面军长征由1935年5月至1936年10月，历时长达18个月，转战数省，行程八千余里，进行大小战斗254次。

长征，在人类历史上前所未有，是一部不朽的英雄史诗。“红军不怕远征难，万水千山只等闲”。万里长征不仅给我们留下了渡湘江、乌江，四渡赤水、强渡大渡河、过草地、翻雪山的历史画卷，也给我们留下了不朽的长征精神。长征是中华民族不屈不挠精神的典范，长征是人类历史上艰苦奋斗精神的楷模，长征是充满着无私奉献精神的史诗。长征是人类历史上的奇迹，长征是宣言书，长征是宣传队，长征是播种机。

第十章　多米诺骨牌

20世纪30年代，几种力量聚焦中国。

一种力量来自日本。明治维新后日本就一直觊觎中国，妄图“独霸中国”。

第二种力量来自国民党。国民党试图消灭共产党，发动了五次“围剿”，历经十年，倾尽全力。共产党几度临近“溃败”的边缘却“神话般的起死回生”。但面对日本的步步紧逼，蒋介石一贯坚持的“攘外必先安内”政策，面临巨大挑战。

第三种力量来自共产党。经历了长征的涅槃，共产党策略地将“反蒋抗日”的口号改为“逼蒋抗日”、“联蒋抗日”。

第四种力量来自美国和苏联。日本独霸中国的野心，令远东地区的国际政治格局发生重大变化。美国和苏联不得不暂时抛开“意识形态的对立”，重新审视日本，审视国民党与共产党的关系。

历史的转折，有其必然，也有其偶然。不可思议的是，这种转折是以“绑架”当时“中国的领袖”——蒋介石，这样一种特殊形式来完成的。而且“绑架者”——张学良——的特殊身份，更增添了事件的神秘色彩。

蒋介石的无奈

也许在一开始，蒋介石并没有想到“剿灭”共产党这样“费劲”。“剿共”需要发动一次、二次、三次、四次、五次“围剿”，动用的兵力从10万增加至20万、30万，甚至在“世界一流”的德国军事顾问的帮助下，也无济于事。蒋介石手下战将如云，著名的“八大金刚”：何应钦、钱大钧、顾祝同、刘峙、陈继承、陈诚、蒋鼎文、张治中，很多人是科班出身，具有高学历甚至是“留洋”的背景。毛泽东毕业于湖南第一师范，不是科班出身的军人。毛泽东自己曾说：“我从来就没有想到过指挥打仗。共产党手下的很多高级军事将领，是‘在战争中，学会了战争’。”

在蒋介石与共产党的较量中，蒋介石始终无法“剿灭”共产党。抛开诸多因素，蒋介石在与共产党较量中失败的一个重要原因是，他始终没有解决也没有能力解决自北洋政府以来，中国出现的地方军阀势力。

北伐战争消灭了军阀吴佩孚、孙传芳，但军阀割据的局面并没有结束，形成了分别以蒋介石、冯玉祥、阎锡山、李宗仁为首的四大军事集团主导的局面。

李宗仁、白崇禧的“新桂系”统一广西后，与国民政府联合被改编为国民革命军第七军进行北伐。桂系参加北伐的重要目的在于扩充自己的势力，北伐战争胜利后新桂系很快卷入蒋介石与汪精卫之间的“宁汉斗争”。桂系一方面逼迫蒋介石下野，另一方面与唐生智为争夺政治权力爆发了“李唐之战”，又称“宁汉战争”。唐生智被击败，其部队被新桂系改编，新桂系的势力从广西扩展到两湖，并且由于与粤系首领李济深的联合，使得新桂系势力进入广东。

蒋介石复出后，新桂系的发展受到挫折，但蒋介石又奈何不了新桂系。李宗仁被国民政府任命为国民革命军第四集团军总司令兼武汉政治分会主席，第四集团军由新桂系嫡系部队和改编的原唐生智两湖部队所组成，共辖16个军又6个独立师，有兵力约20万，势力范围为两广、两湖。

蒋介石为了加强政治独裁下令撤销武汉政治分会，并且准备从桂系手中夺取武汉和两湖地方政权，这就使桂系李宗仁等大为不满，蒋桂矛盾日趋于尖锐化。1928年12月，国民党在南京召开编遣会议。会上，蒋介石提出对全国军队进行新编遣，共保留65个师、80万军队的方案，遭到冯玉祥、李宗仁的反对。蒋介石拉拢阎锡山，又提出一个有利于蒋介石的编遣方案，获得通过。

蒋介石、阎锡山的“合作”，加速了冯玉祥与李宗仁的“联手”。冯玉祥、李宗仁商定，坚决不执行编遣会议的决议，若蒋介石、阎锡山联手使用武力，则抵抗到底，互相支援，决不屈服。

1929年3月27日，蒋桂战争爆发。桂系将领何键通电拥蒋，脱离桂系。桂系李明瑞、杨腾辉率部于前线倒戈，桂军放弃武汉，败逃鄂西。蒋介石一面招抚桂系将领，一面下令张发奎、朱绍良、夏斗寅率部追击桂军，桂系主力全部瓦解。李宗仁通电下野，蒋桂战争结束。

从表面上看，蒋介石打败了桂系，但桂系的“旧势力”依然存在，这就为日后李宗仁、白崇禧、黄绍竑等人“东山再起”埋下了“伏笔”。蒋介石与桂系矛盾“暂时”得以解决后，蒋介石与冯玉祥、阎锡山之间的矛盾凸显，终于爆发了“中原大战”。

冯玉祥，安徽巢湖人。早年在保定府入淮军，后投袁世凯的武卫右军。1921年升任陆军第十一师师长，从属直系军阀，率其部队入陕西，任陕西督军，并以此地为地盘扩充，受到苏联的大力支持壮大，其军队因此被称为“西北军”。在第二次直奉战争中倒戈，发动北京政变，囚禁总统曹锟，推翻北洋政府，脱离北洋军系，改编所部为“国民军”。北伐战争时期，冯玉祥率部在绥远五原誓师，宣布所部加入国民党，任国民革命军第二集团军司令。冯玉祥一生联蒋又反蒋，联共、反共又联共。有人做了统计，冯玉祥一生做了九次倒戈：第一次滦州起义，倒清廷。第二次护国运动，倒袁世凯。第三次武穴停兵，倒段祺瑞。第四次北京政变，倒吴佩孚。第五次拉郭松龄，倒张作霖。第六次五原誓师，倒北洋。第七次国共分裂，倒共产党。第八次中原大战，倒蒋介石。第九次接受共产党邀请拟参加政协，倒国民政府。因此，有人将冯玉祥的字“焕章”改为“换章”（意为打麻将中换牌），以讽刺其经常倒戈的行为，送“倒戈将军”和“植树将军”的称号。

阎锡山，山西五台人，早年入山西武备学堂，后赴日本留学，入东京振武学校、日本陆军士官学校学习。回国后，任山西陆军第二标标统。辛亥革命时，率部起义，任山西都督。北伐战争时期，阎锡山通电拥护三民主义，除五色旗，改悬青天白日红旗，被任命为国民革命军第三集团军司令。

在“国军编遣”问题上，阎锡山反对蒋介石的做法，联同冯玉祥，李宗仁另组“国民政府”，引发中原大战。

1930 年的元旦，蒋介石在“中央日报”上发表《以气节廉耻为立国之本》的文章，大骂反蒋派“以投机取巧为智，以叛乱反复为勇，气节堕地，廉耻道丧”，目标直指阎锡山。阎锡山在国民党军副总司令就职仪式上发表公开演说，提出要建立“整个的党，统一的国”，并公开指责蒋介石是引发内战的根源。蒋介石与阎锡山之间的矛盾公开化。

冯玉祥在宁汉分裂的时候曾与蒋介石合作，在蒋介石下野的时候曾约同阎锡山等人联名电蒋介石请其主持大计。蒋介石复职后，蒋介石与冯玉祥在开封还拜为换谱弟兄。这各阶段，蒋介石需要冯玉祥对他的拥戴，这不仅在军事上增加了蒋介石的声势，更为重要的是，在政治上也提高了蒋介石的威望。冯玉祥同样需要蒋介石的支持，蒋介石有中央政府的凭借，只要与蒋介石靠拢，冯玉祥的一切困难和问题就会得到蒋介石的帮助。冯玉祥为了表达对蒋介石拥戴之诚，甚至要在郑州为蒋介石铸造铜像。蒋介石对冯玉祥也是推崇备至，蒋介石的代言人吴稚晖赞誉冯玉祥为“一柱擎天，唯公有焉”。

蒋介石、冯玉祥之间这种相互利用的“友谊”，随着形势的发展，最后走向分裂。蒋介石、冯玉祥之间分裂的直接原因有两点：一是河北省和北平、天津两市地盘的问题。冯玉祥以长期局促于西北瘠苦地区，他曾多次对人说：“我们连个海口也没有，向国外购买一些军事装备，真是太不方便。”北伐战争期间冯玉祥认为自己的军队在河北打退奉军付出的代价最大，论功行赏，应该把河北、平、津分配到自己名下。蒋介石却把河北、平、津分配给了阎锡山。二是军队的编遣问题。冯玉祥提出一个编遣准则，即“强壮者编，老弱者遣；有枪者编，无枪者遣；有训练者编，无训练者遣；有革命功绩者编，无革命功绩者遣。”提出第一集团军、第二集团军各编12个师，第三集团军、第四集团军各编8个师，其他不属于各集团军的军队共编8个师。冯玉祥把自己的第二集团军与蒋介石的第一集团军的兵力拉平，把阎锡山、李宗仁的第三、四两集团军和其他杂军压低，试图形成以蒋介石、冯玉祥为中心，控制其他军阀的局面。

冯玉祥的方案未被采纳，蒋介石与冯玉祥之间的裂痕逐渐加大。1929年5月间，冯玉祥的旧部韩复榘联合石友三“叛冯投蒋”。冯玉祥与蒋介石之间发展到势不两立的地步。

虽然冯玉祥与阎锡山矛盾重重，但是为了达到打倒蒋介石这一目的，冯玉祥主动拉拢阎锡山。冯玉祥的想法是：只有拉阎锡山，与阎锡山联合才能推倒蒋介石，待蒋介石被打倒之后，回过头来再收拾阎锡山。阎锡山虽也清楚冯玉祥的想法，但为了“更大的敌人蒋介石”，阎锡山表示愿意与冯玉祥合作反对蒋介石。阎锡山、冯玉祥合作反蒋，在蒋桂战争中失利的桂系和各杂牌军也纷纷表示加入到“讨蒋联军”的队伍中。

“讨蒋联军”宣布，阎锡山任中华民国陆海空军总司令，冯玉祥、李宗仁为副总司令。李宗仁统率桂军，出兵湖南，进军武汉；冯玉祥统率西北军，担任陇海、平汉两路作战任务，分向徐州、武汉进攻；

阎锡山统率晋军，担任津浦、胶济两路作战任务，进军徐州，直捣南京。

中原大战，“讨蒋联军”在军事上占据优势，国内反蒋声浪也很高涨。当时有人分析，蒋介石“今天消灭甲，明天消灭乙，闹得人人自危，这样发展下去，将来何以善其后呢”？也有人分析，冯玉祥只会打仗，对政治完全外行；阎锡山活像一个钱铺老板，只会算小账，不能成大事；“讨蒋联军”纵然在军事上取得了胜利，在政治上也没有办法。

中原大战正酣之际，一直处于“旁观”的张学良东北军起到了“举足轻重”的作用。1930 年 9 月 18 日，张学良发表通电声明“支持蒋介石”，东北军大举入关，整个局势急转直下。冯玉祥、阎锡山宣布下野，中原大战以蒋介石的胜利告终。

蒋介石打败了冯玉祥、阎锡山，但并没有完全消灭“西北军”和“晋军”，不仅如此，各地大大小小的军阀更是多如牛毛，令蒋介石“无可奈何”。军阀是军人以武力为后盾，割据一方，以保有并扩张自己的权位，忽视国家的秩序法律。

在西北，有青海的马步芳、宁夏的马鸿逵、甘肃的马鸿宾，这“西北三马”。马步芳控制了青海全省和河西走廊，其军事活动范围先后达到西藏、甘肃、陕西等省区。马鸿逵和马鸿宾先后控制过宁夏、青海、绥远三省区，活动范围广达甘肃、陕西、河南、山东和安徽等省。

“西北三马”发迹于清朝同治年间，从小到大，父死子继，兄终弟及，几同封建世袭。他们借助民族宗教的特殊关系和社会势力。凭借已经取得的军、政职位，利用所占地盘的人、财、物、力，发展了武装势力并长期统治这些地方，类似半割据状态。“西北三马”，千丝万缕、缠结坚牢，根深蒂固、本固难拔。所以无论是清政府、北洋政府，还是国民党政府，对“西北三马”虽想“除而后快”但又都不能不予以利用。马步芳曾升任国民党西北军政长官，马鸿逵等任副长官，盛极一时。

在西北，还有一股势力，就是杨虎城的十七路军。

杨虎城，陕西蒲城人，早年出身绿林游侠，后参加于右任陕西靖国军，任第五路司令，属于冯玉祥国民军。曾任中华民国中央监察委员、陕西省主席、西北绥靖公署主任、十七路军总指挥、陆军二级上将。西安事变后，杨虎城失去了对西北军的控制，被迫去欧洲“出国考察”。回国后被国民党关押，大陆解放前夕被害于重庆戴公祠。

国民党称杨虎城是“祸国殃民的千古罪人”。杨虎城长孙杨瀚曾在2005年和2006年多次写信给连战和马英九，请求为杨虎城“平反”。中国国民党党史馆主任邵铭煌在2006年12月12日做出回应：“张学良与杨虎城当年身为国民党将领，不仅没有积极“剿共”，还以非常手段挟持蒋中正，这种行为几乎等于是‘军事政变’，即使在今天的中国，也应该受到制裁，不可能被容忍，更没有所谓‘平反’的问题。”中国共产党对杨虎城评价甚高，称他为“著名的爱国民主将领”，“为促进国共合作、推动抗日而献身的历史功绩不可磨灭”。

在广西，有以李宗仁、白崇禧为代表的“新桂系”。在蒋桂战争中，桂系虽被击败，但其势力依然存在。新桂系在“剿共”作战中，与多数地方军阀的做法相同，既不允许红军入境，亦不允许蒋介石的中央军和其他军系部队入境。新桂系除在湘江战役中，出动部队侧击红军少共国际师。新桂系部队还尾随红军，进入广西的中央军一部缴械，在得到蒋介石不进入广西的承诺后，才将这批部队人枪交还。直到大陆解放，蒋介石都没有能够消灭新桂系。

在云南，有龙云、卢汉等人把持滇军。长征时期，红军与滇军相遇，“云南王”龙云并无心真正与红军硬拼，只是想“驱逐红军出云南”，保存实力，偷偷发展自己的军力。

在四川，存在着川军。川军，与其他的地方派系不同，没有形成一个统一的体系，内部的派系繁杂，防区制盛行。早期的有刘存厚、熊克武，晚期的有刘湘，刘湘死后，川军形成邓锡侯、杨森、潘文华、刘文辉、王陵基五个上将争雄的局面，外人称之为川军金木水火土五行。北伐战争时期，川军表示服从国民政府。国民政府分别委任杨森、刘湘、赖心辉、刘成勋、刘文辉、邓锡侯、田颂尧为国民革命军第二十、二十一、二十二、二十三、二十四、二十八、二十九军军长。

川军虽然易帜，但其内部派别之争依然如故。刘湘击败杨森，对外积极投靠蒋介石，对内则大力发展势力，不断分化和打击异己。他长期占领四川繁荣富庶之区重庆，控制长江，势力不断扩大。杨森、刘存厚、赖心辉、郭汝栋、黄隐、李家钰、陈书农、罗泽洲八部联合成立“八部同盟”，反对刘湘。进过下川东、上川东之战，刘湘、刘文辉击败了“八部同盟”，势力大增，四川成了“二刘”天下。后来发生“川军二刘大战”，经过岷江大战，刘湘击败刘文辉军。刘湘占有川东、川南、川西地区 80 余县，军队扩展至 10 万余人，登上了四川霸主的宝座，长达 17 年的四川军阀混战亦告结束。

此外，还有王家烈的黔军、何健的湘军、粤军等。这些地方军阀的存在，令蒋介石苦恼不已，蒋介石忙活了大半生试图消灭各地军阀势力，都没有取得成功，国民党从来没有真正统一过中国。

中共的调整

中国共产党是在共产国际的帮助下成立的一个“下属支部”，中国共产党成立后在重大问题上一直“听命”于共产国际对中国革命进行的“遥控指挥”。遵义会议是中国共产党在没有得到共产国际“同意”下召开的第一次独立会议。会议完成了党的最高领导人的更替，毛泽东成为共产党的实际领导人。

共产国际对中国共产党领导人“更替”是什么态度，至关重要。因为在中国共产党最高领导人人选问题上，共产国际曾以“阶级出身为名”提拔了“工人出身”的向忠发。

向忠发，湖北汉川人，早年在汉阳兵工厂当工人。他曾任汉冶萍总工会副委员长，武汉工人纠察队总指挥，湖北省总工会委员长。

共产国际对中国共产党的领导层由知识分子占据支配地位的局面不满意，国共分裂后共产国际认为新成立的中共中央领导核心仍然是“旧中央的翻版”。总书记瞿秋白是典型的知识分子，并且是陈独秀中央时的重要成员。另一位中央常委李维汉与瞿秋白一样，表现“软弱”。

虽然中央常委中充实了一位工人领袖苏兆征，但是“不符合共产国际理想中的工人领袖标准”。因此，进一步选拔合适的工人领袖担任中共中央领导，大规模地充实工人成分的同志到中共中央领导层，成为共产国际反复强调的问题。

在莫斯科召开的中共六届一中全会上，“工人出身”的向忠发在共产国际营造的“领导干部成分工人化”的氛围中，顺理成章地担任中央政治局主席和中央政治局常委会主席。

向忠发的能力实在有限，不仅如此，向忠发在被国民政府逮捕后很快就叛变了革命。据周恩来回忆，中共六大36个中央委员中，工人出身的占了22个，而这22个工人委员中，除了向忠发被捕变节以外，相继投降国民党的就有14个，占整个中央委员的三分之一还多。继向忠发之后，共产国际开始找一些毫无经验“信得过”的留苏学生来充实到中共中央领导层，不再提“找工人来做中共领袖的事了”。

虽然遵义会议确立了毛泽东的领导地位，但毛泽东地位的巩固还需要共产国际的认可。红军长征后，共产国际也因与中共失去联系而焦虑。为了向正在长征途中的中共中央传达共产国际七大的会议精神，恢复共产国际与中国共产党的联系，共产国际与中共驻共产国际代表团决定派一位同志回国。

那时，从苏联回国有新疆、东北、蒙古三条路线。由新疆到延安路途太远，东北又处于日军占领之下，从蒙古入境路程较近，但这条路线要通过荒无人烟的大沙漠，危险性很大，且关卡重重，不能携带文件，只能记在脑子里。鉴于此，共产国际认为，回国人员只能走蒙古这条路线。派回国的同志，不仅要立场坚定、机智勇敢，还要有对敌斗争的丰富经验和一定的威望，并为国内同志所熟悉和信任。经过反复考虑，中共驻共产国际代表团和共产国际决定派林育英回国。共产国际总书记季米特洛夫代表共产国际与林育英谈话征求意见时，林育英接受了这项既艰苦又危险的任务。

林育英在莫斯科买了皮大衣、箩筐和一峰骆驼，然后将一些玩具、衣服、帽子及其他生活用品装在箩筐里，装扮成商人模样。他化名张浩，与在苏联受训的密电员赵玉珍一起踏上了回国的征途。来到中央驻地，林育英代表共产国际向中共中央宣布，遵义会议以来“中共中央的政治路线是正确的”。这就意味着共产国际肯定了以毛泽东为代表的中共中央的领导，也意味着共产国际认为张国焘的主张和做法是错误的。中国共产党是共产国际的一个支部，一切重大问题、组织变动都要经过共产国际的批准。共产国际对中国共产党领导层“人事变动”的态度，至关重要。

1942 年 2 月，林育英病情加重，他委托身边的人说：“麻烦你给林彪带个口信，我快不行了，希望他早日回延安，我们见见面。”林育英是林彪的堂兄，抗日战争爆发后，林育英担任八路军一二九师政委，林彪担任一一五师师长。毛泽东曾开玩笑地说，如果林育南（林彪的堂兄）还活着，八路军让你们三兄弟包了。林育英病情加重医治无效在延安病逝。延安《解放日报》头版刊登了《中共中央委员张浩同志积劳成疾病逝》的消息，毛泽东亲自为林育英题写了挽联：“忠心为国，虽死犹荣。”

毛泽东的一生中，仅林育英一个人享受过他执绋抬棺的高规格礼遇。在林育英的追悼会召开之际，毛泽东对朱德、任弼时等人说：“林育英（张浩）是一位很好的同志。他的去世，是我们党的一大损失，我心里非常难过。我想，同志们的心情也是如此。为表示我们对他的敬意和怀念之情，我提议，他的灵柩由我们几个主要领导人亲自抬。”

20 世纪 30 年代，法西斯主义猖獗。“法西斯”原是古代罗马的一种笞棒束，笞棒束是用皮带捆扎的一束棍杖，中间常夹有一柄锋刃向外的斧头，象征着国家最高长官的权力。在古罗马，“法西斯”是用来处人以死刑的一种刑具。倘若有人犯了严重罪行，执政官便宣布：用“法西斯”对他处以死刑。侍卫官立即从肩上解开笞棒束——“法西斯”，狠狠地抽打罪人，直到把人打得皮开肉绽，再从“法西斯”中抽出斧头，砍下罪人的头颅。“法西斯”成为独裁和暴力的代名词。首创法西斯主义的是意大利的墨索里尼。第一次世界大战结束后，墨索里尼在意大利建立了法西斯党，鼓吹和推行法西斯主义，党徒身穿黑色制服，故又称“黑衫党”。希特勒在德国组建了“德国国家社会主义工人党”（简称纳粹党）推行法西斯主义，纳粹党徒身穿褐色制服，又称“褐衫党”。

在日本鼓吹和推行法西斯主义的势力，主要是日本军部。日本法西斯主义更具有军事专制独裁色彩，故称为“日本军国主义”。第二次世界大战期间，日本、墨索里尼统治下的意大利、希特勒统治下的德国是三个典型的法西斯国家。法西斯势力日益成为世界各国人民的主要威胁，共产国际召开第七次代表大会，要求各国共产党同社会民主党采取联合行动，实现工人阶级的统一，并联合其他民主阶层建立反法西斯人民阵线，殖民地半殖民地国家的无产阶级要争取建立反对帝国主义侵略的民族统一战线。会议决定，鉴于国际形势日益复杂，各国具体情况又极为不同，共产国际执委会“一般不直接干涉各国党内部组织的事务”。实现了共产国际自身的重大策略转变。

1934 年 6 月起，中共中央便和共产国际失去了联系。共产国际七大召开之际，驻莫斯科的中共驻共产国际代表团王明等人，起草了《为抗日救国告全体同胞书》，以“中华苏维埃共和国中央政府和中国共产党中央委员会”的名义在共产国际七大会议上发表。之后，这份宣言在几份国际共产主义运动的报刊上发表，包括英文版的《共产国际通讯》和在巴黎出版的中文报刊《救国报》第 10 期第 2 版和俄文版的《共产国际》。

宣言陈述了九一八事变以后东三省与华北四省被日军侵占的事实，声明国家民族“已处在千钧一发的生死关头”，提出“抗日则生，不抗日则死”的口号。批评了蒋介石的“不抵抗”政策和“攘外必先安内”政策。呼吁全国同胞和各党派、军队放下彼此的争斗歧见，“停止内战，以便集中一切国力去为抗日救国的神圣事业而奋斗”。

《八一宣言》的发表之处远离中国，为了将其内容在中国党内传播，林育英将整份宣言背下来后，从莫斯科穿越戈壁沙漠来到陕西的瓦窑堡向中共中央进行了传达。根据共产国际七大会议精神和《八一宣言》，中共中央在瓦窑堡召开会议，明确提出成立“最广泛的反日民族统一战线”为中共的主要任务，同时将“反蒋抗日”口号改变为“逼蒋抗日”、“联蒋抗日”。

《八一宣言》很快在北平、上海、天津、南京、太原等各主要城市流传。共产党政策的转变，在国内引起强烈反响。退居泰山的冯玉祥将军看到《八一宣言》后，就公开提出联合抗日的主张。张学良将军了解《八一宣言》后，当即表示同意与红军联合抗日，并要手下帮他寻找与共产党联系的线索。

蒋介石看到《八一宣言》后，认为可以借此达到从政治上解决共产党的目的，立即要宋子文、陈立夫、曾养甫等人设法打通与共产党的关系。1935 年底，国民政府驻苏大使馆武官邓文仪通过苏联政府与中共驻共产国际代表团王明、潘汉年等人进行了接触，曾养甫派人与中共中央北方局和长江局取得了联系。从 1936 年 1 月起，中共中央北方局代表周小舟、吕振羽到南京同曾养甫等人进行了谈判。国民党也派人到瓦窑堡与中共中央联系联合抗日的问题。这些谈判虽未成功，却为两党重新合作开辟了道路。

14 年与 8 年

谈起日本，中国人的思想感情非常复杂。中国与日本一衣带水，在历史上，中国曾给日本以重大影响，日本几乎全盘接受了“汉文化”。到了近代，自中日甲午战争始，日本给中国带来了无尽的伤害。日本对中国的侵略步步升级，从跟随西方列强瓜分中国，到企图独自占领中国。

1928年6月4日，奉系军阀首领张作霖乘坐的专列经过京奉、南满铁路交叉处的皇姑屯车站三孔桥时，火车被日本关东军预埋的炸药炸毁，张作霖被炸死，关东军制造了轰动一时的“皇姑屯事件”。

关东军认为，张作霖背弃或未很好地履行先前对日本做出的一些承诺，未能满足日本提出在中国东北享有的种种特权，因此被日本视为眼中钉。关东军决定乘机谋杀张作霖，使东北陷入混乱，以便出兵占领整个东北。但“皇姑屯事件”并未引起日军所期待的东北混乱局面。张学良继承了张作霖的权力与蒋介石秘密谈判，宣布“东北易帜”，接受中华民国国民政府的领导。张学良对日本采取不合作的态度，开始在南满铁路附近建设新的铁路设施，通过低廉的价格与之竞争，导致日本南满铁路陷入经营危机。

自从明治维新以来，日本一直奉行军事优先的原则，培养了大批职业军人。华盛顿会议后日本迫于国际压力，开始大规模裁军，使职业军人失去了饭碗，从“最受尊敬的人”成为“多余的人”。一部分激进的军人开始秘密集会，成立“天剑党”、“樱会”、“一夕会”等法西斯秘密组织，大肆宣扬所谓的“满蒙生命线”。

“满蒙生命线”理论是日本右翼分子松冈洋右提出的侵华理论。他在《动荡之满蒙》小册子中写道：“今天满蒙之地位，对我国说来，不仅在国防上十分重要，而且对国民经济也是不可缺少的。换句话说，作为一个现实问题来看，不仅在我国的国防上，就是在经济上，也可以说是我国的生命线。”“我国要牢固地确保和死守这条生命线，而不必害怕任何国家和任何人。”

松冈洋右的“满蒙生命线”理论出笼后得到日本军部的全力支持。军部发布命令，要求所有记者、讲演者都必须宣传“满洲是日本的生命线”，“日本必须囊括满洲”；凡是违反这一方针的言论和行动，都要严厉取缔和制裁。从此，“满蒙生命线”理论迅速风靡日本。

日本右翼军人田中义一出任日本首相，更是把“满蒙生命线”理论推向极致。田中主持召开“东方会议”，确立了“把满洲从中国本土分裂出来，自成一区，置日本势力之下”的侵略方针。臭名昭著的“田中奏折”说：“惟欲征服支那，必先征服满蒙；惟欲征服世界，必先征服支那。倘支那完全可被我国征服，其他如小中细亚及印度、南洋等异服之族，必畏我敬我而降于我。”

1931 年 9 月 18 日深夜 22 时 20 分左右，日本关东军铁路守备队柳条湖分遣队队长河本末守中尉率一个小分队以巡视铁路为名，在离东北军驻地北大营 800 米处的柳条湖南满铁路段上引爆小型炸药，炸毁了一小段铁路。同时将三具身穿东北军士兵服装的尸体放在现场，作为东北军破坏铁路的证据。

在柳条湖铁路爆炸同时，在铁路爆破点以北约 4 公里的文官屯的川岛中队长，立即率兵南下，开始袭击东北军的驻地北大营。沈阳城的日军也兵分南北两路，向北大营进攻。驻守北大营的东北军第七旅按照“不得抵抗”的指令，未做出激烈反击。就这样，北大营逾万名守军轻易地被只有 500 多人的日军击溃。

九一八事变不是偶然事件，也不是什么“地方事件”，而是日本蓄谋已久的全面侵略中国的开始。在日军向北大营进攻的同时，关东军司令本庄繁下令：关东军第二师第三旅第二十九团向奉天城攻击，独立守备队第三营进攻营口，第四营进攻凤凰城、丹东，第二师第三旅主力、骑兵第二团、独立守备第一营分别进攻长春宽城区、二道沟、南岭等地。仅仅 1 天时间，日军先后攻占奉天、四平、营口、凤凰城、安东（今丹东）等南满铁路、安奉铁路沿线 18 座城镇。20 日，长春陷落。21 日，东北边防军驻吉林省副司令长官公署参谋长熙洽率部投敌，日军第二师主力占领吉林。11 月 19 日，日军攻陷齐齐哈尔。1932 年 1 月 3 日，第二十师司令部率混成第三十八旅占领锦州。2 月 5

日，日军拿下哈尔滨。在不到半年的时间内，整个东北三省100万平方公里的土地被日军占领。

九一八事变后蒋介石忙于“剿共”，提出了“攘外必先安内”，试图把日本的侵略局限在“地方事件”，试图用“外交手段”解决日本对中国的侵略。中国驻国际联盟代表施肇基奉令，向国联理事会控告日本侵略中国领土，破坏国联盟约。要求国联采取行动，制止日本对和平的威胁“使危害和平的局势不致扩大”，并“恢复到事变爆发前的状态”。

国联理事会就日本武装侵入中国东北问题争论了长达3个月之久，作过多次决议，既不敢谴责日本，也不能制止日本扩大侵略。在中国代表的一再要求下，国联理事会才终于通过决议，决定派遣一个国联调查团到远东实地调查九一八事变情况。调查团的任务只限研究中日纠纷的背景，向国联提出报告，而无权干预两国的军事行动或建议双方直接交涉。

调查团由英、美、法、德、意5个国家的代表组成。团长是英国人李顿爵士，故又称李顿调查团。调查团不是首先去遭受日军铁蹄蹂躏的中国东北，而是由法国勒哈弗尔港出发，到伦敦、华盛顿、东京。在东京的10天行程中，调查团拜会日本天皇裕仁、首相犬养毅，参拜靖国神社。一个多月后，调查团才到达中国。在南京，调查团与蒋介石、汪精卫、宋子文等会面，然后周游芜湖、九江、汉口、重庆、宜昌、济南、天津等地。两个多月后才抵达九一八事变的发生地沈阳。当时，许多善良的中国人对国联调查团还抱有幻想。东三省的爱国将领、社会贤达，24个东北民众团体和学术团体，战斗在东北的抗日义勇军，以及上海、南京、北平、天津等地学生、市民等，纷纷走访、投书、致电调查团，要求其主持正义。

九一八事变后，为了掩人耳目，日本在中国东北匆忙扶植建立起了所谓的“满洲国”。清朝灭亡后仍有各种复辟力量活动，但未掀起大的波澜。溥仪被驱逐出北京故宫后，溥仪及其家族流落天津租界，为日本情报机构所关注。

日军参谋本部确定分三个阶段解决“满洲问题”，即打破现状，建立亲日政权，最后完全占领。日本关东军一直试图在满蒙建立亲日政权。起初，日本寄希望于掌控东北的奉系军阀首领张作霖，但发现张作霖难以驯服，便制造了“皇姑屯事件”。之后，日本又试图控制掌握东北大权的张学良，张学良宣告“东北易帜”，日本的阴谋又告失败。

九一八事变后，日本陆军大臣南次郎在向天皇做的《满洲近况》中建议：在满洲建立“新国家”。如此可以方便日本今后进攻苏联“向北发展”，而日本藉以控制这个“新国家”的经济，可使日本得到足够的资源，也可透过向满洲移民解决日本地狭人稠的问题。

满洲宗室熙洽趁吉林长官奔母丧不在城中之机，打开吉林城门，向日本投降。熙洽写信给溥仪：请“皇上”回到“祖宗发祥地，复辟大清，救民于水火”，在“友邦”支持下，先据有满洲，再图关内。同时熙洽向日本方面提出迎接溥仪至满洲，建立国家的请求。

日本关东军方面早已认定溥仪是建立“新国家”的“最合适人选”。因为溥仪“同中国本部的国民党没有任何联系”，“满洲和蒙古的一些旧的阶层对于清朝还怀有传统的向往”，“一般的农民，对由满洲的爱新觉罗家实行的王道政治似乎更加欢迎”。

日本关东军特务机关长土肥原将溥仪从天津日租界的住所秘密带出，经大沽口、营口、旅顺后抵达抚顺。关东军纠集一伙汉奸，发布所谓《独立宣言》，宣称“从即日起宣布满蒙地区同中国中央政府脱离关系，根据满蒙居民的自由选择与呼吁，满蒙地区从此实行完全独立，成立完全独立自主之政府”。

关东军司令板垣在抚顺与溥仪会面，告知溥仪出任满洲国“执政”。原本以为能够重登帝位的溥仪尽管对于“执政”的安排甚为失望，但只能接受。溥仪在长春宣布就任满洲国“执政”，年号“大同”。同时任命该国各府、院、部的负责官员，“满洲国”正式建立。

日本与“满洲国”签署《日满议定书》，规定：日本正式承认“满洲国”，并在“满洲国”驻军担负“满洲国”的国防。在附件中规定由日本管理“满洲国”的铁路、港湾、航路、航空线等。此外，还约定日本军队所需各种物资、设备由“满洲国”负责，日本有权开发矿山，日本人有权充任“满洲国”官吏，日本有权向“满洲国”移民，等等。

为达到使满洲最终成为日本人国土的侵略目标，日本以“开发满洲”的名义展开“国策移民”活动，计划20年内从日本向满洲移民100万户、500万日本人。截至1944年9月，居于满洲各地的日本移民共1662234人。

李顿调查团在中国东北活动了一个半月，完成《国联调查团报告书》，在东京、南京和日内瓦同时发表。报告认为，中国抵制日货运动是“中日冲突的重要原因”，苏联的“共产主义目前的传播”是造成九一八事变的最重要因素。报告书主张既不应该维持“满洲国”的现状，也不应恢复到九一八事变以前的状态。中日两国都应从中国东北撤出武装力量，中国东北交由西方列强各国共管。报告书指出，日本陆军在“满洲事变”后继续采取的行动不能被看作是正当防卫的措施。“如果没有日本军队的驻扎和日本官员的活动，“满洲国”是不可能成立的，它没有得到当地普通中国人的支持”。“‘满洲国’不能被认为是出于真正的和自发的独立运动的产物”。

国际联盟大会以40票对1票（1票为日本）指出，满洲主权属于中华民国，日本违反国际联盟盟约占取中国领土并使之独立，“满洲事件”中的日军行动并非自卫，“满洲国”是日本参谋本部指导组织的，其存在是因为日本军队的存在，“满洲国”不是出自民族自决的运动。日本以抗议国联大会为名，宣布退出国际联盟，致使国联的调查报告书实际上成了一纸空文。事实证明，国联的活动和《李顿调查团报告书》，根本不可能制止日本侵华战争的步步升级。

长期以来，我们单方面把抗日战争说成为是“八年抗战”。其实，中国与日本之间的战争不是从1937年的七七事变开始，而是从1931年九一八事变开始，不是8年而是14年。

倒下去的“第一牌”

20世纪30年代中期，中国及远东局势甚是微妙，犹如一个个已经立起的多米诺骨牌。张学良、杨虎城发动的西安事变就如同多米诺骨牌中的“第一牌”，在中国及远东地区引发了一系列连锁性的反应。

九一八事变后日本扶植的“满洲国”并没有得到国际上的承认，全世界承认“满洲国”的只有日本和萨尔瓦多两个国家。在对外扩张的策略上，日本国内有南进与北进之争。北进计划是以陆军向苏联西伯利亚发动攻势，目标是进攻至贝加尔湖一带。南进计划则是以海军为主，夺取东南亚资源。

张鼓峰，位于吉林省珲春县（今珲春市）以南，图们江东岸，海拔仅约150米，位于苏联、中国、朝鲜三国的交界处。日本决定进攻张鼓峰，借此机会试探一下苏联军力的虚实，同时也向德国表明签署共同反苏的同盟决心。苏联动用了2个师的兵力以及T－26型战车、飞机，进过5天鏖战，将日军击退。

日本接着发动诺门罕战役，进一步试探“北进计划”。诺门罕位于中苏两国交界。诺门罕战役中日军参战兵力前后相加超过7万人，4个月的战事中，战死8440人。诺门罕战役的失利导致日本放弃“北进计划”改为倾向采用南进的战略目标，进一步扩大对中国华北及华南地区的侵略，最终导致偷袭珍珠港、不得不与美国宣战。

蒋介石在九一八事变后依然坚持“攘外必先安内”的主张，下大力气“围剿”共产党。然而，蒋介石不但没有能够将红军“剿灭”，自己的后院却频频起火。广东军阀陈济棠与新桂系联合举兵反对蒋介石。两广地方实力派一直处于独立、半独立状态，与蒋介石南京中央政权对峙。

蒋介石一面调集军队入湖南防御，一面收买陈济棠的部属。粤空军司令黄光锐率飞机70余架叛陈投蒋，接着粤军第一军军长余汉谋也通电拥护蒋介石南京政权，陈济棠不战自败。解决了广东陈济棠后，蒋介石便转而对付广西的李宗仁、白崇禧。蒋介石一方面派出数十万大军从广东、湖南、贵州、云南四面包围广西，另一方面与白崇禧、李宗仁商谈停战条件。最后，双方妥协，结束了两广与南京蒋介石政权对峙的状态。

解决了“两广事件”后，蒋介石本想全力进行“剿共”。没想到，张学良的军队又出现了“问题”。九一八事变中张学良执行中央“不抵抗”命令，撤出了东北，退入山海关内。东北军不但丢了地盘，张学良也背负“不抵抗将军”的骂名。

蒋介石在西安设立“西北剿匪总司令部”，自任总司令，任命张学良为副司令，调东北军入陕甘“剿共”。东北军在与红军作战中频频失利。东北军精锐部队，装备精良的一〇九师在吴起镇战役中，被红军大败。师长牛元峰自杀，东北军损失6000多人。在劳山战役中，一一〇师两个团和师部被歼，师长何立中战死。在榆林桥战役中，一〇七师和六一九团全部被歼。

在对待地方势力派别问题上，蒋介石历来是“一石二鸟”，即借“剿共”之名来削弱地方军阀势力。地方军阀也清楚蒋介石的“一石二鸟”政策，不与红军“真枪实战”“硬碰硬”，采取各种办法应对蒋介石。红军在第五次反“围剿”中失败突围时粤系军阀陈济棠、桂系军阀白崇禧都半公开的给红军让出“突围的口子”，使红军“在蒋介石的眼皮底下溜走”。

地方军阀最重视的并非蒋介石的命令，而是保存自身的军事实力。更何况红军“这块硬骨头”也并非地方军阀们能“啃得动”的。“剿共”的失利再加上蒋介石意在削弱东北军的做法，使张学良开始与中共接触。共产党与东北军正式签订了《抗日救国协定》，双方正式结束敌对状态，中国工农红军、张学良的东北军、杨虎城的西北军形成了“铁三角”。张学良甚至向红军提供大量的过冬棉花、药品、新鲜食物等，解决了红军过冬的燃眉之急。

长征结束，红军在陕北站稳了脚跟，但如何应对日益复杂的国内国际局势，进一步发展壮大红军的力量，依然是摆在中共中央面前的一道难题。

在俄界召开的政治局扩大会议上，毛泽东做了《关于与四方面军领导者的争论及今后战略方针的报告》，他认为，应该首先打到甘东北或陕北，经过游击战争，打到苏联边界去，打通国际联系，得到国际的帮助，整顿休养兵力，扩大队伍，创建根据地，再向东发展。

中共中央的想法得到苏联方面的同意，斯大林指示：不反对中国红军主力从北方（外蒙古方向）和西北（新疆方向）靠近苏联。为此，中共对未来西北战略做了计划：打通苏联，从而获得援助，联合红军、东北军、西北军，组成“西北国防政府”，大本营设于兰州，张学良任政府主席、抗日联军总司令。按照计划，彭德怀率红一方面军占宁夏；红四方面军进青海，西拒马步芳，配合西北军占河西走廊；红二方面军居中策应东北军控制甘肃。

中共中央致电共产国际，希望迅速获得苏联武器装备，以实施西渡黄河计划。共产国际电报回复，同意红军占领宁夏、甘肃河西地区，但不同意其进入新疆，援助先经由宁夏提供。

中共中央实施宁夏作战计划，红二、红四方面军北上陕甘，与红一方面军先取宁夏，后取甘肃河西地区。红军三大主力会师甘肃会宁，目的即是实现此计划。

三个方面军由朱德任总司令、张国焘任总政委，依照中共中央与军委的决定统一指挥，准备渡黄河。在渡黄河过程中，红四方面军的三十军、九军、红一方面军的五军一共 2.18 万人在河西，与河东的红军分开，而渡河的这些部队仅带三四天的干粮。

根据变化的情况，中央决定放弃宁夏战役计划，提出“作战新计划”。以一方面军，二方面军组成南路军出陕南，四方面军河东两个军组成北路军，待机入晋，河西红军组成西路军，在河西建立根据地，打通去苏联路线。西路军正式成立。总指挥徐向前，政委陈昌浩。

西路军在西进过程中，与西北马家军连续激战，红军兵力减至1.5万人。西路军进至临泽，高台一带，又遭到马家军猛攻，五军全军覆没，军长董振堂、政治部主任杨克明和3000余名将士牺牲。在倪家营子，西路军与马家军血战40天，西路军仅剩3000余人，决定将剩余部队编成3个支队，分散行动。

三个支队其中两个支队大部分损失，由李先念率领的左支队历尽艰险，到达新疆。左支队与西路军到达新疆乌鲁木齐余部700多人，组成“中国工农红军西路军总支队”，对外称“新兵营”。西路军2.18万人在河西走廊几乎全军覆灭。其中战死者7000多人，被俘9000多人。被俘后惨遭杀害者5600多人，回到家乡者2000多人，经营救回到延安者4000多人，流落西北各地者2000多人。西路军问题长期以来争议不断。陈云在谈起西路军问题时说：“西路军过河是党中央为执行宁夏战役计划而决定的，不能说是张国焘分裂路线的产物。”

红军、东北军、西北军大联合的局面是蒋介石所不能接受的。蒋介石决定亲自前往西安督促张学良、杨虎城继续“剿共”。蒋介石万万没有想到张学良、杨虎城会发动兵谏。

1936年12月12日晨5时，张学良、杨虎城发动兵谏，东北军到临潼县的华清池捉捕蒋介石，蒋介石从卧室窗户跳出，摔伤后背，躲在一块大石头后面，被发现活捉，十七路军还扣留了在西安的陈诚、邵力子、蒋鼎文、陈调元、卫立煌、朱绍良等国民党军政要员，西安事变爆发。

西安事变当天，张学良、杨虎城向全国发出了关于救国八项主张的通电，提出，改组南京政府，容纳各党各派，共同负责救国。停止一切内战。立即释放上海被捕的爱国领袖。释放全国一切政治犯。开放民众爱国运动。保障人民集会结社一切政治自由。确实遵行孙总理遗嘱。立即召开救国会议。

西安事变的发生震惊了各方势力，各方势力站在自己的角度解读西安事变。南京政府紧急召开中央常委会及中央政治会议联席会议，决议夺张学良本兼各职，交军事委员会严办。会议决定剿抚并用，一面以何应钦为讨逆军总司令，刘峙为讨逆军东路集团军总司令，顾祝同为西路集团军总司令，分别集结兵力，由东西双方同时向西安进行压迫。空军随即展开轰炸西安近邻城市，并逐渐转向西安。另一面以于右任为陕甘宣抚大使，着手和平解决的渠道。

国民党的各地方军事领袖人物和中间状态的众多人士，对西安事变的态度也极为复杂。四川的刘湘、刘文辉，广西的李宗仁、白崇禧，冀察的宋哲元，山东的韩复榘，山西的阎锡山等，都密切关注事变的动态，他们中有的支持张学良、杨虎城的义举；有的要两面派，妄图坐收渔人之利；有的从中挑拨，煽动杀蒋介石。

宋美龄在上海得知西安事变，紧急联络端纳。端纳出生于澳大利亚，曾赞助辛亥革命，后来又成为北京北洋政府的客卿，曾为张作霖父子的谋士，与张学良交往密切，也是蒋介石的好友。宋美龄与端纳商谈的结果，先给蒋介石写信，并决定共同前往西安面见张学良。宋美龄在给蒋介石的信后附语："南京方面戏中有戏。"暗示南京方面的复杂局面。

国际上各主要国家对西安事变的态度也极为复杂。日本企图乘西安事变之机，扩大中国内战，以便实现灭亡中国的野心，因而极力挑拨南京和西安的关系。日本外相召见南京驻日使节表示：南京如果与张、杨妥协，日本政府则不能坐视。并唆使汉奸、特务分子潜入西安，利用广大人民群众对蒋的义愤，煽动杀蒋介石。

英美等国看到蒋介石被扣，南京政府有被亲日派夺去的危险，对自己不利，因而支持和平解决，营救蒋介石，同情西安方面联共抗日的主张。英美驻华使馆在事变发生后，一直同宋子文、宋美龄、孔祥熙等保持密切联系，并在经济上给予支持。

苏联希望同南京政府改善关系，也支持中国抗日，但对事变的性质做了错误的估计。苏联《真理报》《消息报》连续发表社论和评论，表示盼望事变能早日得到和平解决，同时却违背事实指责西安事变是日本人造成的，是日本在中国的新阴谋。

西安事变完全是张学良、杨虎城商量独立决定的，事先并没有告知中共方面。西安事变后，中共中央确立了在“除蒋”条件下争取南京政府的初步方针。应张学良、杨虎城的要求，中共中央立即派周恩来前往西安，了解各方面的情况，协助张、杨处理事变。中共中央公开发表《关于西安事变致国民党中央电》，明确提出：“本党相信，如贵党能实现上项全国人民的迫切要求，不但国家民族从此得救，即蒋氏的安全自由当亦不成问题，否则糜烂横政，民族生存与贵党生命均将为贵党错误的政策而断送干净也。”第一次公开表示，把政治解决和保证蒋介石的安全自由这两个问题联系在一起。

宋美龄到达西安见到了蒋介石。蒋介石在《西安半月记》中记载，蒋介石见到宋美龄后，流着眼泪说：“你怎么来了？如入虎穴矣！”宋美龄劝蒋介石：“宁抗日，勿死敌手！”意思是宁可抗日，胜利失败你都是英雄，总比因为拒绝抗日而死在叛军的手里要强。从此，蒋介石的态度开始转变。

宋氏兄妹代表蒋介石同张学良、杨虎城谈判，最后达成六项协议。宋氏兄妹一道向蒋介石汇报了谈判结果。蒋介石答复接受六项协议。即改组国民党与国民政府，驱逐亲日派，容纳抗日分子。释放上海爱国领袖，释放一切政治犯，保证人民的自由权利。停止“剿共”政策，联合红军抗日。召集各党各派各界各军的救国会议，决定抗日救亡方针。与同情中国抗日的国家建立合作关系等。至此，西安事变获得和平解决。蒋介石由张学良陪同由西安经洛阳飞回南京。

有关张学良、杨虎城发动西安事变的目的，众说纷纭。张学良、杨虎城发动西安事变后，曾发表了《张、杨告东北军、十七路军将士书》，全文如下。

我们亲爱的将士们：

双十二抗日救国运动，酝酿了许久，现在已经揭开七八天了。我们为什么发动这样的运动？为争地盘吗？不是。为泄忿吗？也不是。我们反对政府的屈辱外交，国家都要亡了，还在这里出死力自相残杀。所以才提出抗日救国运动，八项主张。我们主张的核心是集合全国各党各派的力量，以民众的总动员，去抗日救国。

也许有人在那里怀疑绥远军队已经在那里抗日了，听说也有些中央军队在那里参加，很是胜利。可见中央已在那里抗日，为什么还要我们这样发动？不！不！事实绝不是这样简单。中央军是摆在晋军与绥军中间，而且只有两师。阎副委员长所要求的二十万大军援绥，中央答复无法抽调。然而到西北打红军的内战却源源而来了几十万大军。由这样的事实，他们所说抗日，不过是欺骗民众的一种办法，绝对没有真正抗日的决心，还不是很清楚吗？

西安事变发生的一天，中央飞机数十架一齐发动到西安来侦察，而在绥远的抗日血战中，中国飞机却半架也没有。

据他们说是因为天气太冷，飞机发动不容易，但敌人的飞机怎么能发动呢？也许我们的飞机不好，那我们为什么必要买那样不好的飞机呢？而且到寒冷和绥远差不多的西北的飞机怎么就能发动使用呢？这种欺骗情形，凡是有知识有眼睛的人，谁看不清楚？我们全是中国人，谁不知飞机献寿为的是抗日。因为有抗日作目标，群众才那样的热烈。而现在我们有飞机却不对外，使我们的抗日战士无可奈何地受着敌人飞机的时时轰炸。这是抗日吗，这是真心抗日吗？如果这样就算抗日，试问我们的东北四省，我们的察北六县，我们的冀东二十二县，什么时候才能收复回来？这是敷衍欺骗的抗日，绝对不是我们要求的彻底抗日。

也许还有人相信抗日的“准备论”，这更是大错。我们不要把日本当傻瓜，认为我们会准备人家不会准备。老实说，我们准备得还不到五分，人家已经准备到十分了，试问这种准备有什么用？这岂不是等人家准备好了来整个吞并我们中国吗？再说，人家也绝对不许可我们准备。在我们准备过程中，人家已经用经济、政治、外交、军事各种各样的锁枷把我们束缚得死紧，教我们动不得身，抬不得头。试问我们又如何能够准备起来？这不是梦想吗？

我们因为不信任变相汉奸的，至少也是犯恐日病的抗日准备论，我们因为看破了南京抗日是欺骗，至少也是敷衍民众的一种手段，所以才以极大的热诚劝蒋委员长变更他的错误政策。但我们大胆的赤诚劝谏，都一次一次的失败了。我们为服从全国潜在大多数民意，我们为贯彻我们的也是全民的抗日救国主张，所以才有这一次双十二事件的发动。

我们的希望，只是集合全国的力量去抗日救国，是绝对纯洁的，是绝对发自内心的，无一毫私心，无一点背景。凡是同情我们主张的，不管他是那党那派我们均愿意竭诚欢迎。

我们的目的在对外，绝对不造成内战，并且极力避免内战。但是如果有违反民意的汉奸，用武力压迫我们，使我们不得贯彻主张，那我们为扫除误国误民的分子，争取民族的最后生存，当然我们要起而自卫，并且要粉碎这种恶势力。这不是我们造成内战，而是实行抗日救国的清道工作。

我们亲爱的将士们！事实已经摆在我们面前，我们的国家，已到了生死关头，真是抗日则生，不抗日则死。我们必须巩固我们抗日救国的战线，去与一切破坏我们的恶势力相拼，方能实现我们的主张，才能收复我们的失地，才能湔雪我们的一切国耻。这是我们由理论而实行的时候了，我们需要团结，我们需要奋斗，我们必须不辞一切光荣胜利的牺牲。

我们的基础是民众，必须用尽我们的智虑爱护他们。我们所要贯彻的是我们的主张，所以必须确信我们的基本理论。我们需要以不顾一切的精神来冲破我们的一切困难，这才是我们抗日救国战线上忠实同志所必要的精神和勇气。

我们亲爱的将士们！我们具有坚强民族意识的亲爱的将士们，这是我们起来的时候了！白山峨峨，黑水汤汤，我们光荣的胜利，就在目前，我们一定要到黄龙痛饮的。

我们亲爱的将士们！我们热血沸腾的亲爱的将士们，我们一定要不辞一切艰险牺牲，去争取中华民族的解放与自由，去达到我们最后的胜利！

西安事变犹如多米诺骨牌中的“第一牌”，在中国以至于远东地区引发了一系列连锁性的反应。

国民党方面对西安事变的评价是：“西安事变是张学良在九一八事变后的不抵抗被全国人民谴责的情况下，受中共唆使进而不满‘先剿共、再抗日’，于1936年年底在西安挟持蒋中正，提出停止‘剿共’、改组政府、出兵抗日等八项主张。西安事变使得国民政府停止‘剿共’、联共抗日，导致政府的抗日准备被迫中断，全面抗日提前爆发；另一方面使中共起死回生，获得喘息机会，酿成抗战胜利后的全面叛乱。”

中国共产党方面对西安事变的评价：由于西安事变的发生及其和平解决，最终结束了十年内战，实现了国内和平，促成以国共合作为基础的抗日民族统一战线的建立，发动了全民的抗日战争，并坚持八年直至胜利。周恩来对张学良的评价是：“民族英雄、千古功臣”。

美国历史学家唐德刚指出，第一，张学良发动西安事变是自己对国耻家仇的义愤，而并没有太多考虑到私人利益。如今大敌当前，他的主张是反对内战，主张枪口对外，蒋介石却对于中共不灭不休，张学良数次口劝无用，只能兵谏，希望蒋介石不要过于自私。张学良这种心理，是史学家们不可否认的。第二，西安事变对于中共必然有利，但是对于国民党和蒋介石本人，亦并非受害者。即使没有西安事变，蒋介石把“剿共”坚持到底，然而根据当时世界其他各国“剿共”的例子，这种战争的结果是很难预测的。中共之崛起，是当时中国大的历史背景所造成的，中共有人民的支持，有理论的基础。只靠军事去

“消灭中共”，则“无异于扬汤止沸而不谋釜底抽薪”。所谓“野火烧不尽，春风吹又生”，中国近代社会所累积下来的根本问题不解决，中共是消灭不了的。又有谁能保证，中共经此一战即被消灭，以后再不复生呢？所以西安事变，也可以把它当成是“国共之争的光荣收场”。另外，西安事变的圆满解决，为建立抗日民族统一战线提供了必要的条件，以当年日本军国主义侵华的狂热气焰来推测，无论当时南京政府的选择是“忍辱”还是“决战”，其结果都是一样的。只不过，“抗战者，‘玉碎’也，忍辱者，‘瓦碎’也，欲求‘瓦全’不可得也。如果没有西安事变，而国民党一再忍辱而弄出‘瓦碎’的结果，则蒋公与国民党在中国历史上，将奚止‘身败名裂’而已哉”！

对西安事变的评价历来有很大争议。胡适在评论西安事变时说：“在外族入侵的时候，有以绑架肩负国家和民族安危的元首来爱国的吗？”中国共产党对西安事变的评价是：西安事变及其和平解决的确是建立全中国抗日统一战线的关键。国民党方面则认为，西安事变打乱了中国“剿匪”的规划，并给了已经穷途末路的中共以转机，后果极为恶劣。

第十一章 中国战场

抗日战争是一个“大舞台”，国内各种政治势力在这个舞台上竞相展示。

在抗日战争初期，国民党是“一手抗日，一手防共”，国民党的正面战场“还是比较努力的”。

共产党坚持敌后游击战，有游有击。在抗日民族统一战线中坚持独立自主的战略策略，一步步走向成熟，走向壮大。

国民党越是害怕共产党壮大，共产党越是壮大。有西方学者说，是抗日战争挽救了共产党。我们说，抗日战争使共产党走向成熟。

正面战场

第二次世界大战中，有几次著名的演讲载入史册。1941 年 6 月 22 日，德国飞机轰炸伦敦，英国首相丘吉尔向英国民众进行了著名的

“广播演讲”，极大地鼓舞了英国抗击德国法西斯的信心。1941 年 12 月 8 日，日本偷袭美国太平洋海军基地珍珠港，美国总统罗斯福发表著名的“珍珠港”演说，宣布对日宣战。1941 年 11 月 7 日，斯大林在莫斯科红场发表演说，宣告莫斯科保卫战的胜利，吹响了苏联红军反攻的号角。1937 年 7 月 17 日，日本发动七七事变侵略华北，蒋介石在庐山发表的“最后关头”演说也同样彪炳史册。

在演讲中，蒋介石说：“再没有妥协的机会，如果放弃尺寸土地与主权，便是中华民族的千古罪人。”胡适写道：“我们此时要做的事等于造一件奇迹，其难无比，虽未必能成，略尽心力而已。”之后，胡适又给他的好友、中国驻苏大使蒋廷黻写了一封信，谈了自己对时局的看法：“苏俄预备了这么久，还不能不以避战为外交方针，何况我们这个国家呢？但事势虽如此，其中有一点重要区别：苏俄可以有避战的资格，而我们没有避战的资格。苏俄所以能避战，第一因为对外有抵抗力量，第二因为对内能有控制的力量，我们这两件都没有。”

国民党在正面战场上与日本军队展开 22 次大型会战，1117 次中型战役，38931 次小型战斗。其中 21 名上将、73 名中将、167 名少将壮烈牺牲。陆军阵亡、负伤、失踪 3211419 人，空军阵亡 4321 人，毁机 2468 架。抗日战争对中华民族而言，是一个悲壮的时代，也是一个凤凰涅槃重生的时代。

1937 年 7 月 7 日下午，日本华北驻屯军第一联队第三大队第八中队由大队长清水节郎率领，荷枪实弹开往紧靠卢沟桥中国守军驻地的回龙庙到大瓦窑之间的地区。晚 7 时 30 分，日军开始演习。22 时 40 分，日军声称演习地带传来枪声，并有一名叫志村菊次郎的士兵“失踪”，立即强行要求进入中国守军驻地宛平城搜查，中国第二十九军第三十七师第一一〇旅第二一九团严辞拒绝。

日军一面部署战斗，一面借口“枪声”和士兵“失踪”，假意与中国方面交涉。24 时左右，冀察当局接到日本驻北平特务机关长松井太久郎的电话。松井称，日军昨在卢沟桥郊外演习，突闻枪声，当即收队点名，发现缺少一兵，疑放枪者系中国驻卢沟桥的军队，并认为该放枪之兵已经入城，要求立即入城搜查。中方以时值深夜日兵入城恐引起地方不安，且中方官兵正在熟睡，枪声非中方所发，予以拒绝。不久，松井又打电话给冀察当局称，若中方不允许，日军将以武力强行进城搜查。同时，冀察当局接到卢沟桥中国守军的报告，说日军已对宛平城形成了包围进攻态势。冀察当局为了防止事态扩大，经与日方商议，双方同意协同派员前往卢沟桥调查。此时，日方声称的“失踪”的士兵已归队，但隐而不报。

7 月 8 日晨 5 时左右，日军突然发动炮击，中国第二十九军司令部立即命令前线官兵：“确保卢沟桥和宛平城”，“卢沟桥即尔等之坟墓，应与桥共存亡，不得后退。”守卫卢沟桥和宛平城的第二一九团第三营在团长吉星文和营长金振中的指挥下奋起抗战。

国内各大媒体纷纷进行了报道，《申报》登载了《日军炮轰宛平县城》一文，对卢沟桥事变做了详尽描述：“华北形势突变，日军炮轰宛平县城。两度冲突伤亡者颇众，入晚又闻炮声。双方对峙中，日竟要求我方军队撤退。我驻军坚决表示愿与卢沟桥共存亡，平津戒严秦德纯等商议应付方法至深夜未散。卢沟桥演习之日兵一中队约 600 余人，于 7 日晚 12 时许，突向 29 军驻卢步兵射击。双方遂即开始接触，至 8 日晨 4 时许始停止，双方互有死伤。卢沟桥车站暨附近所有煤厂，俱被日军占领，宛平县城亦被日军包围，此刻二十九军驻卢部队仍在永定河与彼方对峙中。日军向卢沟桥宛平县城自今晨五时半起，开炮百余发，卢沟桥被炮炸断，我军死伤 50 余名。日方因与我方谈判和平解决办法，入休战状态，要求我驻卢沟桥军队撤退，我方严拒。至 11 时半，和平破裂，11 时半后，卢沟桥日军即作紧张布置，取四面包围形势，通州日军 300 余名，丰台日军 1000 余名，先后于下午一时许开至齐化门外一永定门外。我方为城防起见，同时将外城各门关闭，今晚 8 时起，宣告临时戒严。”

七七事变在全国引起强烈反响。共产党通电全国，呼吁：“同胞们，平津危急！华北危急！中华民族危急！”蒋介石曾致电守军二十九军军长宋哲元，“宛平城应固守勿退”“卢沟桥、长辛店万不可失守”。

庐山是著名的避暑胜地，每年夏季蒋介石等国民党政府要员都移驻庐山办公，庐山因此也被称作民国“夏都”。国民党拟邀请著名学者、教授、各阶层与各党派代表200多人，在庐山举行“庐山谈话会”，向各位代表发出了邀请函：“敬启者，庐山夏日，景候清嘉，嘤鸣之求，匪伊朝夕。先生积学盛名，世所共仰，汪蒋两公，拟因暑季，畅接光华，奉约高轩，一游牯岭，聆珠玉之谈吐，比金石之攻错。幸纡游山之驾，藉闻匡世之言，扫径以俟，欣伫如何。汪蒋二公，另具请柬，尚祈惠察，谨此笺启。中政会秘书长张群谨启，6月23日。”

1937年7月16日，“庐山谈话”在庐山图书馆开幕，与会宾主共158人，国民党中央政治委员会主席汪精卫、国民政府行政院院长兼军事委员会委员长蒋介石均出席。会上，冯玉祥站起来慷慨陈言，呼吁宁使人地皆成灰烬，决不任敌寇从容践踏而过！国社党中央总务委员兼总秘书张君劢发言，目前国难严重，民族生存之重要超过一切，无论各党各派如何分歧，都应信任并拥护政府。大律师张志让发言，说全国上下应一致服从政府，同时希望政府在言论自由、特种刑法、新闻检查等方面速予改善。商务印书馆经理王云五发言，说全国民众多信仰政府的救亡工作，政府在如何发动、组织好广大民众的力量方面，也应有明确指示。中华职业教育社办事处主任江恒源发言，强调国家的一切事务都应归于政府的领导组织之下。

1937年7月17日，庐山谈话会的第二天，蒋介石在全体大会上发表了著名的《最后关头》抗战宣言演讲。内容如下。

中国正在外求和平、内求统一的时候，突然发生了卢沟桥事变，不但我举国民众悲愤不置，世界舆论也都异常震惊。此事发展结果，不仅是中国存亡的问题，而将是世界人类祸福之所系。诸位关心国难，对此事件，当然是特别关切，兹将关于此事件之几点要义，为诸君坦白说明之。

第一，中国民族本是酷爱和平，国民政府的外交政策，向来主张对内求自存，对外求共存。本年二月三中全会宣言，于此更有明确的宣示，近两年来的对日外交，一秉此旨，向前努力，希望把过去各种轨外的乱态，统统纳入外交的正轨，去谋正当解决，这种苦心与事实，国内大都可共见。我常觉得，我们要应付国难，首先要认识自己国家的地位。我国是弱国，对自己国家力量要有忠实估计，国家为进行建设，绝对的需要和平，过去数年中，不惜委曲忍痛，对外保持和平，即是此理。前年五全大会，本人外交报告所谓“和平未到根本绝望时期，决不放弃和平，牺牲未到最后关头，决不轻言牺牲”，跟着今年二月三中全会对于“最后关头”的解释，充分表示我们对和平的爱护。我们既是一个弱国，如果临到最后关头，便只有拚全民族的生命，以求国家生存；那时节再不容许我们中途妥协，须知中途妥协的条件，便是整个投降、整个灭亡的条件。全国国民最要认清，所谓最后关头的意义，最后关头一至，我们只有牺牲到底，抗战到底，“唯有牺牲到底”的决心，才能博得最后的胜利。若是彷徨不定，妄想苟安，便会陷民族于万劫不复之地！

第二，这次卢沟桥事件发生以后，或有人以为是偶然突发的，但一月来对付舆论，或外交上直接间接的表示，都使我们觉到事变的征兆。而且在事变发生的前后，还传播着种种的新闻，说是什么要扩大塘沽协定的范围，要扩大冀东伪组织，要驱逐第二十九军，要逼宋哲元离开，诸如此类的传闻，不胜枚举。可想这一次事件，并不是偶然，从这次事变的经过，知道人家处心积虑的谋我之亟，和平已非轻易可以求得；眼前如果要求平安无事，只有让人家军队无限制的出入于我国的国土，而我们本国军队反要忍受限制，不能在本国土地内自由驻在，或是人家向中国军队开枪，而我们不能还枪。换言之，就是人为刀俎，我为鱼肉！我们已快要临到这个人世悲惨之境地。这在世界上稍有人格的民族，都无法忍受的。我们东四省失陷，已有了六年之久，续之以塘沽协定，现在冲突地点已到了北平门口的卢沟桥。如果卢沟桥可以受人压迫强占，那么我们百年故都，北方政治文化的中心与军事重镇北平，就要变成沈阳第二！今日的北平，若果变成昔日的沈阳，今日的冀察，亦将成为昔日的东四省。北平若可变成沈阳，南京又何尝不会变成北平！所以卢沟桥事变的推演，是关系中国国家整个的问题，此事能否结束，就是最后关头的境界。

第三，万一真到了无可避免的最后关头，我们当然只有牺牲，只有抗战！但我们态度只是应战，而不是求战；应战，是应付最后关头，因为我们是弱国，又因为拥护和平是我们的国策，所以不可求战；我们固然是一个弱国，但不能不保持我们民族的生命，不能不负起祖宗先民所遗留给我们历史上的责任，所以，到了必不得已时，我们不能不应战。至于战争既无之后，则因为我们是弱国，再没有妥协的机会，如果放弃尺寸土地与主权，便是中华民族的千古罪人！那时便只有拚全民族的生命，求我们最后的胜利。

第四，卢沟桥事件能否不扩大为中日战争，全系于日本政府的态度，和平希望绝续之关键，全系于日本军队之行动，在和平根本绝望之前一秒钟，我们还是希望和平的，希望由和平的外交方法，求得卢事的解决。但是我们的立场有极明显的四点：

（一）任何解决，不得侵害中国主权与领土之完整；

（二）冀察行政组织，不容任何不合法之改变；

（三）中央政府所派地方官吏，如冀察政务委员会委员长宋哲元等，不能任人要求撤换；

（四）第二十九军现在所驻地区不受任何约束。

这四点立场，是弱国外交最低限度，如果对方犹能设身处地为东方民族作为一个远大的打算，不想促成两国关系达于关头，不愿造成中日两国世代永远的仇恨，对于我们这最低限度的立场，应该不至于漠视。

总之，政府对于卢沟桥事件，已确定始终一贯的方针和立场，且必以全力固守这个立场，我们希望和平，而不求苟安；准备应战，而决不求战。我们知道全国应战以后之局势，就只有牺牲到底，无丝毫侥幸求免之理。如果战端一开，那就是地无分南北，年无分老幼，无论何人，皆有守土抗战之责，皆应抱定牺牲一切之决心。所以政府必特别谨慎，以临此大事，全国国民必须严肃沉着，准备自卫。在此安危绝续之交，唯赖举国一致，服从纪律，严守秩序。希望各位回到各地，将此意转于社会，俾咸能明了局势，效忠国家，这是兄弟所恳切期望的。

为了把日军由北向南的入侵方向引导改变为由东向西，以利于中国的长期作战，同时也为了引起国际社会的注意，国民党政府决定在上海采取主动反击日本。国民党外籍顾问端纳建议："对日作战须先消灭上海、汉口、青岛之日本驻军，再全力对付平津战事。"国民党制订作战计划：于开战之初，应首先用全力占领上海，无论如何，必须扑灭在上海之敌军，以为全部作战之核心，而后直接沿江海岸阻止敌之登陆。不得已时，逐次后退到默认阵地，须确保乍浦、嘉兴、无锡、江阴之线，以巩固首都。

1937 年 8 月 13 日，秘密进驻虹桥机场的中国军队打死了前来侦察的日军大山勇夫大尉，是为"八一三"事变。第二天，国民党政府发表了《自卫抗战声明书》，宣告"中国决不放弃领土之任何部分，遇有侵略，惟有实行天赋之自卫权以应之。"国民党驻军第九集团军在总司令张治中的指挥下开始总攻，中国空军也到上海协同作战，日本方面正式宣布组建上海派遣军，以松井石根大将为司令官，率领两个师团的兵力开往上海增援，进一步扩大对中国的侵略战争。

日军增援部队在中国军队侧后方登陆后，中方已经无力消灭日军陆战队，蒋介石考虑在上海作战比在遥远的北方大平原作战补给方便，且能避开机动力占优势的日军。而且上海是国际大都市，有外国租界，在这开战极有可能引起大国势力的干涉，如果打得好，可能在外国调停下赢得一个光荣的和平。进而挫败日军对华北的野心。这对于较弱的中国来说是极为有利的。

中日双方在上海一地不断投入军队，此役国民党方面先后投入78个师、7个独立旅、3个暂编旅、中央军校教导总队、炮兵七团、财政部税警总团、宪兵1个团、上海市保安总团、上海市警察总队、江苏省保安团4个团，兵力总数在75万人以上。中国空军的参战部队为8个大队和1个暂编大队，约200架飞机。中国海军的参战部队为第一、第二舰队和1个练习舰队，1个鱼雷快艇大队和江阴等地要塞部队，约40余艘海军舰艇。日军投入9个师团另2个旅团，共计30万余人，海军部舰艇30余艘，其中航母3艘，作战飞机架约390架，其中陆航210架，海航180架。

鏖战两个月后，日军依靠强大的火力突破中国军队防线，日军秘密组建第十军准备对中国军队实行大包围。日军第十军10万人在金山卫登陆，蒋介石幻想的国际干预破灭，前线中国军队大乱，部分部队为避免被包围已经自行组织撤退。淞沪战场各个高级指挥部已经方寸大乱，是撤是守，争执不下。

蒋介石不得不同意撤退，在撤退过程前，由于没有讲明各部队撤退顺序。三四十万中国将士挤在几条公路上，被日军空军轰炸，为此付出了惨痛代价。大撤退变成了大溃逃，数十万将士在撤往南京时分散，为南京保卫战的失利埋下了伏笔。

淞沪会战战斗十分惨烈，国民党的精锐部队在战斗中损失惨重。李宗仁在回忆录中说："敌方炮火之猛，猛到我炮兵白日无法发炮，而夜间又无法寻找目标，只是盲目轰击。所以淞沪之战，简直是以我们的血肉之躯来填入敌人的火海。每小时的死伤辄以千计，牺牲的壮烈，在中华民族抵御外来的历史上，鲜有前例。是我国抗战八年，牺牲最大，战斗最惨的一役。"冯玉祥回忆道："我们的部队，每天一个师又一个师投入战场，有的不到3个小时就死了一半，有的支援5个小时死了三分之二。"何应钦在回忆淞沪会战时写道："我军消耗竟达85个师之众，伤亡官兵33万3千5百多人。阵亡中将军长1人、师长、副师长4人、团长28人、营长44人。据日本方面统计，淞沪会战中日军死亡23104人，负伤约5万人，合计伤亡在7万以上。

淞沪会战国民党在军事方面受到重创，但在政治层面上却取得了成功。淞沪会战一方面将使全世界清楚地了解到国民政府对日本的立场，证明了中国绝不会向日本投降；另一方面广泛赢得了国际舆论的支持，揭露了日本军国主义的暴行，间接影响了日后英美对中国战场的支持。

淞沪会战打破了日本对中国侵略的计划。日军原先希望借有限度的冲突取得在华利益的做法，在淞沪一战后开始无法收拾。淞沪会战的时间长达3个月，最终日军也只能在伤亡惨重的情况下勉强取得胜利，而国民政府对日本毫无妥协的态度使日军无法回收战争成本，日军必须增兵才能在战争中取胜，这种恶性循环的态势最终将日本的国力逐步拖入崩溃边缘。

在淞沪会战中，蒋介石的精锐部队伤亡惨重，中央政府的兵力与各地军阀之间的差距缩小，各地军阀都各据一方，拥兵自重。长江中下游各省的丧失，使得国民党财政上更加紧张，不得不与各地军阀争夺税赋资源，导致抗战中的内战。淞沪会战后大量的游勇散兵，国民政府无力加以收编，也成为国民政府的一大困难。

1937年11月，日军占领上海后，分三路进犯国民政府的首都南京。对于南京的防卫，国民党内很多高级将领缺乏信心。白崇禧认为："现部队已残破不全，也没有后续部队可调度，建议宣布南京为不设防城市。"张群则说："如我军自动退出南京，将来和谈时，日军就不能以武力攻占南京的战胜者自居。"南京防卫作战组组长刘斐也认为："日军拥有海陆空优势，国军将处在立体包围之下，加上上海会战损失太大，国军未经整训，无法恢复战力。建议用12至18个团象征性的适当抵抗后主动撤退。"

在第二、三次防卫会议上李宗仁主张弃守南京，他分析道："南京在战术上是个绝地，敌人可三面合围，而北面又阻于长江，无路可退，以新受挫折的部队来坐困孤城，实难望久守。"德国军事顾问法肯豪森也主张“不做无谓的牺牲。”会议上唐生智自告奋勇，主张南京非固守不可：“现在敌人已迫近首都，首都是国父陵寝所在地。值此大敌当前，在南京如不牺牲一二员大将，我们不仅对不起总理在天之灵，更对不起我们的最高统帅。本人主张死守南京，和敌人拼到底！”

唐生智，湖南永州人，毕业于保定陆军军官学校。参加了护国战争、护法战争，曾任湖南省第四师师长、湖南省省长。北伐战争期间率部加入国民革命军，被授任国民革命军第八军军长、第四集团军总司令等职。宁汉对峙，唐生智反对蒋介石，宁汉战争失败后下野。在蒋桂战争中支持蒋介石，任国民政府军事参议院院长、第五路军总指挥。在中原大战中反蒋，战败后再次下野。九一八事变后重回南京政府，复任南京国民政府军事参议院院长，被授予上将衔。日军进攻南京，唐生智力主死守，主动出任首都卫戍司令长官，称要与首都共存亡。

李宗仁说：“唐生智当初自告奋勇担任南京城防司令，其实只想趁机掌握兵权，所谓与城共存亡的话，不过是空头支票。”白崇禧认为：“唐氏已脱离部队近十年，又没有基本部队可依靠。何况参与南京保卫战的部队多是从上海战场上刚退下来的，有的部队伤亡过半，士气非常低落，以久战疲惫之兵保卫南京不会守久。唐的体质羸弱不堪，蒋以唐防守南京，实无知人之明。”孙元良对唐生智评价道：“唐生智未能灵活运用部队，也未尽指挥官的责任，任由部队战至战力全失。”蒋介石赞同唐生智的看法，任命唐生智为南京卫戍司令官，并在日记中写道：“文人老朽，以军事失利，皆倡和议，而高级将领，亦有丧胆落魄而望和者。呜呼！若辈竟无革命精神若此，究不知其昔日倡言抗战之为何也。”蒋介石在日记中写道：“余能多留京一日，则国家与人民及前方军队多一日之益，总理与阵亡将士亦多得一日之安。”

国民党守卫南京的部队多为淞沪会战中从上海战场撤退下的残兵败将，约有 8 万人。国民党在军事力量对比上虽处于绝对劣势，但仍进行了顽强抵抗，孙元良第八十八师的《战况简报》中这样记载道：

“战斗详报：12 日晨，沿京芜铁路进攻之敌已逼近赛虹桥。雨花台方面因系敌主攻所在，虽经全部我官兵奋勇苦斗，奈外无粮弹，内无援兵，且敌挟战车、飞机、大炮。上午，韩团长宪元、营长黄琪、周鸿、符仪廷先后殉难；下午旅长朱赤、高致嵩，团长华品章、营长苏天俊、王宏烈、李强华亦以弹尽援绝，或自戕或阵亡，悲壮惨烈。全部官兵六千余员皆英勇壮烈殉国。”

唐生智正式下令撤守南京，由于司令部间很多互相矛盾的命令及简单的命令被遗漏，少数部队不知撤退命令，误以为友军擅自撤退而使用机枪扫射，这些混乱加上战前欠缺心理准备，让国军很少有机会可以撤退，仅第六十六军成功突围。12 月 12 日，南京雨花台沦陷，日军占领南京。蒋介石发表《国军退出南京告全国国民书》，沉痛地宣布：“此次抗战，开始迄今，我前线将士伤亡总数已达 30 万以上，人民生命财产之损失，更不可以数计。”“就中国本身论之，则所畏不在鲸吞，而在蚕食，诚以鲸吞之祸，显而易见，蚕食之祸，缓而难察。”“且中国持久抗战，其最后决胜之中心，不但不在南京，抑不在各大都市，而实寄于全国之乡村与广大强固之民心；我全国同胞诚能晓然于敌人鲸吞无可幸免，父告其子，兄勉其弟，人人敌忾，步步设防，则四千万方里国土以内到处皆可造成有形无形之坚强壁垒，以制敌之死命。”

日军占领南京，在华中方面军司令官松井石根和第六师团师团长谷寿夫的指挥下，对手无寸铁的南京民众进行了长达 6 周惨绝人寰的大规模屠杀。《远东国际法庭判决书》中写道：“日本兵完全像一群被放纵的野蛮人似的来污辱这个城市，他们单独的或者二三人为一小集团在全市游荡，实行杀人、强奸、抢劫、放火，终至在大街小巷都横陈被害者的尸体。江边流水尽为之赤，城内外所有河渠、沟壑无不填满尸体。”据 1946 年 2 月中国南京军事法庭查证：日军集体大屠杀 28 案，19 万人，零散屠杀 858 案，15 万人。

1937 年 12 月 13 日，《东京日日新闻》报道两名日本军官的“杀人竞赛”。日军第十六师团中岛部队两个少尉军官向井敏明和野田毅在其长官鼓励下，彼此相约“杀人竞赛”，商定在占领南京时，谁先杀满100人为胜者。他们从句容杀到汤山，向井敏明杀了89人，野田毅杀了78人，因皆未满100，“竞赛”继续进行。12月10日中午，两人在紫金山下相遇，彼此军刀已砍缺了口。野田谓杀了105人，向井谓杀了106人。又因确定不了是谁先达到杀100人之数，决定这次比赛不分胜负，重新比赛谁杀满150名中国人。这些暴行都一直在报纸上图文并茂连载，被称为“皇军的英雄”。日本投降后，这两个战犯终以共同连续屠杀俘虏及非战中人员“实为人类蟊贼，文明公敌”的罪名在南京被执行枪决。

1938年1月11日，蒋中正在开封会议中对第一战区、第五战区将领自责表示：“我作为全军统帅第一个有罪过，我们对不起已死的官兵和同胞，对不起国家，尤其对不起自己的良心。”日军侵占南京后，北渡长江，进至安徽，另一路侵略华北的日军第二集团军占领济南后，进至济宁、蒙阴、青岛一线。日本大本营为打通津浦铁路，使南北战场连成一片，先后调集8个师另3个旅、2个支队约24万人，计划首先攻占徐州，然后沿陇海铁路西取郑州，再沿平汉铁路南夺武汉。

中国军队由第五战区司令长官李宗仁指挥，先后调集64个师另3个旅约60万人，以主力集中于徐州以北地区，抗击北线日军南犯，一部兵力部署于津浦铁路南段，阻止南线日军北进，以确保徐州。在南线国民党军将日军阻止在淮河南岸，打破了日军与北线会合的企图；在北线国民党军将东路日军击败于临沂地区，又将西路日军之右翼阻止在嘉祥地区，粉碎日军在台儿庄会师的计划。在台儿庄地区作战中，第五战区采取积极防御战法，以一部担任内线防御，另一部置于外线作战，攻防结合，灵活机动，歼敌万余人，取得了台儿庄大捷。徐州会战消耗了日军有生力量，迟滞了日军进攻速度，为部署武汉保卫战赢得了时间。

武汉位于长江中游，人口超过200万，是当时中国第二大城市。

粤汉铁路建成后，武汉是中国内陆的重要交通中心，同时也是将南方港口运来的对外援助运往内陆的枢纽。上海、南京相继沦陷后，中国政府及民营部门、大批难民，以及各种战略物资大举西迁至西南重庆，其中大部分因运输不及仍滞留于武汉。加上武汉原有的工业、经济、文化基础，到1937年底，武汉已成为国民政府的实质首都。

日本政府计划攻占武汉，以消灭国民党军之主力，动用了当时能够集结的最大兵力30万人。国民政府亦在准备武汉周边的部队整训和防线规划，因而在武汉附近集结了超过100万的军队、大约200架飞机及30艘军舰防守武汉。武汉会战包括有：马当战役、九江战役、黄梅战役、广济战役、田家镇战役、瑞昌战役、马头镇战役、星子战役、万家岭战役、富金山战役、信阳战役。

武汉会战历时4个半月，以中国军队主动撤出武汉而宣告结束。国民党方面统计，国民党军阵亡人数为25.4万余人，加上负伤人数超过40万。据日军发表的统计资料，日军伤亡总数为3.5万余人。会战期间，空军在苏联航空志愿大队的配合下，击毁日机78架，炸沉日舰23艘，海军击沉、击伤日军舰艇及运输船只共50余艘，击落日机10余架。

武汉会战就战役而言，日军虽占领了武汉三镇，并控制了中国的腹心地区，取得了胜利。但就战略而言，则日本并未能够实现其战略企图。日本大本营认为“只要攻占汉口、广州，就能支配中国”，为此还规定“集中国家力量，以在本年内达到结束对中国的战争”。但是，国民政府在武汉失守后声明说，“一时之进退变化，绝不能动摇中国抗战之决心”，“任何城市之得失，绝不能影响于抗战之全局”；表示将“更哀戚、更坚忍、更踏实、更刻苦、更猛勇奋进，以戮力于全面战争，与抗日根据地之充实，而造成最后之胜利。”

武汉会战以后，本来就感兵力不足的日军，随着战线的延长，兵力益发感到不足，无力再组织像淞沪、徐州和武汉会战这样大规模的、以攻城略地为目标的战略进攻，而被迫转为战略保守。这就使中国的抗战由战略防御阶段发展为战略相持阶段，日本侵略军则陷入了自身所最不愿意进行的持久战的泥淖之中，无法自拔，从而导致日本侵华政策的转变：由军事打击为主、政治诱降为辅，改为以政治诱降为主、军事打击为辅；由以主要兵力进行正面战场的作战，改为转移兵力进行敌后战场的“治安”作战。武汉会战，不仅使日军又遭到一次战略性的失败，而且成为日本由战略进攻走向战略防守的转折点。

抗日战争时期国民党组织了很多次“正面战场”的会战，何应钦曾列举了国民党组织的22次正面战场会战，其中规模较大的有：淞沪会战，毙伤日军5万余人。太原会战，毙伤日军2万余人。武汉会战，毙伤日军4万余人。随枣会战，毙伤日军1.3万余人。第一次长沙会战，毙伤日军2万余人。豫南会战，毙伤日军9000余人。上高会战，毙伤日军1.5万余人。第二次长沙会战，毙伤日军2万余人。第三次长沙会战，毙伤日军5万余人。浙赣会战，毙伤日军1.7万余人。鄂西会战，毙伤日军4000余人。常德会战，毙伤日军2万余人。湘西会战，毙伤日军2万余人。

有游有击

向前！向前！向前！
我们的队伍向太阳，
脚踏着祖国的大地，
背负着民族的希望，
我们是一支不可战胜的力量。
我们是善战的健儿，
我们是抗敌的武装，
从无畏惧，
绝不屈服，
坚决抵抗，

直到把日寇逐出国境，
自由的旗帜高高飘扬。
听，风在呼啸军号响；
听，抗战歌声多嘹亮。
同志们整齐步伐奔向解放的疆场；
同志们整齐步伐奔赴敌人的后方。
向前向前！
我们的队伍向太阳，
向华北的原野，
向塞外的山岗。

这是1939年末，诗人公木和作曲家郑律成共同创作完成的《八路军进行曲》，后来对歌词做了部分修改，成为了《中国人民解放军军歌》。

1937年8月22日，国民政府军事委员会正式宣布中国工农红军一、二、四方面军改编为“国民革命第八路军”。9月11日，国民政府军事委员会按全国陆海空军战斗序列，并下达命令：将八路军改称国民革命军第十八集团军，八路军总部改称第十八集团军总司令部。但人们仍习惯称为“八路军”。八路军总司令为朱德，副总司令为彭德怀，参谋长为叶剑英，副参谋长为左权，政治部主任为任弼时，副主任为邓小平。八路军下辖一一五师、一二〇师、一二九师。一一五师师长林彪，副师长聂荣臻，参谋长周昆，政训处主任罗荣桓，副主任萧华。一二〇师师长贺龙，副师长萧克，政训处主任关向应，副主任甘泗淇。一二九师师长刘伯承，副师长徐向前，政训处主任张浩，副主任宋任穷。

山西是华北的军事生命线，一旦得到山西，华北就安处一隅。在山西战场，阎锡山判断，日军为运送部队、军火，展开机械化部队，发挥其优势，必然把锋芒指向大同。据此，他部署了大同会战计划，置重兵于大同南北，形成口袋阵，坐等日军进攻。

日军指挥官东条英机沿平绥线主攻，目标直指大同，成功地吸引了国民党军主力。而板垣征四郎的第五师团行动飘忽不定，突然出现在平型关附近，打垮了晋军的刘奉斌师。雁门关一带兵力虽多但无用，而平型关一带则兵力空虚，危如累卵。

平型关，位于山西繁峙县东北边境，邻接灵丘县，是长城要口之一。距县城65公里，西去雁门关115公里，南近河北平县界。平型关地势险要。古称瓶形寨，周围地形如瓶，在山西繁峙县东北与灵丘县相交界的平型岭下，雁门关之东。明朝时是内长城重要关隘。平型关城楼据平型岭之入口，城周长1公里余，今残高6米。平型关北的恒山高峙如屏，关南矗立五台山，两山都是陡峻的断块山，海拔在1500米以上，是晋北的交通障碍。两山之间是一条不太宽的地堑式低地，是河北北部平原与山西之间的最便捷通道。平型岭位于这条带状低地中部隆起，形势险要。这条古道穿平型关城而过，东接北京西的紫荆关，西接著名的雁门关，构成一条坚固的防线，自古就是北京西的重要藩屏。

一一五师师长林彪预判日军进军路线及视察相关地形后，指挥一一五师主力在平型关东北数十公里处设伏，并分出两部阻援，采取“避强击弱”的战法，放过要伏击日军的先头部队。9月25日晨，日军第五师团第二十一旅团一部偕同大批辎重车辆，沿灵丘至平型关公路西进。晨7时许，该部日军全部进入一一五师主力预伏地域。平型关道路狭窄，雨后路面泥泞，日军机动性大减，最终进入伏击圈的日军全部被歼。

平型关战役一一五师到底歼灭了多少日军，其数字存在多个版本。平型关大捷第二天，毛泽东接到捷报后，当即草拟了宣传的战报，并以八路军参谋处名义致电国民政府军委会等，战报在全国各大报纷纷刊载。“九月廿五日，我八路军在晋北平型关与敌万余激战，反复冲锋，我军奋勉无前，将进攻之敌全部击溃。所有平型关以北之辛庄、关沙、东跑池一带阵地，完全夺取。敌官兵被击毙者，尸横山野，一部被俘虏缴械，获汽车、坦克车、枪炮及其他军用品甚多，正在清查中。现残敌溃退至小赛村，我四面包围中”。

毛泽东在给朱德、彭德怀等人发去的电报中，商议平型关大捷的“战果”，“对外宣传可略增数目字，是否可说俘虏千余人，汽车八十余辆，坦克五辆，炮三门，炮弹三千发，请酌定见告，以为统一”。在接到毛泽东电报之前，朱德、彭德怀已将平型关大捷的“战果”上报给了南京蒋介石和阎锡山，内容是：“缴获汽车六十余辆，小摩托车三辆，外炮一门，炮弹二千余发”，“俘虏敌官兵三百余名，另有敌一部约四五百人，马数十匹被我完全包围，死不缴械，故全部打死”等。与毛泽东所说的“击敌万余，俘虏千余”出入很大。

朱德、彭德怀复电毛泽东：“昨天的胜利对国民党、对外宣传，我们意见不必扩大，以我们本日致蒋阎电为好。”但是，毛泽东亲拟的“捷报”早已发出，结果，中共方面当天在给南京当局的有关平型关大捷的电报中就出现了毛泽东和朱德、彭德怀两个内容大相径庭的捷报。

中国共产党方面乃至于各方报纸上，自然也都是以毛泽东的“捷报“为准。所谓平型关一战歼敌万余的说法，即由此而来。1937 年 11 月，由中共中央所属的抗战出版社发行的《第八路军》一书说：“我军俘获敌人一千余人，敌伤亡在五千以上，我军又夺得坦克车、装甲车及马车共七十四辆 。”新中国成立后，各种书籍对平型关大捷的记载，普遍的描述是：“歼灭日军三千多，毁汽车一百多辆，大车二百辆，缴获九三式野炮一门，缴获步枪一千余支，我军伤亡近千人。”改革开放后，有关平型关大捷的记载发生了一些变化。军事科学院军事历史研究部编著，1994 年出版的《中国抗日战争史》记载：“此役一一五师共击毙日军精锐第五师第 21 旅 1000 余人，击毁汽车 100 余辆，马车 200 余辆，缴获步枪 1000 余支。”

据日本方面的史料考证，平型关战斗八路军歼灭的日军是第五师团后勤部队（日军称为辎重、兵站部队）。伏击战击毙日军人数为 129

人，还有就是解围的日军第三大队死亡38人，受伤60人。总计死亡167人，受伤94人，共261人。

国民党方面对平型关大捷的评价是：林彪在平型关一役仅战一日，未依中央指挥切断日军运输线，并未确实达成支援、配合国军一线作战的辅助角色，使敌人援军（日军驻蔚县四十二联队二个大队）随后又加入战场（一一五师26日撤离）。一一五师仅袭击小股辎重队，对于正与国军血战中的日方主力视而不见，未依国府中央指挥脱离战场，之后又违反国民政府军委会规定："战况之报道不得公布国军番号"。

共产党方面对平型关大捷的评价是：八路军首战告捷，表现出中国人民确有战胜敌人的勇气和力量，使全国人民看到中华民族的希望所在，提高了中国共产党和八路军的声望，打破了日军"不可战胜的神话"，迟滞了敌军的进攻，打乱了它的右翼迂回计划，迫使其将进至浑源和保定的一部分兵力转移到平型关方向，从而有力地支援了平汉铁路和同蒲铁路线上友军的作战，同时也为开辟晋察冀边区根据地创造了条件。

1939年夏季，日本集中了分散在长城、华北、东北的部分军队，以铁路、公路等交通线为依托，对华北地区的抗日力量连续发动大规模扫荡，并在荒原挖沟筑堡试图阻碍抗日力量的进攻，实行"以铁路为柱，公路为链，据点为锁"的"囚笼政策"，借此控制并逐渐缩小抗日力量。1940年下半年，彭德怀指挥八路军一二九师和晋察军区等共105个团20余万兵力，对华北地区的日伪军发动了一次进攻战役。

第一阶段。八路军在正太、同蒲、平汉、津浦等主要交通线发动总攻击，重点破坏正太铁路。经过20天的战斗，预定计划全部完成。正太铁路线的路轨、桥梁、隧道、水塔、车站等均被破坏；平汉、同蒲（北段）、石德、北宁铁路，以及主要公路也被切断；华北各交通线路陷于瘫痪。

第二阶段。任务是继续扩大战果，摧毁交通线两侧和深入各抗日根据地的敌伪据点。在这段时间里，晋察冀军区主要进行了涞灵战役，第一二九师主要进行了榆辽战役，第一二〇师主要破袭了同蒲路。在这些战斗中，八路军给敌人以沉重打击。但是，计划要拔除的敌据点未能全部拔除。

第三阶段。主要任务是反击日伪军的报复扫荡。在这段时间里，八路军先后粉碎了日伪军对太行、太岳、平西、北岳、晋西北等抗日根据地的大规模扫荡。

这次战役共进行大小战斗 1800 余次，攻克据点 2900 余个，歼灭日伪军 4.5 万余人。彭德怀在自传中写道，这次战役大大提高了华北人民群众敌后抗日的胜利信心，对日寇当时的诱降政策和“东方慕尼黑阴谋”以很大打击，给蒋管区人民以很大兴奋。此役也给了投降派又一次打击，提高了共产党领导的抗日军队的声威，打击了国民党制造所谓八路军“游而不击”的谣言。

在肯定百团大战的同时，也有人指出百团大战存在一些“问题”。1942 年 4 月 30 日，在晋冀鲁豫区和相关军队系统的座谈会上，刘伯承做了《晋冀鲁豫抗日民主根据地现状的报告》认为，百团大战前后，由于对“从内战转到抗日游击战之舵掌握不紧，过分强调正规军，犯了编并与放任地方武装的错误”，一度影响了根据地的建设。同时，他还指出，百团大战总的来讲是一场打了胜仗的大战役，但存在着不少战略战术上的错误，如敌众我寡之下，没有以弱示敌，过早暴露了我们的真实实力；没有充分发扬正规战与游击战相结合的传统优势，有些仓促上阵的意味，为了片面取得政治影响甚至矫枉过正。毛泽东认同刘伯承对百团大战失误的认知是准确和恰如其分的，认为以八路军的实力来看，打一个这样的大战未免太过冒险。

抗战全面爆发后，在国民党内出现了“速胜论”和“亡国论”等论调。在共产党内也有一些人寄望于国民党正规军的抗战，轻视游击战争。抗日战争的发展前途究竟如何？一时成了人们关注的问题。1938 年 5 月，毛泽东撰写了《论持久战》一文初步总结了全国抗战的经验，系统阐明了中国共产党的抗日持久战方针。

毛泽东指出，中日战争不是任何别的战争，乃是半殖民地半封建的中国和帝国主义的日本之间在 20 世纪 30 年代进行的一个决死的战争。日本是一个强大的帝国主义国家，但它的侵略战争是退步的、野蛮的；中国的国力虽然比较弱，但它的反侵略战争是进步的、正义的，又有了中国共产党及其领导下的军队这种进步因素的代表。

日本战争力量虽强，但它是一个小国，军力、财力都感缺乏，经不起长期的战争；而中国是一个大国，地大人多，能够支持长期的战争。日本的侵略行为损害并威胁其他国家的利益，因此得不到国际的同情与援助；而中国的反侵略战争能获得世界上广泛的支持与同情。这些特点规定了和规定着战争的持久性和最后胜利属于中国而不属于日本。

毛泽东还指出，这场持久战将经过三个阶段：第一个阶段，是敌之战略进攻、我之战略防御的时期。第二个阶段，是敌之战略保守、我之准备反攻的时期。第三个阶段，是我之战略反攻、敌之战略退却的时期。

第二阶段是整个战争的过渡阶段，“将是中国很痛苦的时期”，“我们要准备付给较长的时间，要熬得过这段艰难的路程”。然而，它又是敌强我弱形势“转变的枢纽”。“此阶段中我之作战形式主要的是游击战，而以运动战辅助之”。“此阶段的战争是残酷的，地方将遇到严重的破坏。但是游击战争能够胜利。”在第一和第二阶段中，共产党领导的军队要主动地、灵活地、有计划地执行防御战中的进攻战，持久战中的速决战，内线作战中的外线作战。

毛泽东指出：“兵民是胜利之本”。武器是战争的重要因素，但不是决定的因素，决定的因素是人不是物。战争的胜利之最深厚的根源，存在于民众之中。只要动员了全国老百姓，就会造成陷敌于灭顶之灾的汪洋大海，造成弥补武器等缺陷的补救条件，造成克服一切战争困难的前提。

游击战往往是力量弱小的一方使用的非正规作战。因为敌方强大，弱小的一方不能用其他正规战法与之相对抗，或用正规战法损失太大，无以为继，只能用游击战与之对抗。游击战是在正规作战难于取胜时，可能是唯一有效的打击敌人的军事手段。游击战是以袭击为主要手段，具有高度的流动性、灵活性、主动性、进攻性和速决性，并能广泛动员群众投入战争。游击战的精髓是敌进我退，敌退我进，敌疲我打，敌逃我追。遵循合理选择作战地点，快速部署兵力，合理分配兵力，合理选择作战时机，战斗结束迅速撤退五项基本原则的作战方式。

毛泽东将游击战术发展为游击战略，在抗日战争期间创造性地发展了游击战的理论和原则，“敌进我退，敌驻我扰，敌疲我打，敌退我追”是游击战的基本原则。“以袭击为主的进攻”是游击战的基本作战形式。敌后根据地，是游击战赖以生存和发展的依托。在一定条件下，游击战可以作为某个战略阶段的主要作战形式。战略上的集中指挥与战役战斗上的分散指挥相结合，是游击战的指挥原则。游击战要向正规战发展。

中国共产党在抗日战争中所使用的游击战，主要不是在内线直接配合正规军的正面作战，而是在外线、在敌之后方独立作战，承担着独当一面的战略任务；不是小规模的，而是大规模的，遍及大江南北、长城内外；不是短期的，而是长期的，贯穿于战争的全过程；不是“流寇式”的，而是以抗日根据地作依托；不是孤立进行的，而是与政治、经济、思想、文化斗争相配合；不是仅仅由正规军承担的，而是有广大人民群众广泛参与；不是永远停留在游击状态，而是随着战争的进程逐步向正规战发展，使之成为最终战胜敌人的重要因素。

八路军的游击战给侵华日军造成了相当的兵员损失，削弱了日军“以战养战”搜刮沦陷区支撑前线的能力。在日军华北方面军参谋部任职的加登幸太郎说：“整个方面军一天平均死伤 50 名虽不多，但一年就有 1.8 万人离开战列，是大消耗战。”八路军、新四军在日本侵略军占领的广大地区内，广泛地发动、组织和武装群众，开展游击战争，组织抗日政权，先后创建了陕甘宁、晋绥、晋察冀、冀热辽、晋冀豫、冀鲁豫、山东、苏北、湘鄂赣、鄂豫皖等19块根据地。人口由150万人发展到1亿人，共产党领导的军队由开始的4万人发展到120万人。

南进，南进

日本在对外侵略扩张上，分别制订了“北进”、“南进”计划。“北进”计划，拟入侵苏联，占领西伯利亚，与德国遥相呼应。为此，日本关东军分别在中俄交界的张鼓峰和位于中苏边境的诺门罕，对苏联红军发动了大规模试探性战略进攻。

在诺门罕，日本数十万精锐部队与苏联红军进行了一场长达4个多月激烈交锋，遭到了自日俄战争以来最为惨重的失败。进攻苏联占领西伯利亚的“北进”计划化为泡影。于是，日本全力实施“南进”计划，就是占领东南亚，夺取更大的战争资源，为整个战争储备后继资源。

1940年，希特勒策划了对英国的“海狮行动”，日军呼应德军，驱除了所有在华的英国侨民，夺取了英国在华利益。日军的做法直接影响了英美两国的利益。于是，美国冻结了对日的贸易，实施对日禁运措施。美国罗斯福总统下令，禁止对日本出口石油、钢铁等多项战略资源，并冻结日本在美国的资产。日本军部激进派主张，进攻印尼、马来西亚、菲律宾、缅甸等地，并不惜与美国进行决战。日本海军联合舰队指挥官山本五十六被推到了前台。

山本五十六，出生在日本新潟县长冈的一个破落武士家庭，出生时父亲56岁，故此得名五十六。1901年山本以第二名的优异成绩考入江田岛海军军官学校，毕业后以少尉候补生的资格参加了日俄战争中的对马海战，在海战中失去了左手的食指和无名指。1914年至1916年在日本海军大学深造。1919年至1921年赴美国哈佛大学攻读英语，选修燃油专业。回国后在海军大学任教官。1923年奉命前往欧美考察各国海军。1925年出任日本驻美国大使馆海军武官，由于日本在日俄战争后就将美国视为潜在的最大敌人，所以这一职位的人选通常是由海军中最有前途的优秀军官来担任，以使他们能对美国有一个比较感性和客观的了解。1928 年回国后，山本五十六历任巡洋舰舰长、航空母舰舰长、海军航空本部技术部长、第一航空战队司令、海军航空本部部长、海军省次官，1939 年 8 月升任联合舰队司令。

山本曾数次赴美，或求学或考察或任职，对美国的经济和军事潜力有着极为深刻的了解，所以最初他竭力反对与美国开战。但当日本大本营与英美开战的战略方针确立后，山本写信给海军大臣及川古志郎，正式提出了偷袭珍珠港的“Z”作战方案。

珍珠港位于日美之间太平洋东部的夏威夷群岛，距日本约 3500 多海里，距美国本土约 2000 海里，是美国太平洋舰队最重要的基地。“Z”作战方案提出后，曾在日本上层引起争论，一些人不相信庞大的舰队横渡 3500 海里而不被发现，对这一计划的可行性表示怀疑。山本固执己见，甚至以辞职相要挟。大本营批准了“Z”作战方案，山本指挥联合舰队选择了与珍珠港相似的鹿儿岛湾，开始了充分的准备和严格的模拟训练。

1941 年 11 月 26 日，日本海军以一支由 6 艘航空母舰为主力的舰队在海军中将南云忠一的指挥下离开日本开往珍珠港。途中舰队保持彻底的无线电静默。除这 6 艘航空母舰外，日本舰队还包括 2 艘战列舰、3 艘巡洋舰、9 艘驱逐舰和 3 艘潜艇。此外还有 8 艘油轮和 2 艘驱逐舰只开到北太平洋等候。12 月 7 日早晨，该舰队的飞机轰炸了欧胡岛上所有的美军机场和许多在珍珠港内停泊的舰艇，包括那里的战列舰。地面上几乎所有飞机被摧毁，只有少数飞机得以起飞和还击。

珍珠港的空袭仅仅持续不到 2 个小时，共摧毁 8 艘战列舰、3 艘巡洋舰、3 艘驱逐舰、8 艘辅助性船只，摧毁飞机 188 架、受损 155 架，2403 人阵亡，1178 人受伤。日本共损失 29 架飞机，损失一艘伊级潜艇和 4 艘袖珍潜艇，阵亡 64 人。偷袭珍珠港成功后，日本先后发动了攻取菲律宾的“M 作战”、攻取马来半岛的“E 作战”、攻取荷属东印度的“H作战”、攻取关岛的“G作战”、攻取英属婆罗洲的“B作战”、攻取香港的“C作战”、攻取俾斯麦群岛的“R作战”。

偷袭珍珠港胜利的消息传到日本，日本举国欢腾，东条英机甚至说：“我保证终能取得对美国的最后胜利。”偷袭珍珠港的作用被后来证明远比日本预想的要小得多，美国的航空母舰丝毫未损，珍珠港的基础设施没有受到毁灭性打击。在珍珠港偷袭中，日本没有组织发动第三波袭击。军事历史学家认为，日本若发起第三波攻击，珍珠港有可能被彻底摧毁以致丧失其基地功能，这样美军舰队势必撤回本土，预估将使得美军对太平洋的反攻推延1年。美国太平洋舰队司令尼米兹上将认为，日本若发动第三波袭击，将延长太平洋战争2年。

组织实施偷袭珍珠港的山本五十六在写给他姐姐的信中冷静地说：“虽然现在到处充溢着热闹喧哗，但这一切都会消失。”“珍珠港的胜利微不足道，不适合用来大肆宣传，这样会使日本人民忽略了事情的严重性。”珍珠港事件立刻将一个本来意见分歧的国家动员起来了，彻底地将美国和它雄厚的工业和服务经济卷入了第二次世界大战，导致了轴心国在全世界的覆灭。后人在评价珍珠港事件时说：“在军事行动上，珍珠港的攻击行动是当年世界上最成功的一次，然而在政治上却是极大的错误，导致日本最后走上投降一途。”

1941年12月8日，罗斯福总统在国会发表了著名的对日宣战演说。

昨天，1941年12月7日——必须永远记住这个耻辱的日子——美利坚合众国受到了日本帝国海空军突然的蓄意的攻击。美国和日本是和平相处的，根据日本的请求仍在同它的政府和天皇进行会谈，以期维护太平洋地区的和平。实际上，就在日本空军部队已经着手开始轰炸美国瓦湖岛之后的一小时，日本驻美国大使和同僚还向我们的国务卿提交了对美国最近致日方消息的正式答复。虽然复函声称继续现行外交谈判似已无用，但却并未包含有关战争或武装攻击的威胁或暗示。

历史将会做证，由于夏威夷离日本的距离如此之遥，显然表明这次进攻是经过许多天甚至许多星期精心策划的。在调停期间，日本政府蓄意以虚伪的声明和表示继续维持和平的愿望来欺骗美国。

昨天，对夏威夷群岛的攻击给美国海陆军部队造成了严重的损害。我遗憾地告诉各位，许多美国人丧失了生命。此外，根据报告，美国船只在旧金山和火奴鲁鲁之间的公海上也遭到了鱼雷袭击。

昨天，日本政府已发动了对马来亚的进攻。昨晚，日本军队进攻了香港。昨晚，日本军队进攻了关岛。昨晚，日本军队进攻了菲律宾群岛。昨晚，日本人进攻了威克岛。今晨，日本人进攻了中途岛。

因此，日本在整个太平洋区域采取了突然的攻势。昨天和今天的事实不言自明。美国的人民已经形成了自己的见解，并且非常清楚这关系到我们国家的安全和生存的本身。作为陆、海军总司令，我已指示，为了我们的防务采取一切措施。

但是，我们整个国家将永远记住这次对我们突袭的性质。不论要用多长时间才能战胜这次有预谋的入侵，美国人民将一定要以自己的正义力量赢得绝对的胜利。

我们现在预言，我们不仅要做出最大的努力来保卫我们自己，我们还将确保这种背信弃义的形式永远不会再次危及到我们。我这样说，相信是表达了国会和人民的意志。

敌对行动已经存在。无庸讳言，我国人民、我国领土和我国利益都处于严重危险之中。

相信我们的武装部队——依靠我国人民的坚定决心——我们将取得必然的胜利——愿上帝帮助我们！

我要求国会宣布：自1941年12月7日星期日，日本发动无端的、卑鄙的进攻时起，美国和日本帝国之间已处于战争状态。

美国对日宣战，改变了整个第二次世界大战的格局。1942年1月1日，在美国的倡议下，美、苏、英、中等26个国家的代表齐集华盛顿，共同签署了《联合国家宣言》。宣言表示，保证运用军事和经济的全部资源同与之处于战争状态的轴心国及其仆从国家作战；相互合作，不与敌国单独缔结停战协定和和约。《联合国家宣言》的签署标志着世界反法西斯联盟的形成。

中途岛，位于亚洲和北美之间的太平洋航线的中途，故名中途岛，是美国在中太平洋地区的重要军事基地和交通枢纽，也是美军在夏威夷的门户和前哨阵地。为了争夺制海权，美军与日军展开了中途岛海战。

中途岛战役美军只损失1艘航空母舰、1艘驱逐舰和147架飞机，阵亡307人。日本损失了4艘大型航空母舰、1艘巡洋舰、330架飞机，还有几百名经验丰富的飞行员和3700名舰员。美国海军专家评价道："中途岛战斗是日本海军350年以来的第一次决定性的败仗。"日本海军从此走向了失败，在太平洋战场开始丧失战略主动权，战局出现有利于盟军的转折。

中途岛战役后，美军组织了瓜岛争夺战，开始了战略反攻。瓜岛战役中，美国损失驱逐舰以上的舰24艘、航空母舰2艘、巡洋舰8艘、驱逐舰14艘、阵亡3300人、负伤2500人。日本损失驱逐舰以上的舰24艘、航空母舰1艘、战列舰2艘、巡洋舰5艘、驱逐舰11艘、潜艇6艘、伤亡2.5万人。瓜岛战役使日军的军事实力进一步受到削弱，完全丧失了战略主动权，从战略进攻转为战略防御。

塔拉瓦原是中太平洋上一个没有名气的珊瑚岛礁，位于美军对日战略反攻的轴线上。1943年11月20日，美军调集重兵，在这里进行了一场十分惨烈的两栖作战。

日军司令官柴崎惠次海军少将，曾对部下夸口说："美国用100万大兵，花100年时间，也攻不下塔拉瓦！"守备塔拉瓦的日军只有2500余人。战役中美军动用了22艘运输舰、7艘战列舰、9艘巡洋舰、8艘护航航空母舰、1艘船坞登陆舰和4舰坦克登陆舰、21艘驱逐舰，4万多人。另外11艘航空母舰、6艘战列舰和27艘护航舰只，担负空袭吉尔伯特周围的日占岛屿机场。此外，动用了100余架"解放者式"轰炸机、24架"卡塔林纳式"水上飞机和24架PV－1巡逻轰炸机，轰炸吉尔伯特。

塔拉瓦战役美军阵亡1009人，负伤2101人，消灭日军2500余人，仅俘虏了12名日本士兵。美军尼米兹上将惊叹："一生中从未见过如此狰狞的战场。"

为了推进进攻速度，在太平洋战场上美军实行了跳岛战术，不是采取逐一收复各岛的战法，而是采取跳过下一个岛屿进行攻击。塞班岛，是马里亚纳群岛的第二大岛，是日军在马里亚纳群岛的中心岛屿，也是中太平洋地区的防御核心。守卫塞班岛的日军共4.3万余人，有55艘舰艇和630架飞机。美军参战部队为6.7万人，舰艇470余艘，飞机近2000架。塞班岛战役中，日军伤亡4.1万余人，被俘近2000人。美军伤亡1.6万余人。美军夺取塞班岛，为攻占马里亚纳群岛其他岛屿创造了条件，也为B-29远程轰炸机轰炸日本本土提供了基地。

硫黄岛位于东京与塞班岛中间，守卫硫黄岛的日军不足2.4万人，飞机不足100架。美军派出6万余人，登陆舰艇约500艘，军舰约400艘，飞机约2000架。战役结果，美军阵亡6821人，负伤21865人。日军阵亡22305人，被俘1083人。美军在硫黄岛的惨重伤亡，美日双方伤亡比为1.23∶1。也使美军的高层意识到如果进攻日本本土，一定会遇到比在硫黄岛更顽强的抵抗，美军的伤亡将会更惨重，因此日后美国对日本使用原子弹，很大程度上是出于担心在日本本土登陆将会遭到硫黄岛那样的巨大伤亡。

美军占领硫黄岛，不仅使美军获得了轰炸日本本土的重要基地，还打开了直接攻击日本本土的通道。冲绳岛为琉球群岛的第一大岛，位于日本本土和中国台湾之间，北距九州630公里，是日本本土的南部屏障。当美军确定不进攻台湾后，冲绳岛就成为美军进攻日本本土最理想的跳板。冲绳岛因其在日本本土防御中的重要战略位置，被誉为日本的"国门"，因此冲绳岛登陆战就被称作"破门之战"。

日军守岛部队为第三十二集团军下辖的2个师和1个混成旅，约8.6万余人，以及海军基地部队和由岛上居民编成的特编团等共10万余人，有战列舰、巡洋舰各 1 艘和驱逐舰 8 艘。美军参战兵力为 45.2 万人，舰艇 1500 余艘，飞机 2500 架。战役以日军失败告终。日军死亡 9 万余人，被俘 7400 人。美军有 32 艘舰船被击沉，368 艘被击伤，其中有 13 艘航母、10 艘战列舰、5 艘巡洋舰和 67 艘驱逐舰遭到重创，损失舰载机机 763 架，阵亡 1.3 万，受伤 6.6 万。英国首相丘吉尔认为，冲绳战役将以史诗般的战斗，列入世界上最激烈、最著名的战斗而流传后世。

美军占领冲绳岛后，打开了日本的门户，达到了为进攻日本本土建立战略基地的目的。鉴于在战役中所付出的惨重伤亡，美军在战役胜利后没有举行大规模的庆祝活动。

无条件投降？

为了压迫日本投降，美军开始大规模袭击日本本土。1945 年 3 月 9 日至 10 日，334 架 B－29 轰炸机从马利亚纳群岛出发，对东京进行了持续 2 小时的地毯式轰炸。B－29 轰炸机的时速可达 563 千米，飞行高度超过 1 万米，续航里程为 6430 千米。打击距离达到 2400 千米，携带 6～8 吨燃烧弹，燃烧面积可达 6500 平方米。

美军把皇居、圣公会、东京大学、救世军列为受保护地区，不予以轰炸。334 架 B－29 共投下了超过 2000 吨燃烧弹，东京约有四分之一被夷为平地，22 个工业目标全部摧毁，26.7 万多幢建筑付之一炬，上百万人无家可归，83793 人被烧死，10 万人被烧成重伤。

与此同时，日本第二大城市大阪也遭到了美军的轰炸。300 架 B－29 轰炸机共投下了 1700 吨燃烧弹，约 20.7 平方千米的市区在 3 小时内焚毁。其后美军又轰炸了神户，日本最大的造船中心被摧毁。5 月 26 日美军再一次派出 470 架飞机轰炸东京，造成 7415 人死伤，22 万间房屋被焚毁。

美军的轰炸对日本人的“心理打击”是巨大的，使许多市民纷纷逃离城市，仅东京就有上百万人逃往农村，使日本战时经济陷入瘫痪。为了迫使日本早日投降，1945 年 7 月 17 日，苏、美、英三国首脑在柏林近郊波茨坦举行会议，发表了《波茨坦公告》。公告共 13 条，主要内容有：盟国将予日本以最后打击，直至停止抵抗；日本政府应立即宣布所有武装部队无条件投降；重申《开罗宣言》的条件必须实施，日本投降后，其主权只限于本州、北海道、九州、四国及由盟国指定的岛屿；军队完全解除武装；战犯交付审判；日本政府必须尊重人权，保障宗教、言论和思想自由；不得保有可供重新武装作战的工业，但容许保持其经济所需和能偿付货物赔款之工业，准其获得原料和资源，参加国际贸易；在上述目的达到和成立和平责任政府后，盟国占领军立即撤退。

波茨坦会议后，美军加大了对日本本土的轰炸。美国海军第 3 舰队在 7 月 24，25 及 28 日对吴海军工厂的攻击击沉了 1 艘航空母舰、3 艘战列舰、5 艘巡洋舰及数艘小型舰只。在同一期间，英国太平洋舰队攻击了在濑户内海的其他目标及击沉两艘护卫舰和几个较小的船只和击伤了一艘护航航空母舰。

在美国犹他州门多奥维空军基地，一批经过严格筛选出来的 B－29 型轰炸机飞行员在接受一项特殊训练，他们的组织代号为“509 小组”。“509 小组”使用的 B－29 型轰炸机经过了严格的改装，为了使飞机更快更灵活，所有重武器均被拆除。他们的训练课目十分单调：可载 10 吨炸弹的弹舱每次只装 1 颗炸弹，但投掷这颗炸弹时，炸弹飞行距离要超过 9000 米，弹着点距目标须在 300 米之内。

1945 年 8 月 6 日，一架由“509 小组”组长蒂贝斯上校亲自驾驶的代号为“82 号机”的 B－29 型轰炸机在太平洋提尼安岛机场起飞，飞行的目的地是广岛。

广岛，当时是日本的一座“陆军之城”，是日本本土防卫军第二总军的司令部所在地。广岛附近还有著名的吴海军基地，拥有日本一流的海军造船厂。随“82 号机”一同行动的还有 5 架 B－29 型轰炸机，其中2架负责侦察，3架随时报告天气情况。8时35分，“82号机”飞临广岛上空，随机飞行的B－29型轰炸机迅速离开。9时整，“82号机”机组人员戴上了厚厚的墨镜。9时16分，“小男孩”原子弹被投出弹舱，在离地面600米处爆炸。在闪光、声波和蘑菇状烟云之后，火海和浓烟笼罩了广岛。当时广岛人口为34万多人，靠近爆炸中心的12.8万余人当即死亡，负伤和失踪的人约为5.1万人，4.8万栋建筑物全被毁坏，2.2万栋建筑物严重毁坏。广岛遭受到核攻击后，日本政府仍然拒绝同意《波茨坦公告》，盟军最高当局认为有必要再做第二次核攻击以摧毁日军抵抗的决心。

第二次核攻击的首要目标是小仓市，次要目标为长崎市。由于天气原因，美军选择了长崎。投到长崎的原子弹“胖子”与投到广岛的原子弹“小男孩”不同，是使用了钚－239的原子弹。“胖子”的破坏力相当于2.2万吨TNT炸药的等量破坏，“小男孩”的破坏力相当于1.5万吨TNT炸药的等量破坏。

当时的长崎市人口有24万，被原子弹炸死的人达到14.9万人，36%的建筑物受到毁坏。记录了广岛原子弹爆炸的影像因为胶卷冲洗方面的失败，没有能够保留下来。而长崎原子弹爆炸被记录成16mm彩色胶卷的3分钟50秒长的影像。1980年日本接收了长崎被炸的影像。

1945年8月8日，苏联对日宣战。苏联军队在满洲里、朝鲜半岛北部、南萨哈林和库页岛迅速摧毁了日本军队。在23天的战争中，苏军全歼了日军22个师，日本共损失了67.7万官兵，其中8.4万人被击毙。苏联军队缴获了丰厚的战利品：3700件武器、600辆坦克、861架飞机、1.2万挺机枪、2000多辆军车。

苏军的出击，防止了日本大规模使用关东军在实验室里研制的生化武器。关东军的全线溃败，打乱了日本将关东军调回本土增援的如意算盘；而日本皇室及政府原本打算一旦东京沦陷，便转移至满洲里，这一想法也落空了。英国政府在声明中所说：“苏联于今天对日宣战，充分体现了盟国间的团结。这有助于缩短战争时间，为营建世界和平创造了条件。我们欢迎苏联做出的这一伟大决定。”

1945年8月14日正午，日本裕仁天皇通过广播发表《停战诏书》，15日宣布无条件投降。《停战诏书》的全文为：

朕深鉴于世界大势及帝国之现状，欲采取非常之措施，以收拾时局，兹告尔等臣民，朕已饬令帝国政府通告美英中苏四国愿接受其联合公告。

盖谋求帝国臣民之康宁，同享万邦共荣之乐，斯乃皇祖皇宗之遗范，亦为朕所拳拳服膺者。前者，帝国所以向美英两国宣战，实亦为希求帝国之自存与东亚之安定而出此，至如排斥他国主权，侵犯其领土，固非朕之本志。然自交战以来，已阅四载，虽陆海将兵勇敢善战，百官有司励精图治，一亿众庶之奉公，各尽所能，而战局并未好转，世界大势亦不利于我。加之，敌方最近使用残酷之炸弹，频杀无辜，惨害所及，真未可逆料。如仍继续交战，则不仅导致我民族之灭亡，并将破坏人类之文明。如此，则朕将何以保全亿兆之赤子，陈谢于皇祖皇宗之神灵。此朕所以饬帝国政府接受联合公告者也。

朕对于始终与帝国同为东亚解放而努力之诸盟邦，不得不深表遗憾；念及帝国臣民之死于战阵、殉于职守、毙于非命者及其遗属，则五脏为之俱裂；至于负战伤、蒙战祸、损失家业者之生计，亦朕所深为轸念者也。今后帝国所受之苦难固非寻常，朕亦深知尔等臣民之衷情，然时运之所趋，朕欲忍其所难忍，堪其所难堪，以为万世开太平。

朕于兹得以维护国体，信倚尔等忠良臣民之赤诚，并常与尔等臣民同在。如情之所激，妄滋事端，或者同胞互相排挤，扰乱时局，因而迷误大道，失信义于世界，此朕所深戒。

宜举国一致，子孙相传，确信神州之不灭，念任重而道远，倾全力于将来之建设，笃守道义，坚定志操，誓必发扬国体之精华，不致落后于世界之进化。尔等臣民其克体朕意。

9月2日上午，在日本东京湾停留的美国战列舰“密苏里”号上，日本新任外相重光葵和日本参谋总长梅津美治郎代表日本政府在投降书上签字。随后，接受投降的同盟国代表：盟军最高统帅麦克阿瑟上将，美国尼米茨海军上将、中国徐永昌将军、英国福莱塞海军上将、苏联杰列维亚科中将，以及澳大利亚、加拿大、法国、荷兰、新西兰等国的代表依次签字。

至此，日本帝国主义历时15年的侵略战争，以彻底失败而告终。第二次世界大战也以全世界人民的伟大胜利而结束。

人们常说，日本是“无条件投降”，实际上日本是“有条件”投降的。日本投降条件是：“不变更天皇统治大权。”

1943年11月26日，中、美、英三国首脑发表的《开罗宣言》，明确提出：“三大盟国将继续坚忍进行其重大而长期之战斗，以获得日本无条件之投降。”到了1945年7月26日发表的《波茨坦公告》，其措辞与《开罗宣言》明显不同。该公告第十三条称：“吾人通告日本政府立即宣布所有日本武装部队无条件投降，并对此种行动诚意实行予以适当之各项保证，除此一途，日本即将迅速完全毁灭。”

《开罗宣言》要求“无条件投降”的对象是“日本”，而《波茨坦公告》要求“无条件投降”的对象，则是“日本武装部队”。《波茨坦公告》第十三条“通告日本政府立即宣布所有日本武装部队无条件投降”，意味着没有对日本政府的“合法性”予以否认，其中包含保留“天皇制”的意蕴。日本外相东乡茂德当时在他的“外交手记”中这样写道：“我通读了由美国播送的本公告。由于公告写道‘以下为吾人之条件’，因此十分显然，盟国并没有要求日本无条件投降。”需要指出的是《波茨坦公告》的变化并不是一个简单的“文字上的变更”，也不是什么“疏忽”，而是美国经过反复辩论和利益权衡后作出的政策抉择，并对日本最终提出以“不变更天皇统治大权”为前提接受《波茨坦公告》。

1945年8月9日，在日本最高战争指导会议上，究竟以‘护持国体’为条件接受《波茨坦公告》，还是应再附上自主撤兵和复员、自主处罚战犯、对占领不予保障三项条件接受《波茨坦公告》，形成了首相、外相、海相对参谋总长、军令部总长、陆相三对三的局面。为此，铃木贯太郎向天皇提出：“仰圣上根据圣虑做出决断，并以之作为会议决定。”为此，天皇做出了“第一次圣断”：仅以确认皇室和天皇统治大权为条件，接受波茨坦公告。

东乡茂德外相即向美、英、苏、中四国发出了接受《波茨坦公告》的电文：“帝国政府注意到，昭和二十年（1945）7月26日美、英、中三国首脑共同决定并发表、尔后苏联政府签署的对我国的公告所列举的条款中，不包含变更天皇统治国家之大权的要求。基于这一理解，帝国政府接受上述公告。帝国政府相信，上述理解正确无误。切望即刻对此表示明确意向。”

8月11日下午，美国国务卿贝尔纳斯代表美、英、苏、中四国复电日本：“自降伏之时起，天皇及日本国政府统治国家之权限，将‘subject to’为了实施降伏条款而采取必要措施的盟军最高司令官。”复电中“subject to”一词，外务省为避免刺激军方，译为“受限于”，而陆军省则译为“隶属于”，为此，“强硬派”再次表示无法接受。

8月13日，最高战争指导会议再次表决并同样形成“三对三”局面。最终，由天皇作“第二次圣断”：接受《波茨坦公告》。8月15日，日本播放了由天皇亲自宣读的《大东亚战争终结之诏书》即“玉音放送”。当天，日本各大报纸全文刊发了《终战诏书》。

1945年9月2日在“密苏里”号战舰上，由天皇和政府代表重光葵、武装部队代表梅津美治郎签署的投降书，亦不能理解为宣布“日本无条件投降”：“我们兹宣布日本帝国大本营及在日本控制下驻扎各地的日本武装部队，向同盟国无条件投降。”

第二次世界大战后初期，不追究天皇战争责任和保留天皇制，一开始并非美国的“既定政策”。1945年9月12日，美国政府拟定了一份题为“关于日本天皇及天皇制的处理”的文件主要内容：第一，由盟国强制性地将天皇作为战犯进行审判，将引起全体日本人的反感，扰乱占领军的各项工作。若天皇主动退位，国际军事法庭可以对天皇进行不追究，若证据确凿，应予以起诉。第二，若天皇在占领期间死亡或退位，可由其长子、12 岁的皇太子即位，由他人摄政。

然而，天皇不仅没有被追究战争责任，而且天皇制依然得以保留。何故如此？东京审判审判长卫勃在宣判结束后会见记者时回答：“使天皇免于受到审判，毫无疑问完全是基于对盟国最有利的考虑而做出的决定。”首席检察官基南也做了同样表述：“使天皇免受审判是盟国的政治决定。”

“东京审判”后，日本国内外曾一度出现要求天皇裕仁退位的呼声。裕仁本人也一度萌生退意。1948 年 7 月 9 日和 9 月 22 日宫内府长官田岛岛治的《田岛道治日记》，同年 9 月 1 日、9 月 29 日首相芦田均的《芦田均日记》，均有相关记载。但是，同样因麦克阿瑟“基于对盟国最有利的考虑”，表示反对而未果。为此，裕仁天皇特命田岛道治致函麦克阿瑟表示感谢：“奉陛下之命，荣幸地向阁下转述圣意如后：前日阁下请吉田首相传达的亲切意见已悉并深感欣慰，至为感激。为世界和平及国民福祉竭尽全力，是吾终生愿望。此时此刻，吾当与国民一起排除万难，为重建日本而恪尽职守。”

天皇的免责、天皇的留任、天皇制的保留，均是美国基于战略利益考虑而进行的政治安排。而日本则利用美国这一考虑，不仅成功地护持了国体，而且还成功地使天皇制国家的内核保留至今。

第十二章　不可逆转的结局

第二次世界大战后世界政治格局的走势，对国共两党产生了极为重大的影响。蒋介石、毛泽东心里都清楚，国共两党之间的“掰腕”不可避免。

抗战胜利后，国民党作为“胜利者”接受了日本在华的武器装备。加之美国的力挺，蒋介石心中多年没有达成的“剿共”夙愿，急剧强烈膨胀。

抗日战争中，共产党积小胜为大胜，建立抗日根据地，武装力量今非昔比。

解放战争经过争夺东北，暂别延安，逐鹿平津，决战淮海，百万雄师过大江，波澜壮阔。

从 1927 年国共合作破裂开始，国共两党的斗争历经了 22 年。22 年间，所有的问题都能从蒋介石退守台湾，从毛泽东在天安门城楼升起五星红旗，庄严宣布：“中华人民共和国，中央人民政府今天成立了”的这两件事件中，得到不可改变的结论。

蒋介石与毛泽东“掰腕”

蒋介石出生于1887年，毛泽东出生于1893年，毛泽东比蒋介石小6岁。19岁蒋介石东渡日本求学。21岁毛泽东在湖南省立第一师范学校读书，是《新青年》的热心读者，崇拜陈独秀、胡适。21岁蒋介石被保送日本东京振武学校并加入了同盟会。28岁毛泽东组织了湖南共产主义小组，并成为中国共产党的创始人之一。

国共合作前，蒋介石曾任沪军团长、粤军总司令部作战科主任、孙中山大元帅府行营参谋长。毛泽东曾任中共湘区执行委员会书记、中央执行委员、中央局委员、中央局秘书。国共合作时，蒋介石是黄埔军校校长兼粤军参谋长。此后蒋介石仕途坦荡，第一次东征时任国民革命军第一军军长，第二次东征时任国民革命军总指挥，北伐战争时任国民革命军北伐军总司令。毛泽东曾任国民党候补中央执行委员、国民党上海执行部委员、国民党中央宣传部代理部长。

不能不说，蒋介石和毛泽东都是“时代的弄潮儿”。蒋介石与毛泽东“掰腕”，实质上是国共两党在“掰腕”，两种不同的思想在“掰腕”。蒋介石与毛泽东之间的“掰腕”，一掰就是22年。

抗日战争时期，国共两党合作抗日，但蒋介石心里十分清楚：消灭日本的同时，共产党也不能不防备。随着抗日战争的深入，蒋介石推行“消极抗日、积极反共”的政策，国共两党的摩擦不断。根据国共达成的协议，共产党将在湘、赣、闽、粤、浙、鄂 、豫 、皖8省的中国工农红军游击队和红军第二十八军改编为国民革命军陆军新编第四军，下辖4个支队，共1万余人。

新四军成立后在扩充力量过程中，与同一战区的国民党军队不时发生武装冲突。陈毅率领的新四军第一支队在黄桥战役中，歼灭国民党主力部队近2万人，中将军长李守维阵亡。蒋介石命令何应钦、白崇禧以国民政府军事委员会正副参谋长的名义，向八路军正、副司令朱德、彭德怀和新四军军长叶挺、副军长项英发出“皓电”：指责共产党徐向前部、陈毅部击袭“友军”国民党，擅自“成立行政委员会，破坏行政系统，并截断江南江北补给线”。“查苏北鲁省皆非新四军作战区域，各该军竟越境进攻，似此对敌寇则不战而自退，对友军则越轨以相侵”。

电报将国共摩擦的“责任”归结为：“新四军其症结所在，皆缘于新四军所属部队：一、不守战区范围自由行动；二、不遵编制数量自由扩充；三、不服从中央命令破坏行政系统；四、不打敌人专事吞并友军。以上四端，实为所谓摩擦事件发生之根本，亦即新四军非法行动之事实，若不予以纠正，其将何之成为国民革命军之革命部队?”

接到国民党命令新四军迅即将全部撤到黄河以北的“皓电”后，毛泽东以朱德、彭德怀、叶挺、项英名义答复国民党，“同意将安徽南部的新四军部队调到长江以北”。

1941 年 1 月 4 日夜晚，新四军军部和皖南部队 9000 余人由泾县云岭地区出发，行至茂林地区时，顾祝同以新四军“违抗中央移防命令，偷袭围攻国军第四十师”为由，率第三十二集团军 8 万多人对新四军进行袭击。军长叶挺被俘，政委项英、政治部主任袁国平阵亡，全军约 9000 人，除约 2000 人突围外，其余大部分被俘、失散或阵亡，是为“皖南事变”。

皖南事变后，蒋介石发表讲话称：“这完全是我们整饬军纪的问题，性质很明白，问题很简单，事情也很普通。凡违令乱纪的军人，在所必惩，至于称兵作叛，袭击友军，侵占防地，妨害抗战的军队，更必然的须解散。这是抗战治军的天经地义。”新四军“迭次命令要他北上，移驻指定地区抗战，他偏按兵不动，到了最后限期已过，他还要自由向南移动，做一种有计划的军事行动，明目张胆，来袭击第四十师及上官云相的总司令部，实行叛变，所以我们要执行军纪，将他全部解散”。“新四军之公然称兵抗命，破坏军纪，我们政府能否彻底执行纪律，就是我们国家能否生存的最大一个关键。因此我这次乃抱定决心，要严肃军纪，以挽救全军的危亡，保障抗战的胜利，维护国家的生存”。

皖南事变中新四军“转移的路线”，成为人们关注的焦点之一。皖南新四军北移的路线是叶挺与国民党当局商定并经中共中央同意的路线，但是由于皖南新四军行动迟缓，顾祝同不再同意皖南新四军由该路线北移。可供皖南新四军选择的北移路线有三条：

第一条路线是经繁昌、铜陵地区渡江到无为的路线。这条路线的优点是路程较短，群众基础较好，沿途所经地区为新四军第三支队和江北无为游击纵队的活动地区；缺点是需要经过50余华里的敌占水网地带，还得穿越长江敌伪封锁线，不利于大部队的行动。

第二条路线是由云岭向东经马头镇、杨柳铺、孙家埠、毕家桥、郎溪至竹箦桥、水西地区（苏南指挥部所在地），再经苏南敌占区北渡长江。这条路线有利的方面是：路程较短，沿途设有兵站少，群众基础较好，同时在苏南我军可以接应。不利的方面是，需要经过国民党军一〇八师的防地，国民党方面只同意我非武装人员据此线北移，而不同意我战斗部队沿此线北移。

第三条路线是由军部驻地云岭南下茂林、三溪入旌德、宁国转广德、郎溪到溧阳渡江再到苏北的路线。这条路线群众工作基础薄弱，路程也比较远，又是向国民党的后方和重兵扼守的方向行动，在政治上、军事上对我都很不利。

开始，皖南新四军是准备按照往东和往北两条路线转移的。叶挺、项英曾致电毛泽东、朱德：大批工作人员先经苏南至苏北，部队由现地区突过长江至皖北。中共中央很快就批准了这一行动方案。但顾祝同顾忌新四军对国民党江苏省主席韩德勤部构成更大威胁，不准新四军经苏南敌后北渡，只准从繁昌、铜陵渡江。蒋介石在给顾祝同的电报中说：“（一）查苏北‘匪伪’（指陈毅、粟裕部）不断进攻韩部（指苏北韩德勤），为使该军江南部队，不致参加对韩部之攻击，应不准其由镇江北渡，只准其由江南原地北渡或由该长官另予以规定路线亦可。(二) 该战区对江南‘匪部’，应按照前定计划，妥为部署，并准备如发现江北匪伪竟敢进攻兴化或至限期（来年二月卅一日止）该军仍不遵命北渡，应立即将其解决，勿再宽容。”

蒋介石致电叶挺，指定新四军的北移路线是：第一，该军应在无为附近地区集结，而后沿巢县、定远、怀远、涡河以东睢州之线，北渡黄河，遵照前令进入指定地区，沿途已令各军掩护。第二，所请补给，俟到达指定地点，即行核发。国民党重庆电台十分险恶地广播了皖南新四军将要北移的消息，企图假日军之手消灭新四军。日军闻讯立即增调第十五师团于繁、铜地区，并增派舰艇梭巡于长江之上，准备截击新四军北移部队。

在这种情况下，新四军 10000 余人的大部队要跨越 50 华里的河网敌占区和长江封锁线，势必要遭到敌人的夹击，腹背受敌，进退失据。鉴于严重敌情，项英主持召开了新四军军分会扩大会议决定皖南新四军绕道茂林、三溪、宁国，再迂回天目山到溧阳，然后待机北渡。项英致电中共中央，报告皖南新四军北移方案。得到中央复电同意后，项英、叶挺率军南下茂林。

新四军改变北移路线是皖南事变发生的重要原因，但不是根本原因。蒋介石处心积虑要消灭皖南新四军，在强迫我军北移并指定北移路线的同时，制订了对皖南新四军的围歼计划。在这种情况下，皖南新四军不论走哪条北移路线，与国民党军队的冲突都是难以避免的。皖南事变彰显了蒋介石与毛泽东之间的“掰腕”，国共两党之间的冲突与矛盾趋于表面化。

从 1939 年国民党开始具体策划和实施其“防共”、“限共”的方针起，到 1941 年皖南事变结束止，毛泽东和中国共产党对蒋介石国民党的策略转变，在一系列极其复杂的过程中终于完成了。尽管由于总体上国共两党实力对比的限制，以及莫斯科的不理解，特别是由于事实证明蒋介石仍在抗日等原因，中共中央不久之后又逐渐恢复了国共合作的政策，但是撤销对国民党领导地位的承认，放弃与国民党“长期合作，共同建国”的幻想，提出“孤立与克服大地主大资产阶级及其首领蒋介石的反动，使一切主张抗日与民主的各阶层的人民代表去代替反动了的大地主大资产阶级”的策略，这无疑是决定着中国未来命运的一种重大的认识变动与策略变动，是抗战中的共产党迈向1949年的一个关键性步骤。

抗战胜利后，蒋介石与毛泽东之间的“掰腕”再次成为焦点。蒋介石连续三次电邀毛泽东到重庆“共商国是”，蒋介石估计毛泽东不敢来重庆，这样蒋介石能够获得舆论上的优势，可以把拒绝和平的责任全部推到共产党、毛泽东的头上。

1945年8月28日，毛泽东、周恩来、王若飞在美国驻华大使赫尔利、国民党政府代表张治中的陪同下，从延安乘专机赴重庆。当天，蒋介石在日记中写道：“毛泽东果应召来渝，此虽威德所致，而实上帝所赐也。”蒋介石在军队问题和解放区政权问题上，向毛泽东发难。在军队问题上，蒋介石苛刻地要求“中共军队之组编，以12个师为最高限度”，甚至要求共产党“交出军队”。在解放区政权问题上，蒋介石表示“承认解放区绝对行不通”，将解放区斥之为“封建割据”。

重庆谈判蒋介石与毛泽东之间在争论最激烈的军队和解放区问题上一直悬而未决。谈判陷入僵局，蒋介石对周恩来说：“告诉毛泽东，要和，就照这条件和，不然，请毛泽东回延安带兵来打。”第二天，毛泽东见到蒋介石说：“现在打，我可能打不过你，但我可以用对付日本的办法对付你。你占点线，我占面，我们用乡村来包围城市。”

蒋介石在与毛泽东“掰腕”过程中，蒋介石对毛泽东的个人魅力也是暗中赞赏。他曾对手下的“大笔杆子”陈布雷说：“毛泽东此人不可轻视。他嗜烟如命，手执一缕，绵绵不断。但他知道我不吸烟后，在同我谈话期间，竟绝不抽一支。对他的决心和精神，不可小视啊！”

重庆谈判国共双方代表王世杰、张群、张治中、邵力子和周恩来、王若飞共同签署了《政府与中共代表会谈纪要》，即《双十协定》。但蒋介石和毛泽东都清楚双方的“掰腕”并没有结束。10 月 11 日，蒋介石与毛泽东共进早餐，毛泽东于当天返回延安。是夜，蒋介石辗转难眠，在日记里写下“甚叹共党之不可与同群”的语句，表达了与毛泽东继续“掰腕”的想法。

争夺东北

抗日战争后，国民党军的总兵力为 430 万人，控制着几乎所有的大城市和绝大部分铁路交通线，接收了 100 余万日军的装备，美国还为国民党训练和装备了近 50 万军队。共产党的总兵力为 127 万人，装备基本上是缴自日军的步兵武器，解放区被分割、包围，在物质上得不到任何外界援助。

1946 年 6 月底，国民党军队进攻中原解放区，国共谈判的大门完全关闭。国民党对解放区的进攻方针是：集中兵力，迅速消灭山海关内解放军主力，控制津浦、平汉南北两条交通大动脉，稳住江南，确保华北。

解放区军民依照中共中央方针，依托解放区，各解放区军队紧紧地依靠人民群众，相互协同，密切配合，集中优势兵力实行内线作战，并逐步扩大战役规模，力求大量歼灭国民党军队的有生力量，打破国民党军队的全面进攻以促进革命高潮的到来。先后在中原、华中、华东、华北和东北战场取得了一系列胜利。共歼敌 71 万余人，平均每月歼其正规军超过 8 个旅，国民党军队陷于被动，不得不放弃对解放区的全面进攻。

蒋介石放弃全面进攻计划，改以陕北和山东解放区为重点，实行“双矛攻势”的重点进攻，企图从解放区的东西两翼与人民解放军主力决战。

在陕北，中共中央和西北野战军主动放弃延安，采取“蘑菇战术”，与胡宗南部在陕北高原周旋打转，经过青化砭、羊马河、蟠龙三战，共消灭胡宗南部14万余人，稳定了陕北战局。胡宗南军被西北解放军的“蘑菇”战术磨得精疲力竭，陷于进退两难的境地。在山东，华东野战军在陈毅、粟裕、谭震林的指挥下，先后取得“泰蒙战役”和“孟良崮战役”的胜利，歼灭国民党军5万余人，击毙中将师长张灵甫。

国共两党真正的较量是从东北开始的。东北，古称辽东、关东、关外、满洲，以山海关为分界，包括辽宁、吉林、黑龙江和内蒙古东部。抗日战争结束后，苏联红军根据战前相关协定，将东北“移交”给了国民党。国民党占领了东北的大城市和重要的铁路沿线，共产党采取“让开大路，占领两厢”的策略，积极在农村及城外发展力量。

辽沈战役之前，东北野战军已经控制了东北大部分的土地和人口，拥有12个步兵纵队、1个炮兵纵队、1个铁道纵队、15个独立师、3个骑兵师，共54个师70万人。国民党军队4个兵团14个军44个师(旅)，加上地方保安团队共约55万人。

毛泽东决定把战略决战放在东北战场，主要原因有：第一，东北野战军兵力大大优于敌人，打歼灭战比较容易成功。第二，东北野战军若攻下东北，可以以东北工业支持其余解放区部队。第三，辽沈战役一旦胜利，东北野战军即可挥师入关，协助华北人民解放军一同对抗华北国民党部队，组织平津战役。

国民党在东北兵力部署的状况是，卫立煌率周福成第八兵团、廖耀湘第九兵团，共8个军24个师30万人，驻守沈阳及外围的本溪、抚顺、铁岭、新民地区，作为防御中枢，准备随时增援长春、锦州；东北“剿总”副总司令兼第一兵团司令郑洞国中将率第一兵团，共2个军6个师10万人，驻守长春孤城，以牵制东野主力；东北“剿总”副总司令兼锦州指挥所主任范汉杰中将率卢浚泉第六兵团，共4个军14个师15万人，驻守义县至秦皇岛一线，重点在锦州、锦西地区，以确保与关内的联系。

1948年3月，蒋介石计划把沈阳国民党军主力撤至锦州，以便与华北傅作义配合，进可以夺回东北，退可以撤往关内。而卫立煌则主张固守沈阳、长春、锦州三大战略要点，保全东北，待变而起。

廖耀湘等东北将领大都支持卫立煌的方案，反对蒋介石的计划。蒋介石命令卫立煌打通沈锦路，将主力撤到锦州。卫立煌当然不同意，并派廖耀湘等人赴南京见蒋介石，申述利害。但蒋介石仍然坚持急于打通沈锦路，将主力撤到锦州。国民党统帅部对东北军事战略布局出现重大分歧。

根据毛泽东和中央军委的指示，林彪决定留下部分兵力继续围困长春，主力南下，兵锋指向锦州。具体部署为：以6个纵队、3个独立师、1个骑兵师和炮兵纵队的主力，夜行晓宿，长途奔袭，包围锦州及北宁线上各点。以4个纵队及1个骑兵师位于锦州以北的新民县西北，监视沈阳之敌。以1个纵队在开原地区准备阻击长春之敌突围。以1个纵队、6个独立师和炮纵一部继续围困长春。另以少数部队向长春方向佯动，公开提出“练好兵，打长春”的口号，以迷惑敌人。

1948年9月29日，东北野战军先后攻克河北省的昌黎、北戴河和辽宁省的绥中、兴城，切断了辽西走廊，完成了对锦州、义县的包围。蒋介石命令卫立煌经沈锦路出辽西，直接解锦州之围。卫立煌坚决反对这一方案，认为锦州之围应由关内出兵直接解决，解围后与锦州部队会合出大凌河向大虎山攻击前进。蒋介石飞抵沈阳召集军事会议平衡各方利益，决定从华北和山东海运葫芦岛7个师，加上葫芦岛阙汉骞的第五十四军4个师，共计4个军11个师组成“东进兵团”，由华北第十七兵团司令侯镜如指挥；以沈阳地区的5个军11个师和3个骑兵旅，组成“西进兵团”，由第九兵团司令廖耀湘指挥，准备东西对进，以解锦州之围。

东北野战军拟定了总攻锦州和打援的具体作战方案：以第二、第三纵队和第六纵队第十七师，以及炮兵纵队主力和坦克营，组成北突击集团，由第三纵队司令员韩先楚指挥，由城北向南突击；以第七、第九纵队及一部分炮兵，组成南突击集团，由第七纵队司令员邓华指挥，从城南向北突击；以第八纵队及第一纵队炮兵团，组成东突击集团，由第八纵队司令员段苏权指挥，从城东向西突击；以第四、第十一纵队及两个独立师位于打渔山、塔山和虹螺岘一线，由第二兵团司令员程子华指挥，阻击葫芦岛和锦西方向的援敌；以万毅第五纵队、黄永胜第六纵队、梁兴初第十纵队，位于新民以西、以北地区，堵击由沈阳出援的敌“西进兵团”；李天佑率第一纵队位于锦州和塔山之间的高桥，作为战役总预备队，既可北攻锦州，也可南援塔山。

塔山，是北宁线上一个小村落，位于锦州、锦西之间，距锦西10余公里，距锦州30公里，是由锦西增援锦州的必经之地。国民党“东进兵团”向塔山阵地发起正面强攻，战斗异常激烈，塔山阵地9次易手，但阵地始终被解放军控制着。如果塔山失守，敌“东进兵团”将像潮水一般在1个小时内涌来，即可直逼锦州，不但整个辽沈战役的总计划将被打乱，东北野战军主力也将受到极端严峻的威胁。

1948年10月14日，东北野战军发动攻克锦州城战役，全歼国民党守军10万余人，俘虏东北“剿总”副总司令兼锦州指挥所主任范汉杰中将和第六兵团司令卢濬泉中将。范汉杰沮丧地说：“锦州好比一根扁担，一头挑东北，一头挑华北。现在扁担断了。”

锦州战役发动之际，国民党第六十军军长曾泽生率所属3个师2.6万人起义，长春解放。廖耀湘率“西进兵团”出辽西后得知锦州失守，卫立煌认为廖耀湘兵团再无西进的必要，应迅速撤回新民，否则又有被解放军包围消灭的危险。蒋介石命令“西进兵团”迅速向锦州攻击。卫立煌坚决不同意廖耀湘继续西进，但又不敢公然违背蒋介石的命令，于是“西进兵团”撤回新民。

东北野战军将“西进兵团”包围在辽西沈阳、锦州之间，采取边合围，边分割、边歼灭的战法。辽西会战结束，廖耀湘西进兵团所属新一军、新六军、新三军、第七十一军和第四十九军共计5个军12个师10万余人全部被歼灭，兵团司令廖耀湘中将、新六军军长李涛中将、第七十一军军长向凤武中将、第四十九军军长郑庭芨中将被浮。

新一军军长潘裕昆和新三军军长龙天武只身逃回沈阳。蒋介石得知廖耀湘兵团在辽西走廊遭到解放军围歼时，在日记中写道：“东北全军，似将陷于尽墨之命运，寸中焦虑，诚不知所止矣。”

1948年11月1日，东北野战军对沈阳发起攻击。第二天，解放军攻占沈阳、营口。至此，辽沈战役结束。辽沈战役历时52天，东北野战军以伤亡6.9万人的代价，歼灭国民党军47万余人，俘虏少将以上高级军官186名。东北全境获得解放，从根本上改变了国共双方总兵力的对比，国民党总兵力下降到290万人，解放军总兵力上升至300万人。毛泽东信心十足地说：“现在看来，只需从现在起，再有一年左右的时间，就可能将国民党反动政府从根本上打倒了。”

决战淮海

济南，作为津浦、胶济铁路交会点，北靠黄河，南倚泰山，地形险要，易守难攻。华东野战军发动济南战役，共歼国民党军10.4万余，俘虏第二“绥靖区”司令官王耀武，副司令官牟中珩等国民党军高级将领23人，攻克济南。

济南战役开创了解放军夺取重兵坚守的大城市的先例。中共中央在贺电中指出，济南的攻克，“证明人民解放军强大的攻击能力，已经是国民党军队无法抵御的了，任何一个国民党城市都无法抵御人民解放军的攻击了”。蒋介石的美国顾问垂头丧气地说：“自今而后，共产党要到何处，就到何处，要攻何城，就攻何城，再没有什么阻挡了。”

淮海，是指淮河下游、黄海之滨的广大地区。蒋介石清楚，要想守住长江，就必须守住淮河。国民党将兵力集结于徐州、蚌埠之间的津浦铁路两侧，伺机与解放军决战。蒋介石声称，徐淮会战是国民党政权“存亡最大之关键”。

辽沈战役后，蒋介石害怕徐州各部重蹈卫立煌集团全军被歼之覆辙，为确保徐州，巩固江淮，以屏障南京，于11月4日，决定将刘峙集团主力收缩到津浦路徐蚌段两侧守备，企图以徐蚌段为轴心，各机动兵团分布在该段两侧地区，以攻势防御阻击人民解放军南下，必要时撤到淮南，确保南京。

济南战役后，敌徐州“剿总”刘峙集团开始收缩兵力，至10月底，其4个兵团、4个绥靖区、25个军，约60万人的兵力，分布在以徐州为中心的陇海和津浦两条铁路线上，企图阻止人民解放军南下，以屏障南京。其部署是：黄百韬第七兵团在新安镇地区；李弥第十三兵团在徐州以东地区；邱清泉第二兵团在黄口、砀山地区第十六兵团（孙元良）由郑州撤往蒙城；李延年第九绥靖区在海州；冯治安第三绥靖区在韩庄、台儿庄地区；刘汝明第四绥靖区在商丘；周岩第一绥靖区在淮阴。这一部署的特点是，重兵密集，便于机动，增援迅速。

中央军委批准华东野战军进行淮海战役的作战方针，第一步集中兵力，歼灭第七兵团，完成中间突破；第二步歼灭海州、连云港地区之敌；第三步在两淮地区作战，并要求中原野战军主力部署攻击陇海路郑徐段，牵制第十六兵团不使其东调，配合华东野战军作战。为了全歼第七兵团，并迷惑敌军，使其不能迅速判明我军的主攻目标，华东野战军用一半以上兵力担任牵制、阻击任务，并从南北两面及西面威逼徐州。

淮海战役，共分三个阶段。

第一阶段华东野战军把黄百韬兵团分割包围于徐州以东的碾庄地区。徐州方面邱清泉、李弥两个兵团东进试图救援黄百韬，但是被华野阻击在大许家一带无法突破。经过12天逐村恶战，华东野战军全歼黄百韬兵团10万人，敌兵团司令黄百韬自杀，完成了对徐州的战略包围。

第二阶段，中原野战军在宿县西南的双堆集地区，包围了从华中赶来增援的黄维兵团12个师。中原野战军和华东野战军集中9个纵队的优势兵力，对黄维兵团发起总攻，歼敌12万人，生俘黄维。将徐州“剿总”副总司令杜聿明集团困在徐州，围而不歼。

第三阶段，华东野战军对被包围的杜聿明集团发起总攻，经过4天战斗，全歼邱清泉、李弥两个兵团共25万人，俘获杜聿明，邱清泉自杀，李弥逃脱。

淮海战役解放军参战部队66万人，国民党军先后出动兵力80万人，历时65天，共歼敌55万余人，使蒋介石在南线战场上的精锐部队被消灭干净，将淮河以北完全解放，淮南大部地区也为解放军所控制，江北只剩一个重要城市安庆在国军控制下，解放军已直逼长江，下一步攻击矛头直指蒋介石统治的核心地区——江浙沪地区。就全国战局而言，辽沈、淮海战役后国民党军五大战略集团中，最强大的战略集团徐州集团和东北集团已经不复存在，华北集团也危在旦夕，尚存的华中、西安两集团，在解放军的不断打击下，也受到很大削弱，而新组建的京沪杭汤恩伯集团，实力很弱，这三个集团已经不能构成主力集团。黄河以北绝大部分已经是解放区，黄河以南到长江以北，基本是解放区，国民党只得凭借长江天险占据江南半壁，但随着精锐主力的丧失，也已缺乏足够的兵力来组织起有效的防御，使国民党统治中心南京处于人民解放军的直接威胁之下。李宗仁回忆道，徐蚌会战已近尾声时，中共全盘胜利已成定局，京沪震动，人心惶惶，国内外许多民意机关，甚至统兵作战的高级将领，都认为前途无望。美国驻华军事顾问团团长巴达维将军在给美国陆军部的报告中说，由于国民党政府在长江以北的失败所造成的耻辱，纵令时间容许，国民党政府是否能在华南取得必要的支持，动员这一地区的人力，以重建其军队，实属极端令人怀疑。国民党的完全失败，已是不可避免。美国驻华大使司徒雷登则认为，蒋介石的军事力量实际上是崩溃了。

毛泽东在淮海战役结束后发表的关于时局的声明中说，现在，人民解放军无论在数量上、士气上和装备上均优于国民党反动派政府的残余军事力量。至此，中国人民才开始吐了一口气。现在情况很明显，只要解放军向残余的国民党军再作若干次重大攻击，国民党统治即将土崩瓦解，归于消亡。

逐鹿平津

辽沈战役结束后，东北野战军主力由锦州、营口、沈阳等地出发，隐蔽向北平、天津、唐山、塘沽地区开进。同时，华北军区第一、第二、第六纵队也由集宁地区东进。按照中央军委的部署解放军对北平、天津、张家口守军实行“围而不打”“隔而不围”的原则。

华北军区第三兵团向张家口外围国民党军发起攻击，对张家口形成包围态势。傅作义判断，华北军区部队对张家口的进攻是一次局部行动，决心乘东北野战军尚未入关之际，集中主力首先击破华北军区部队的进攻，然后以逸待劳，迎击东北野战军的攻势。遂令其主力驰援张家口。

解放军吸引傅作义主力西援的目的已经达成，着手切断张家口守军与援军之间的联系，使其既不能西逃，也不能东撤。东北野战军先遣兵团攻克密云，傅作义得知密云失守后，感到北平受到威胁，急令第三十五军由张家口星夜东返；令第一〇四军主力及第十六军由怀来、南口向西接应；令第九十四军及第九十二、第六十二军由杨村、崔黄口、芦台地区开往北平，加强防御。解放军趁势将傅作义主力一部阻击滞留于新保安地区。

东北野战军加紧入关，傅作义部被困张家口、新保安等孤立据点。为了不使蒋介石、傅作义下定迅速放弃平津向南逃跑的决心，防止傅作义率部从海上逃跑，解放军对傅作义各部实施“围而不打”、“隔而不围”的原则。

解放军乘机插入北平、天津和天津、塘沽之间，傅作义发现解放军骤然逼近平津，已陷入欲逃不能、欲守亦难的困境，于是匆忙放弃南口、涿县、卢沟桥、通县及唐山、芦台、廊坊等地，向北平、天津、塘沽收缩兵力。至此，解放军已经将傅作义集团全部分割包围于张家口、新保安、北平、天津、塘沽等地，封闭了其西逃和南逃的一切道路，使傅作义集团的“长蛇阵”被切为数段，完成了对其战略包围和战役分割，使其由“惊弓之鸟”变成了“笼中之鸟”。

张家口国民党军企图全力向北突围，解放军发动张家口战役，共歼敌7个师，5万多人。为防止北平、天津国民党军突围，中央军委批准了东北野战军的作战计划，集中兵力先打天津。天津市有200万人口，东距塘沽50公里，西距北平120公里，是华北最大的工商业城市，战略地位十分重要。市区狭长，有海河经市区流入渤海，国民党军长期设防，工事坚固。天津警备司令陈长捷指挥第六十二军、第八十六军等部10个师及非正规军共13万人，附山炮、野炮、榴弹炮60余门，企图凭恃“大天津堡垒化”的防御体系，进行固守。东北野战军领导人集中5个军共22个师，连同特种兵总计34万人，附重炮538门、坦克30辆，以绝对优势的兵力和武器夺取天津。天津战役全歼国民党守军13万余人，俘虏警备司令官陈长捷。

新保安、张家口、天津守军相继被歼后，驻北平的国民党军华北“剿匪总司令部”，共8个军25个师25万人，与北平完全陷于绝境。

鉴于北平是驰名世界的文化古城，为保护文化古迹免遭战争破坏和200万人民的生命财产，中共中央军委决定争取通过谈判和平接管，同时命令部队准备在谈判不成时以战斗方式夺取。解放军与傅作义达成《关于和平解决北平问题的协议》，驻北平的国民党军撤出城外，进至解放军指定的地点听候改编为人民解放军。至此，北平和平解放，平津战役结束。

北平的和平解放，创造了将国民党军和平改编为人民解放军的“北平方式”，争取了大批国民党军高级将领和建制部队站到人民方面来，是中共中央战略指导的一大成功。

平津战役中，解放军以伤亡不足4万人的代价，歼灭和改编国民党军1个总司令部、1个警备司令部、3个兵团部、13个军部、50个师及非正规军4个师，共52万余人，基本上解放了华北地区。平津战役连同辽沈战役、淮海战役的胜利，使国民党丧失了三大精锐战略集团，国民党军主力和精锐师团共约160万人全部被歼。长江中下游以北的广大地区被解放军占领，国民党的统治基础发生了根本动摇，为解放战争在全国胜利奠定了牢固的基础。

国民党退守台湾

长江，历来被兵家视为天堑，下游江面宽达2～10公里，水流湍急，沿江河流湖泊密布，不利大兵团行动。蒋介石在宜昌至上海间1800余公里的长江沿线上，共部署了115个师约70万人的兵力。其中，汤恩伯集团75个师约45万人，布防于江西省湖口至上海间800余公里地段上；白崇禧集团40个师约25万人，布防于湖口至宜昌间近1000公里地段上。同时，以海军海防第二舰队和江防舰队一部计有军舰26艘、炮艇56艘分驻安庆、芜湖、镇江、上海等地的长江江面，江防舰队主力计舰艇40余艘分驻宜昌、汉口、九江等地江面，沿江巡弋；空军4个大队计飞机300余架分置于武汉、南京、上海等地，支援陆军作战。此外，美英等国也各有军舰停泊于上海吴淞口外海面，威胁或伺机阻挠人民解放军渡江。

人民解放军第二、第三野战军和中原、华东军区部队共约100万人，准备在5月汛期到来之前，由安庆、芜湖、南京、江阴之线发起渡江作战，歼灭汤恩伯集团，夺取国民党政府的政治经济中心南京、上海，以及江苏、安徽、浙江省广大地区。第四野战军12万人组成先遣兵团，攻取信阳，威胁武汉，会同中原军区部队牵制白崇禧集团，策应第二、第三野战军渡江作战。

1949年4月20日，人民解放军发起渡江作战。在100余公里的江面上，首先登船起渡，迅速攻占了鲫鱼洲等江心洲，接着突破鲁港至铜陵段国民党军江防阵地，连续打退守军的多次反击，巩固了滩头阵地，而后向纵深发展攻势。国民党军芜湖以西地段的长江防御被人民解放军突破后，解放军东、西两突击集团发起强大的渡江作战。东突击集团占领了江阴以南、申港以西之线，建立了东西50余公里、南北10余公里的滩头阵地。西突击集团突破守军江防阵地，控制了宽100余公里、纵深5~10公里的滩头阵地。渡江战役解放军以木帆船作为主要航渡工具，一举突破国民党军的长江防线，歼灭国民党军11个军部、46个师共43万余人。解放了南京、上海、武汉等大城市，以及江苏、安徽两省全境和浙江省大部及江西、湖北、福建等省各一部分，为而后解放华东全境和向华南、西南地区进军创造了重要条件。

获悉解放军占领南京的消息，毛泽东欣然提笔写下了《七律·人民解放军占领南京》。

钟山风雨起苍黄，百万雄师过大江。

虎踞龙盘今胜昔，天翻地覆慨而慷。

宜将剩勇追穷寇，不可沽名学霸王。

天若有情天亦老，人间正道是沧桑。

在西北战场，彭德怀指挥第一野战军，攻西安，克兰州，占西宁，据银川，进军河西走廊，兵临玉门，十万大军直叩新疆大门。新疆军政两界分别由陶峙岳、包尔汉领衔，各师旅长、省政府委员联名发出通电，宣布起义，新疆和平解放。

广州解放后，由广东溃逃的国民党军余汉谋集团残部迅速撤往海南岛，连同岛上原有的第六十四军等部，总兵力约10万人，企图凭借海峡天险，阻止解放军渡海登陆。解放军靠着简陋的木帆船，与国民党精锐的海陆空立体防御体系作战，强渡琼州海峡，胜利完成琼岛北部的敌前登陆。随后，人民解放军向纵深进军，相继解放了大部分沿海城镇、控制了海南岛北部长达400里的海岸线。解放军占领海口市并相继占领了榆林、三亚等主要城市。海南岛战役共歼敌3万多人，其残部逃至台湾。

蒋介石与毛泽东“掰腕”的最终结果是，蒋介石兵败大陆，偏安台湾。国民党兵败大陆，蒋介石除了兴叹“英雄的末路悲怀”之余，也反省国民党在大陆失败的原因。蒋介石总结了七条失败原因。

第一，军事上的崩溃。国民党军队纪纲败坏，“过去北洋军阀被打败是他们本身腐朽”。但在北伐后，“所有北洋军阀的毛病，我们的军队都已习染，不论在精神上、在行动上，都渐次趋于腐化堕落”，“几乎与北洋的军队如出一辙”。“我们的军队已经成了没有灵魂的军队”，失败则是必然。蒋介石非常沉痛地说：“自从抗战末期到现在，我们国民革命军内部所表现的贪污、腐败的内容和实情，真是光怪陆离，简直令人不能想象。”“许多高级指挥官每到作战的时候，不是在陆上准备了车辆，就是在水上准备了船舶，一到紧要关头，就不管他的部下生死，而先自上车或者登船逃命。这样没有人格的官长，可以说是寡廉鲜耻，怎能再取得部下的信仰呢？而且一般高级将领，在生活上骄奢淫逸，尽情享受，何尝还有一点同甘苦、共患难的意思？”在军民关系方面，“可以说恶劣到了极点”。“我们军队每进到一个村庄，这个村庄中较好的房屋，就一定被我们军队占领。借了人民的东西不归还，损坏了人民的器具不赔偿。这样，当然使人民对我们发生反感，而不愿帮助我们。”

第二，缺乏信仰，是“我们今天失败到如此地步，最主要的致命伤”。国民党“一般干部普遍犯了虚伪的毛病，相习于虚浮夸大，而不能实事求是。这种风气流行的结果，使得部队、机关和学校一切办事、命令和报告，都是互相欺骗、互相蒙蔽，而没有几件事是完全实在的，可以相信的”。

第三，政党制度的失败。政党政治的失败在于“新的制度未曾建立，而旧的制度早已崩溃，所以在政治上形成这样混乱脱节的现象，这是我们政策的失败，以致整个政治濒于崩溃”。

第四，国民党“组织不严”。蒋介石说：“军队为什么会腐败，政治上为什么有人会贪污，关键在于‘组织之不健全’”。

第五，“经济上的失败”导致了政治、军事与社会的瓦解。蒋介石认为，国民党改革币制政策失败，导致“经济就在通货恶性膨胀的情势之下，游资走向投机垄断，正当的企业不能生存，中产阶级流于没落；社会心理日趋浮动之中，经济崩溃的狂澜，就无法挽救”。“这是大陆经济崩溃最重要的环节”。

第六，“国际外交上的失败”。在外交方针上过分信赖美国导致了“缺乏自力更生的决心，那就是我们铸成今日悲剧的一个大错”。

第七，国民党在大陆的最大失败，就是在“教育和文化”方面。蒋介石认为：“政治、军事、经济等项的失败，其影响无非一面和一时的，只有教育的失败，则其影响将及于整个民族，而且绝非短时期所能补救的。”

蒋介石在台湾总结所谓的“经验教训”时，毛泽东率中共领导人已经从西柏坡向北京进发。关于新中国开国大典的时间，西方通讯社做了种种揣测：一种普遍的说法是，中国人办事讲究选择吉日良辰，共产党极有可能在占领华南、西南基本统一大陆后，于1950年元旦这天举行仪式，因为“元旦”是中国人认为一年中最好的喜庆开端的日子。

1949年9月27日，政协会议宣布将北平改为北京，定为首都，消息传开后，有西方通讯社认为，共产党会选择辛亥革命的“双十节”10月10日这天举行开国大典仪式。

实际上，早在7月初中央就成立了由周恩来为主任，彭真、聂荣臻、林伯渠、李维汉等人为副主任的开国大典筹备委员会，在确定“阅兵典礼方案”时周恩来在阅兵方案的报告上写下了开国大典的日期和地点。经毛泽东、朱德、刘少奇圈阅后，开国大典定为“10月1日”。

开国大典的时间一直保密，直至10月1日上午10时左右，才由北京新华广播电台通过电波，向全世界发出预告。这时，离下午大典正式开始的时间，只剩5个小时。

开国大典之所以定为“下午3点”，主要是从安全方面考虑。当时南方一些地区还未解放，国民党的空军经常袭扰北方，并图谋破坏开国大典。当时，国民党空军受夜航能力限制，在大陆轰炸完后，必须在天黑前返回。如果上午举行大典，国民党飞机飞到北京还能赶在天黑前回去。如果下午举行，国民党飞机就来不及飞到北京进行轰炸了。于是，开国大典决定在下午举行。

按照国际上举行庆典活动时的惯例，一般都是鸣礼炮21响，代表最高的礼仪。而开国大典却是鸣礼炮“28响”。礼炮队由108尊山炮组成，分为两组，一组装填，一组发射，轮流作业，以缩短每响之间的间隔时间。所以，人们习惯上仍称54尊礼炮。

“54门大炮”表示当时统计的我国有54个民族，“28响礼炮”表示中国共产党从1921年成立起，经历了28年的奋斗，才迎来了新中国的成立。开国大典上，108尊礼炮一字形摆开，背倚天安门广场，靠在一截古墙边，位置在前门附近。两分半钟之内，28响无头空炮全部送入空中。

开国大典时由于日期的确定和程序的绝对保密性，使得能出席大典的外国人少之又少。出席大典的外国人只有苏联文学家艺术家代表团、朝鲜人民代表团和来解放区访问的意大利共产党中央委员斯巴诺。美国包瑞德上校，是唯一一位没有接到邀请却“参加了”开国大典的外国人。

包瑞德上校是原美国驻北平总领事馆武官，他一直滞留北京。在开国大典举行时，包瑞德上校站在原美国驻北平总领事馆的围墙附近，频频地对大典情况进行拍摄。开国大典上怎么能允许一个美国上校进行拍摄呢？公安部建议将包瑞德上校抓起来或是没收其胶卷。包瑞德上校在抗战后期曾经作为组长率领美军观察组到过延安，与毛泽东、周恩来、朱德、叶剑英都有过交往，对我党我军有过友好的态度。毛泽东听完汇报后表示：“让他照，不管他。我们这是公开的嘛，让他给我们当个义务宣传员吧。”就这样，一位美国上校也“参加了”新中国的开国大典。

10月1日下午3时，毛泽东、朱德最先登上了天安门城楼。在代国歌《义勇军进行曲》奏响后，毛泽东庄严宣布：“同胞们，中华人民共和国，中央人民政府今天成立了！”毛泽东亲手按动电钮，第一面五星红旗在广场上冉冉升起，54 门礼炮齐鸣 28 响，规模浩大的阅兵式和群众游行开始。

中华人民共和国的成立开辟了中国历史新纪元。中国人民从此站起来了，成为国家的主人。从此，中国结束了一百多年来被侵略、被奴役的屈辱历史，真正成为独立自主的国家，壮大了世界和平、民主和社会主义的力量，鼓舞了世界被压迫民族和被压迫人民争取解放的斗争。

第十三章　红色的幽灵

马克思、恩格斯早年在预言社会主义革命发生时，曾明确指出，社会主义革命只能发生在英国、法国、德国这三个资本主义生产力和生产关系高度发展的国家。

俄国早期社会主义运动女活动家查苏利奇曾致信马克思，问及俄国是否一定要经过资本主义这一历史阶段，才能进行社会主义革命。马克思在复信中说，“俄国的情况有别于西欧”，“在农村公社的基础上吸收现代资本主义而跨越资本主义卡夫丁峡谷”。

十月革命后苏联建立了第一个社会主义国家。马克思曾经设想的“俄国跨越资本主义的卡夫丁峡谷”的设想，似乎得到了印证。

然而，列宁领导的苏联社会主义革命并非一帆风顺。“战时共产主义政策”受到挫折，苏联开始实行“新经济政策”。斯大林上台后，一改列宁的“新经济政策”，强力推行“斯大林模式”。列宁晚年的遗嘱，留给人们太多的思考。

预言

对未来理想社会的设想与追求，是人类不可抗拒的天性，这种天性成就了古今中外许许多多杰出的思想家。托马斯·莫尔、康帕内拉预言了《乌托邦》《太阳城》，创立了空想社会主义。马克思预言“两个必然”：资本主义必然灭亡，社会主义必然胜利。

马克思在《共产党宣言》的开篇中写道：“一个幽灵，一个红色的幽灵，在欧洲徘徊。”共产主义的“红色幽灵”，从英国、法国、德国飘向广袤的俄罗斯，飘向有着五千年文明历史的古老中国。纵观近代世界一百年历史，没有一种思想能够像马克思主义那样对世界产生如此重大影响，并一直持续到今天。马克思，一个“赤手空拳的预言家”，他的思想和预言改变了整个世界。

马克思，出生在德国特利尔市一个犹太族律师家庭。1841 年毕业于耶拿大学，获得哲学博士学位的马克思在德国一家著名的报纸——《莱茵报》——工作。在马克思担任《莱茵报》主编期间，德国发生了轰动一时的“林木盗窃问题”的争论。贵族地主霸占了德国西部大片公有的森林和草地，禁止当地居民砍材、放牧。居民们若再到森林和草地砍材、放牧，便被视为“盗窃”。此举引来当地广大居民和德国民众的强烈不满。马克思在《莱茵报》撰写了一系列文章，抨击权贵，声援民众。德国政府查封了《莱茵报》，马克思愤怒之下辞去了报纸主编职务，开始了“职业革命”生涯。

在马克思的一生中，有两个人对他的影响最大。一个是燕妮，一个是恩格斯。燕妮，出身于贵族家庭，门庭显赫，马克思和燕妮在孩童时候就一直是朋友。马克思一生颠沛流离充满了艰辛，燕妮任劳任怨、不弃不离，成为马克思生活上不可分离的伴侣。燕妮逝世后，马克思在写信给朋友的信中动情地说：“你知道，很少有人比我更反对伤感。但是如果不承认我时刻在怀念我的妻子——她同我的一生中最美好的一切是分不开的——那就是我在骗人。”

恩格斯，出生于德国莱茵省巴门市一个纺织厂主家庭。恩格斯家境富裕，经常在生活上帮助拮据的马克思。在同马克思长达40年的友谊中，两个人合作撰写了《神圣家族》《德意志意识形态》《共产党宣言》等著作，共同领导了第一国际，共同创立了马克思主义。恩格斯晚年整理、出版了马克思未完成的巨著《资本论》第二、三卷手稿。在马克思主义的宏伟乐章中，马克思是“第一提琴手”，恩格斯被人们誉为“第二提琴手”。

也许是继承了犹太民族勤奋刻苦，执著顽强的传统，马克思一生，博览群书，知识渊博，他能用十几种语言阅读，能用德、法、英三种文字写作。在颠沛流离的生活中，马克思始终孜孜不倦，撰写一篇又一篇的光辉著作。先后撰写了《经济学哲学手稿》《关于费尔巴哈的提纲》《哲学的贫困》《共产党宣言》《1848年至1850年的法兰西阶级斗争》《路易·波拿巴的雾月十八日》《政治经济学批判导言》《鸦片贸易史》《政治经济学批判序言》《资本论》《法兰西内战》《哥达纲领批判》《反杜林论》等。中国出版的马克思、恩格斯合著的《马克思恩格斯全集》50卷，共计3200多万字。

1883年3月14日，马克思在伦敦寓所辞世。后与燕妮合葬于伦敦北郊的海格特公墓内。恩格斯在马克思墓前发表了著名的演讲：“正像达尔文发现有机界的发展规律一样，马克思发现了人类历史的发展规律，即历来为纷繁芜杂的意识形态所掩盖着的一个简单事实：人们首先必须吃、喝、住、穿，然后才能从事政治、科学、艺术、宗教，等等。所以，直接的物质的生活资料的生产，从而一个民族或一个时代的一定的经济发展阶段，便构成基础；人们的国家制度，法的观点，艺术以至宗教观念，就是从这个基础上发展起来的。因而，也必须由这个基础来解释，而不是像过去那样做得相反。不仅如此，马克思还发现了现代资本主义生产方式和它所产生的资产阶级社会的特殊的运动规律。由于剩余价值的发现，这里就豁然开朗了，而先前无论资产阶级经济学家或社会主义批评家所做的一切都只是在黑暗中摸索。”

马克思主义理论为人们呈现了：为什么要推翻资本主义，推翻资本主义的路径是什么，未来社会的基本框架是什么，这样一个完整的有关“理想社会”的逻辑链条。

马克思认为，资本主义社会并没有跳出阶级压迫的怪圈。资本家是依靠无偿占有雇佣工人的剩余价值而发财致富的。资本主义生产的社会化和生产资料资本主义私人占有制之间的矛盾，造成个别企业的有组织性和整个社会生产的无政府状态的对立。资本家为了获得最大的利润并在竞争中获胜，总是极力加深对工人的剥削，造成社会的两极分化，造成生产力不断增长的趋势和社会购买力相对缩小之间的矛盾，从而不可避免地出现周期性的经济危机。马克思认为，无产阶级是资产阶级的掘墓人。无产阶级必须建立政党，建立广泛的统一战线，通过暴力来推翻资产阶级的统治。马克思指出，未来社会实行生产资料公有制，实行真正的民主的普选制，反对特权，缩小工资差别，各尽所能，按需分配，组成“自由人的联合体”。

马克思在《共产党宣言》中写道，资产阶级在历史上曾经起过进步的作用，但随着生产力的发展，社会化大生产和资本主义生产资料私人占有制之间的矛盾日益尖锐，必然导致周期性经济危机的加深和无产阶级同资产阶级矛盾的激化，这表明：资产阶级的生产关系已经太狭窄了，再容纳不下了它本身所造成的财富了。资产阶级的灭亡和无产阶级的胜利同样是不可避免的。

当《共产党宣言》发表的时候，当时中国思想界讨论的最前沿的话题是：“天朝大国”该不该向西方学习。魏源提出的“师夷长技以制夷”的主张，可以说是当时中国思想界最先进、最前卫的主张。

在《共产党宣言》发表半个多世纪后，1896 年孙中山在留居英国期间，在大英博物馆第一次读到马克思的《共产党宣言》。

1905 年底，资产阶级革命派朱执信在同盟会机关报《民报》上发表文章，简要介绍了《共产党宣言》。1908 年，刘师培在《天义报》

发表了《〈共产党宣言〉序》。这是中国人第一次为《共产党宣言》作序。

1917年俄国十月革命的胜利，进一步唤醒了中国的先进分子，介绍和讨论《共产党宣言》的文章如雨后春笋。1920年，李大钊倡导成立的“北京大学马克思主义研究会”，翻译了德文版《共产党宣言》。同年，陈望道根据日文和英文版翻译的《共产党宣言》中文译本正式出版。

毛泽东最早接触到《共产党宣言》，是在五四运动前夕，他在陈独秀、李大钊创办的《每周评论》第16号上，读到了介绍《共产党宣言》的文章。毛泽东在回忆最初读到《共产党宣言》时，说：“读了《共产党宣言》，我才知道人类有史以来就有阶级斗争，阶级斗争是社会发展的动力，初步地得到了认识问题的方法。可是这些书上没有中国的湖南、湖北，也没有中国的蒋介石和陈独秀，我只取得了它四个字：阶级斗争。老老实实地开始研究实际的阶级斗争。”

马克思做了很多的预言，但他没有想到：他的理论在有着五千年文明历史的古老中国会产生如此巨大而深刻的影响，改变了占地球六分之一的人口国度的前行轨迹。

卡夫丁峡谷

公元前321年，意大利中部山区部落萨姆尼特人，在卡夫丁峡谷打败罗马军队，迫使罗马军人从由长矛交叉构成的“轭形门”下通过。此后，人们就以“卡夫丁峡谷”比喻灾难性的历史经历。

马克思、恩格斯早年在预言社会主义革命发生时，曾明确指出，社会主义革命只能发生在英国、法国、德国这三个资本主义生产力和生产关系高度发展的国家。巴黎公社的失败，使马克思、恩格斯开始将社会主义革命发生地点的选择转向东方，重点是对俄国的关注。1877年11月，马克思在《给〈祖国记事〉杂志编辑部的信》中，明确提出了俄国社会发展道路的“非西方化”的问题。认为，不应把西欧资本主义起源的历史概括成社会发展的一般道路，因为“极为相似的是此案发生在不同的历史环境中就引起了完全不同的结果”。

1881年2月16日，维·伊·查苏利奇给马克思写了一封信。查苏利奇是俄国早期社会主义运动女活动家，孟什维克领导人。她曾把马克思和恩格斯的许多重要著作译成俄文，对马克思主义在俄国的传播起了推动作用。查苏利奇致信马克思，请求马克思谈谈对俄国农村公社的命运的看法及俄国是否一定要经过资本主义这一历史阶段。马克思在给查苏利奇的复信中说，俄国农村公社在其现实的进程中，面临着自身发展的两条道路或两种前途，或者是私有制因素战胜公有制因素；或者是公有制因素战胜私有制因素。俄国可以不通过资本主义制度的“卡夫丁峡谷”，而吸收资本主义制度所取得的一切成果。

恩格斯在1875年撰写的《论俄国的社会问题〈导言〉》，1894年撰写的《〈论俄国的社会问题〉的跋》，以及19世纪90年代写给丹尼尔逊等人的信中，阐述了关于东方落后国家走向社会主义的基本看法。恩格斯认为，生产力的低级阶段不能完成生产力高级阶段的任务，生产力发展的次序是一次由低级不断向高级递进，不能跳过这种过程的某个阶段。但是，在特定的历史条件下，也就是在西方无产阶级革命胜利及其积极支持下，落后国家可以避免资本主义的某些苦难和争斗，缩短发展的历史进程。即是说，从社会发展模式看，只要具备一定的国际条件，经过社会革命，落后国家可以跳跃式地向前发展，超越资本主义的“卡夫丁峡谷”。

马克思在关于跨越“卡夫丁峡谷”问题中认为，东方落后国家农村公社具有强大生命力和可能成为共产主义发展起点。恩格斯对马克思这一观点进行了修正。恩格斯强调生产力的因素在东方社会发展过程中的作用。认为，共产主义只能植根于大工业的优秀成果中，历史中的资产阶级负有为未来共产主义社会创造物质基础的使命，不能离开生产力的发展奢谈农村公社土地公有制的优越性，社会主义不能建立在落后的生产力基础上。

在恩格斯看来，农村公社如何把资本主义社会的巨大生产力作为社会财富和社会工具掌握起来，是东方社会落后国家跨越资本主义“卡夫丁峡谷”的一个必要条件。它作为一条规律，适用于处在资本主义以前的发展阶段的一切国家。

落后国家能否跨越资本主义的“卡夫丁峡谷”，如何跨越资本主义的“卡夫丁峡谷”，一直为人们所关注。生活在公元前321年的萨姆尼特人，绝不会想到在2000多年以后，他们打败罗马军队的地点——卡夫丁峡谷，会被人们反复提起；萨姆尼特人更不会想到，人们之所以常常提起卡夫丁峡谷，并不是因为他们在此地打败了罗马军队，而是因为在2000多年后一位叫马克思的人在他的著作中提及到了他们打败罗马军队的地点——卡夫丁峡谷。

“苏联式”卡夫丁峡谷

落后国家到底能不能跨越“卡夫丁峡谷”，如何跨越“卡夫丁峡谷”，跨越“卡夫丁峡谷”后会面临什么样的问题，等等，马克思和恩格斯都没有做出明确的回答。马克思、恩格斯有关“卡夫丁峡谷”的理论，还停留在预言和构想层面，没有形成完整的体系，历史将“卡夫丁峡谷”问题传给了列宁。

弗拉基米尔·伊里奇·乌里扬诺夫，出生在伏尔加河畔的乌里扬诺夫斯克，“列宁”是他的笔名。1887年秋，列宁进入喀山大学法律系学习，因为参加学生运动被学校开除，遭到逮捕和流放。1892年，列宁开始筹建马克思主义小组，在彼得堡创立了“彼得堡工人解放协会”。在流放西伯利亚期间，他以“列宁”的笔名，发表了《俄国资本主义的发展》。流放生活结束后，列宁侨居德国，创办了第一张俄国社会民主工党的机关报《火星报》。

1903年7月30日，俄国社会民主工党在布鲁塞尔召开代表大会，会上形成了以列宁为核心的布尔什维克（俄文音译，意思是多数派）。1912 年 1 月，俄国社会民主工党在布拉格举行的党的第六次代表会议。会议决定将孟什维克（俄文音译，意思是少数派）驱逐出党，布尔什维克成为一个独立的无产阶级革命政党。

1917 年 2 月，俄国爆发了第二次资产阶级民主革命。沙皇尼古拉二世被迫退位，俄国出现了资产阶级临时政府和由工人、士兵代表组织的苏维埃政府，“两个政权”并立的局面。

在苏维埃政府中，孟什维克认为，俄国还处在资产阶级民主革命阶段，还需要同资产阶级的临时政府合作，进行土地改革和民主改革。因而他们的政治态度是拥护临时政府。列宁在布尔什维克的会议上作了著名的《四月提纲》，提出俄国当前的革命要从资产阶级民主革命过渡到社会主义革命。

为了转移国内日益加剧的矛盾，临时政府冒险向德意志帝国和奥匈帝国军队发动进攻。进攻遭到惨败，10 天内俄军损失 6 万人。前线失利的消息传到首都，工人、士兵群情激昂，纷纷走上街头，举行示威，要求全部政权归还苏维埃。临时政府派出军队进行血腥的镇压，制造了 600 多名工人死伤的“七月流血事变”。

1917 年 11 月 7 日，20 多万士兵和工人占领了彼得格勒的邮政总局、波罗的海火车站、尼古拉耶夫斯基火车站等战略要地。临时政府总理克伦斯基坐上美国大使馆提供的汽车仓皇逃跑。革命军事委员会发表了列宁起草的《告俄国公民书》，宣布临时政府已被推翻，政权已转归苏维埃。

苏维埃政府成立后，着手建立人民委员会各部、人民法院、工农检察院、工人警察，并组建了新的工农红军。苏维埃政权接管了银行、铁路、工厂，将大工业国有化，实行对外贸易的垄断，实行八小时工作制，由工人监督生产，没收地主、皇室、寺院的土地，分配给农民耕种。苏维埃政权还成立了“全俄肃反委员会”（简称“契卡”），对破坏新政权的反革命活动进行严厉镇压。

马克思、恩格斯没有预料到第一个社会主义政权会在俄国诞生。马克思、恩格斯曾经预想，社会主义将首先在资本主义发达的英、法、德三国取得胜利。直到1892年恩格斯还认为："社会主义的胜利至少需要英法德三国的共同努力，才能取得保证。无论是法国人，还是德国人或英国人都不能单独赢得消灭资本主义的光荣。"

"卡夫丁峡谷"理论，虽然提出了，不发达国家走上社会主义，不一定非经过资本主义的充分发展。但是马克思、恩格斯同时指出："这些国家一定要越过资本主义发展阶段，必须要有一个条件，就是只有在先走上社会主义道路的先进国家的带动和帮助之下，才有可能。"

在罗马神话中，"阿芙乐尔"是司晨女神，她唤醒人们，送来曙光。滚滚的涅瓦河，见证着历史的沧桑，"阿芙乐尔"号的炮声，唤醒了人们对理想社会的憧憬，迎接着社会主义的第一缕霞光。列宁提出了"一国首先胜利论"。列宁指出："社会主义不能在所有国家内同时获得胜利。它将首先在一个或者几个国家内获得胜利，而其余的国家在一段时间内将仍然是资产阶级的或资产阶级以前的国家。"在革命的客观条件上，列宁更为注重上述的"政治危机"而不是"经济因素"；在革命的主观条件上，强调无产阶级的"革命群众行动"。

十月革命胜利后不久，西方国家勾结苏联境内的反动势力对苏维埃政权进行武装干涉与叛乱。叛乱军队一度占领了苏俄大部分的国土，粮食和燃料来源被切断，近一半的工厂因缺乏燃料而停工、停产，交通运输几近瘫痪，形势岌岌可危。苏维埃政府颁布了《关于组织一切产品、个人消费品及日用品的居民供应》的法令，规定：一切食品、个人消费品和家用物品均由国家和合作社组织供应，取代私商。这是苏维埃政权，采取粮食国家垄断措施后，对糖、茶、盐、火柴、布匹、鞋、肥皂等实行国家垄断，使国内贸易全面国有化。同时，苏维埃政府颁布了《关于国家在出产谷物的省份征粮办法》的命令，在全国各地实行了谷物和饲料的余粮收集制。征收数额由政府根据收成情况规定，原则是富农多征，中农少征，贫农不征。不按期完成余粮征收数额，私人储藏的粮食一经发现，当即全部没收。一切非农业人口都必须加入消费合作社，由合作社分配站按照工种定量配售食品及日用品。

1920年开始，苏维埃政府将定量供应逐渐改为免费供应，使工资实物化，货币工资失去了实际意义。苏维埃政府决定，将拥有机械动力，工人在5人以上的，或没有机械动力，工人超过10人的私营企业，全部收归国有。

"战时共产主义"是苏维埃政权迫于战争和经济严重困难而实行的政策，它保证了军民的粮食和其他生活必需品的供应，对于击败国内外武装干涉起了巨大作用。但它试图用无产阶级的国家法令，在一个小农经济占主导的国家里按共产主义原则来调整国家的生产和分配，借助这些措施实现向社会主义过渡的"直接过渡"思想，却在现实中产生了巨大的消极作用。

1921年，苏联的重工业产量只有1913年的20%。农民们普遍抗粮不交，粮食的征收不得不动用军队才能完成。在十月革命中坚定支持苏维埃政权的喀琅施塔得水兵也参与叛乱，喊出"要苏维埃，不要共产党的苏维埃"的口号。1918年至1920年，彼得格勒人口锐减75%，莫斯科人口锐减50%。连年的战争使苏联300万人至1000万人饿死。"战时共产主义政策"很难继续推行下去了。

列宁反思说："现实生活说明我们错了。"1921年3月21日，俄共（布）第十次全国代表大会决议通过了"新经济政策"代替"战时共产主义政策"。在资本主义不发达的俄国能否"直接过渡"到社会主义，如何过渡到社会主义的"苏联式"卡夫丁峡谷问题再次引起人们极大的关注。

"迂回政策"的尝试

战时共产主义政策是"直接过渡"到社会主义，新经济政策是"迂回过渡"到社会主义。"迂回政策"较"直接过渡"在两个方面发生重大转变。一是从直接过渡退却到国家资本主义、再退却到由国家调节商业和货币流通。农民占大多数的俄国国情，决定了在根本改造小农之前必须给农民一定的流转自由，使他们获得同他们的经济基础相适应的刺激和动力。以粮食税代替余粮收集制，提供了这种刺激和动力。余粮贸易作为小生产的自发产物的资本主义，在一定范围内将是不可避免的。在苏维埃掌握政权的情况下，私人资本主义可以成为社会主义的帮手，关键在于找出正确的方法把资本主义纳入到国家资本主义轨道。二是对合作社的看法，由国家资本主义性质转变到“社会主义”性质。十月革命胜利至新经济政策之前，列宁从社会主义必须加强计算和监督的角度，强调过发展消费合作社甚至生产消费合作社网在向社会主义直接过渡中的重要性。实行新经济政策后，列宁不再把合作社看作是国家资本主义性质，而是把合作社看作是“建成社会主义社会所必需而且足够的”过渡环节，是“社会主义”的性质。

新经济政策的主要内容有：在农业方面，1921 年 3 月 21 日颁布《关于以实物税代替余粮收集制》法令，规定农民交纳粮食税后，剩余的粮食等农产品可以到市场交换物品。粮食税的税额比余粮收集制的额度大为减少，1921—1922 年度全国税额比上年度减少 43. 3%。1922 年，政府通过《土地法令大纲》，允许农民自由使用土地和在苏维埃监督下出租土地和雇佣工人。

在工业方面，将部分国有企业以租借制和租让制的形式转变为国家资本主义企业。1920 午 11 月颁布租让法令，允许外国资本家在苏俄经营租让企业或同苏维埃国家组织合营股份公司。1921 年 5 月，苏维埃政府把一部分小企业发还原主经营。7 月又决定把一批中小工厂和商店租借给本国的合作社或个人。这些租让和租借企业由私人经营，所有权属于国家。承租者必须接受国家监督指导，遵守苏维埃法令，按期交纳租金和一定比例的利润，到期把企业完好地交还苏维埃国家。在商业流通方面，废除国家配给制和国家贸易垄断制。在坚持国家计划领导的前提下，实行自由贸易制，大力发展社会主义商品经济。

新经济政策的实施使苏联国内经济危机迅速消失，生产稳步恢复，满足了劳动者的经济要求，受到广大农民工人的欢迎。但列宁的“新经济政策”执行的连续性却因为列宁的遇刺受到重大影响。

1918 年 8 月 30 日，列宁在首都莫斯科郊外米赫尔松工厂对工人演讲后，遇到盲人女杀手范妮·卡普兰的开枪刺杀。此后，列宁的身体状况一直处于时好时坏状态。1924 年 1 月 21 日，列宁在戈尔基村去世，终年 53 岁。

列宁逝世后斯大林上台，列宁倡导的“新经济政策”被慢慢废除。1929 年，斯大林公开宣布停止实施“新经济政策”，在全国范围加速开展农业全盘集体化和社会主义工业化运动，形成了一种以高度集中统一为基本特征的“斯大林模式”。

令人深思的政治遗嘱

1923 年 1 月 2 日到 3 月 2 日，列宁意识到自己每况愈下的身体状况，口授了《日记摘录》、《论合作社》、《论我国革命》、《我们怎样改组工农检查院》和《宁肯少些，但要好些》5 篇文章。这 5 篇文章，被称为列宁的“政治遗嘱”。透视列宁的政治遗嘱，我们可以窥视到列宁晚年对如何跨越“苏联式”卡夫丁峡谷及有关社会主义建设的思考。

在列宁看来，社会主义建设最重要的任务就是大力发展社会生产力，最终创造出比资本主义更高的劳动生产率。对于经济文化落后的俄国来说，为了建设社会主义，就必须以经济建设为核心，坚决进行包括经济体制改革、政治体制改革和文化革命在内的互相配套相互促进的全面改革。

对国家机关的改革。列宁提出了“宁肯少些，但要好些”的原则。具体设想是：明确党政职权划分，精简国家机构，缩减工作人员数量，克服官僚主义，切实改进作风，提高国家机关的工作效率；严格选拔人才，通过长期的培养使他们学会工作方法和胜任工作任务，加强对他们的工作是否符合现代科学水平的考核，设法使国家机关能够把具有多种素质和不同优点的各种类型的人员结合起来；应当使国家机关厉行节约，把遗留在国家机关中的一切浪费现象铲除干净；加强对领导机关的纪律检查和监督；向英国、德国等发达资本主义国家学习先进的管理科学。列宁认为，把俄国建设成为文化发达的国家，是一场“文化革命”。“只要实现了这个文化革命，我们的国家就能成为完全社会主义的国家了。”

列宁设想：必须高度重视国民教育工作，努力提高国民的文化素质。一方面，要把其他部门缩减出来的经费转给教育部门，使国家预算首先满足初级国民教育的需要；另一方面，要提高教师的地位和待遇，达到资产阶级社会从来没有也不可能有的高度。此外，还要加强城乡文化联系工作，使城市在农村的思想建设和文化建设中发挥积极作用。

人类思想的形成充满了困顿，正是在一次次的困顿中思想得到提升，正是在一次次困顿的抉择中思想得到升华。空想社会主义者困顿于资本主义制度的缺憾，抉择了在“没有的地方”升起“太阳”。马克思、恩格斯困顿于社会主义的实现路径，抉择了“多国同时胜利论”、“东方社会理论”，系统地提出了无产阶级革命的原则、方针、策略，形成了马克思主义。列宁困顿于“跨越资本主义的卡夫丁峡谷”，提出了“一国首先胜利论”，实现了从“战时共产主义”向“新经济政策”的转变，形成了列宁主义。思想的困顿，道路的抉择，依然继续。历史，将目光转向了古老的东方，转向了具有五千年文明历史的中国。

第十四章　“中国式”卡夫丁峡谷

成功者的足迹总是为后来者所效仿。在中国共产党成长的道路上，我们总是能看到“苏联的身影”。苏联所开创的“中心城市”武装暴动的路径，成为中国共产党“效仿的榜样”，成为衡量中国共产党“政治路线”是否正确的“标准”。

走以乡村为中心，农村包围城市，最后夺取全国政权的“农村道路”，是跨越“中国式”的卡夫丁峡谷的关键点。新民主主义理论中“两步走”的战略，充分体现了毛泽东的博大精深，高屋建瓴。

成也萧何，败也萧何。新民主主义社会所残存的问题，为跨越“中国式”卡夫丁峡谷，蒙上了一层薄薄的“纱雾”。

走出苏联的“阴影”

中国共产党是共产国际下属的一个支部，共产国际对中国共产党的影响不可谓不大。毛泽东在评价共产国际对中国革命的影响时曾说，两头好，中间差。意识是说，在共产党成立初期和抗日战争时期，共产国际在中国问题上所起到的作用比较好，而在北伐战争和土地革命战争时期，共产国际在中国问题上所起到的作用“不好”。这个“不好”的最主要表现就是教条主义。教条主义使中国共产党付出了沉重的代价，不突破教条主义的束缚，中国革命不可能取得胜利。中国革命的路径是城市，还是农村，成为了中国共产党摆脱苏联“影子”的起点。

马克思主义对中国的影响，集中体现在孙中山、毛泽东、邓小平这三位站在20世纪时代前列的伟人身上。

1896年，孙中山伦敦蒙难之后在英国留居近一年，期间他曾常常到大英博物馆研究欧洲社会主义运动。正是在这里，他第一次知道了马克思和恩格斯的名字及其活动情况，并第一次读到了《共产党宣言》等马克思主义著作。孙中山在流亡欧洲和后来在欧洲考察社会党国际时学习、研究过马克思的学说，以及社会主义思想，对他形成三民主义思想，特别是形成关于避免走欧洲资本主义老路的“节制资本”思想与后来制定“联俄、联共、扶助农工”政策，产生了重要影响。

毛泽东在延安时期曾说过，1920年他到北京时读了许多关于俄国情况和共产主义的书籍，其中《共产党宣言》等3本书使他树立起马克思主义信仰。他说，到1920年夏，在理论上，而且在某种程度的行动上，我已成为一个马克思主义者了。邓小平晚年在南方谈话中说：“我的入门老师是《共产党宣言》和《共产主义ABC》，最近，有的外国人议论，马克思主义是打不倒的。打不倒，并不是因为大本子多，而是因为马克思主义的真理颠扑不破。”“我们讲了一辈子马克思主义，其实马克思主义并不玄奥。马克思主义是很朴实的东西，很朴实的道理。”

中国共产党成立初期，在革命的路径问题上始终受到共产国际的

“遥控指挥”，苏联“中心城市武装暴动”的成功经验在中国共产党的领导人中始终“挥之不去”。

北伐战争时期，湖南各地农民迅速地组织起来，全省 75 个县中，有 50 多个县成立了农民协会，会员发展到 130 多万人，能直接领导的群众达 1000 多万人，约占全省农民总数的一半。北伐军占领的湖北、江西省，农民运动也有很大发展。湖北农民协会会员达到 284 万多人，江西发展到 5 万多人。广东、河南、陕西、安徽、四川、福建、浙江、江苏、河北、山东、广西、热河、察哈尔、绥远等省的农民运动也日益发展，到 1927 年 6 月，全国农民协会会员发展到近千万人。

农村土地革命与农民运动的开展与苏联的“成功经验”并不吻合，党的领导人陈独秀从维护国共合作的角度出发，力主回避农民运动所带来的矛盾以迁就国民党，对土地革命及农民运动产生了极大的质疑与责难。

毛泽东通过对湖南农民运动做了实地考察后，写下了《湖南农民运动考察报告》，充分估计了农民在中国革命中的作用和地位。毛泽东说，农民运动“把几千年封建地主的特权，打得个落花流水”。“孙中山先生致力国民革命凡四十年，所要做而没有做到的事，农民在几个月内做到了。这是四十年乃至几千年未曾成就过的奇勋”。没有农民革命便没有中国革命的成功，“辛亥革命没有这个变动，所以失败了”。

毛泽东的文章在湖南省委机关周刊《战士》上首先刊登了部分章节，文章寄到中央后，陈独秀、彭述之却不准在党中央机关报《向导》周刊上发表。瞿秋白力挺毛泽东，为了使党内外的同志都能够重视毛泽东的这篇调查报告，他指示将毛泽东《湖南农民运动考察报告》出单行本。为此，他还亲自撰写了序言：“中国革命家都要代表三万万九千万农民说话做事，到战线去奋斗，毛泽东不过开始罢了。中国的革命者个个都应该读一读毛泽东的这本书，和读彭湃的《海丰农民运动》一样。”

大革命失败后，共产党领导了南昌起义、秋收起义、广州起义，党面临的一个主要问题是，起义以后革命力量将向何处发展？是占领城市，还是到农村去。

南昌起义以后，中共临时中央常委会议决定："以国民党革命委员会名义在南昌举行武装起义，并确定起义后部队的行动方向：立即南下，占领广东，取得海口，求得共产国际的援助，再举行第二次北伐。"

起义部队南下过程中，长途奔袭，受到优势敌人的围追堵截，最终失败。后来，周恩来谈到南昌起义时说，南昌起义"主要错误是没有采取就地革命的方针，起义后不应把军队拉走，即使要走，也不应走得太远"。"南昌起义后不是在当地进行土地革命，而是远走汕头；不是就地慢慢发展，而是单纯的军事进攻和到海港去，希望得到苏联的军火接济"。

南昌起义的失败，并没有改变中国共产党占领大城市的想法。中共中央《致南方局暨广东省委信》中，要求"广州城内，即须准备暴动"，"如取得广州，应当召集各路暴动的农民工人团体代表，开一革命会议，选出中国临时革命政府"。广东省委也认为，我们要"利用两派军阀互相厮杀，内部互斗之时，应扩大各地工农暴动，以联合各地零碎暴动成为广东全省的大暴动"，并"使各方都与广州中心联合"。

广州起义后部队向何处发展，在组织起义的领导人中是存在不同看法的。聂荣臻在回忆当时情况时说："叶挺分析了形势，说明广州周围敌人兵力太多，而且近在咫尺，一旦组织起来，向我们反扑，形势对我们很不利，提出最好不要再在广州坚持，把起义队伍拉到海陆丰去。我是赞成他的意见的，应当撤离广州，以避开敌人的锋芒，转到乡下，保存实力。但是，既不懂打仗又非常主观的诺伊曼，却教条主义地认为，搞起义只能进攻，不能退却。他甚至批评叶挺撤出广州的主张是想去当土匪。"

诺伊曼是共产国际派驻中国的代表，在指挥中国革命时完全照搬俄国的城市暴动模式。诺伊曼的建议得到多数人的赞同，叶挺的意见遭到否决。起义部队在强敌包围之下虽经顽强战斗，但也无法挽救失败的局面。最后，余下的部队撤离广州，到农村去，分别与东江、左右江农民武装结合，继续坚持斗争。广州起义成为中国共产党领导城市起义的“退兵的一仗”。

1928 年 2 月，共产国际执委第九次扩大会议通过了《共产国际关于中国问题的决议案》简称《决议案》。《决议案》指出，中国革命高潮还没有到来，但正在走向高潮。“现在还没有全国范围的新的群众革命运动之强有力的高潮。但是，许多征兆，都指示工农革命正走向这种新的高潮”。因此，党的工作就是既要准备武装暴动，又要反对盲动主义。“党应当准备革命之新的高潮之高潮”。“必须坚决的反对工人阶级某种成分之中的盲动主义，反对无准备无组织的城市与乡村中的发动暴动，反对玩弄暴动”。

共产国际这种看似全面的“辩证法”，实际上反映了斯大林和共产国际对中国革命道路的矛盾认识：既看到了城市武装起义没有立即胜利的可能，又绝不放弃以“城市中心论”夺取革命胜利的模式。共产国际要求中国共产党即使城市武装起义没有立即实现的可能，党的任务也还是要准备暴动。“必须反对对于游击战争的溺爱，反对沉溺于散乱的、不相关联的、必致失败的游击战争”。

共产国际以斯大林“三个阶段理论”和“不断革命理论”来指导中国革命。共产国际断言：“中国进到了深刻的全国危机的时期”，“现在已经可以并且准备群众，去实行革命的推翻地主资产阶级联盟的政权，而建立苏维埃形式的工农独裁，积极的开展着并且日益扩大着阶级斗争的革命方式”。

1930 年 6 月 11 日，中共中央政治局会议通过了李立三起草的《新的革命高潮与一省或几省首先胜利》的决议案。《决议案》断言：中国革命和世界革命都到了大决战的前夜，中国革命一爆发，就有“掀起全世界的大革命、全世界最后的阶级决战到来的可能”。主张

“全国性的武装暴动”，认为“没有中心城市的武装暴动，决不能有一省与几省的胜利”，要实现“会师武汉，饮马长江”。批评“以乡村包围城市”是一种“极端错误的观念”，“过去的游击战术”“必须根本的改变过来”。

按照苏联“中心城市武装暴动”模式指导中国革命的结果，在国民党统治区内许多地方的党组织因为急于组织暴动而把原来的有限力量暴露出来，先后有 11 个省委机关遭受破坏，武汉、南京等城市的党组织几乎全部瓦解，红军在进攻大城市时也遭到重大损失。

军叫工农革命，
旗号镰刀斧头，
匡庐一带不停留，
要向潇湘直进。
地主重重压迫，
农民个个同仇，
秋收时节暮云愁，
霹雳一声暴动。

这是秋收起义后，毛泽东写的一首词《西江月·秋收暴动》。在领导秋收起义的时候，毛泽东的脑海中并没有形成“工农武装割据”“农村包围城市”的思路。

秋收起义按照上级指示攻打长沙受挫，继续执行“上级指示”攻打长沙的命令其后果只能是以卵击石“死路一条”。在痛苦的抉择中，毛泽东毅然决然放弃“大城市”，向井冈山进军在“乡村积蓄力量”。

井冈山，位于江西省西南部，地处湘赣两省交界的罗霄山脉中段，古有“郴衡湘赣之交，千里罗霄之腹”之称。东临江西泰和、遂川两县，南邻湖南酃县，西靠湖南茶陵县，北接江西永新县，是江西省西南的门户。毛泽东说：“整个罗霄山脉我们都走遍了，最后选择在了井冈山”。

共产党领导的部队在敌强我弱，白色恐怖包围中如何生存？1928

年10月5日，毛泽东在中共湘赣边界第二次代表大会上开始了“中国模式”的深层次思考，提出了《中国的红色政权为什么能够存在?》。毛泽东说，一国之内，在四围白色政权的包围中间，产生一小块或若干小块的红色政权区域，在目前的世界上只有中国有这种事。红军和红色政权存在和发展需要五个条件。

第一，中国是一个政治经济发展不平衡的半殖民地半封建大国这一基本国情，是红色政权能够存在和发展的根本原因，也是农村包围城市道路得以实现的最重要的可能条件。经济发展不平衡表现在，没有统一的资本主义经济，社会经济中占优势地位的是自给自足的地方性农业经济，中国的城市不能完全控制农村。换言之，农村可以不依赖城市而独立存在。同时，广大的人力物力资源也不在城市而在农村，这就为红色政权在农村的存在提供了必要的物质基础。政治发展不平衡的表现是：强大的反动势力长期占据中心城市，广大农村是反动统治的薄弱环节，而农民又是革命主力军，这就为红色政权的存在和发展提供了深厚的阶级基础。同时，由于几个帝国主义国家在中国以划分势力范围的形式间接统治和相互争斗，加上帝国主义分别扶植封建军阀势力所造成的军阀之间长期的分裂和混战，使红色政权获得了存在和发展的机会。井冈山根据地的创建和其后各根据地的发展就是利用了军阀混战的有利时机。

第二，国民革命的政治影响和良好的群众基础。这是红色政权存在和发展的客观条件。红色政权首先发生和长期存在的地方，一般是国民革命时期工农运动蓬勃兴起的地方，如广东、湖南、湖北、江西等省。这些地方都曾经建立过党的组织和工农群众的组织，开展过轰轰烈烈的反帝反封建斗争；这里的群众有较高的政治觉悟，也有一定的斗争经验。因此，当大革命失败以后，革命的主要力量转入南方。南方建立的根据地主要有11个：井冈山革命根据地、赣南闽西革命根据地、中央革命根据地、鄂豫皖革命根据地、湘鄂西革命根据地、湘赣革命根据地、左右江革命根据地、湘鄂川黔革命根据地、闽浙赣革命根据地、湘鄂赣革命根据地、琼崖革命根据地。建立在北方的根据地有两个：川陕革命根据地、陕甘革命根据地。

第三，全国革命形势的不断向前发展，这是红色政权能够存在和发展的又一客观条件。蒋介石在南京建立的国民政府，完全是代表大地主大资产阶级利益的新军阀政权，对外投靠帝国主义，对内实行法西斯独裁统治。它不仅没能解决中国社会的基本矛盾，相反却使各种社会矛盾更加尖锐激化。蒋介石政权成为各种矛盾的渊源，成为新时期革命的主要目标。由于存在着深刻的革命根源，中国革命的形势必然继续向前发展，从而有利于根据地红色政权的建立和巩固。

第四，有相当力量的正式革命武装，这是红色政权能够存在和发展的一个必要的主观条件。只有拥有相当规模的正式军队，才能对付各种类型的反革命军队，才能造成革命根据地的长期割据发展的局面。

第五，共产党组织的有力量和正确的政策，是保证红色政权能够长期存在和发展的最重要的主观条件。

井冈山根据地的建立，不经意间点燃了“工农武装割据”的星星之火，本质上是“苏联模式”与“中国模式”的一次碰撞与对决。到1930年，共产党先后开辟了赣南闽西根据地、湘鄂赣根据地、闽浙赣根据地、鄂豫皖根据地、广西右江根据地。随着井冈山根据地和各个根据地的开辟，毛泽东脑海中的“中国模式”渐渐清晰。毛泽东指出，中国革命必须实行工农武装割据，即土地革命、武装斗争、根据地建设三者结合。土地革命是中国革命的基础和主要内容，武装斗争是中国革命的主要形式，根据地建设是依托。没有武装斗争就不能有效地进行土地革命，武装斗争不与土地革命相结合就失去了群众基础，没有根据地做依托武装斗争和土地革命的成果也就无法保持。土地革命武装斗争根据地建设三者的结合就是工农武装的全部内容。

1936年至1939年间，毛泽东又在先后发表的《中国革命战争的战略问题》、《〈共产党人〉发刊词》《中国革命和中国共产党》等文章中，进一步阐明了农村包围城市的“中国式”的革命路径。

毛泽东指出，特殊的国情决定了武装斗争是中国革命的主要形式。中国作为一个半殖民地半封建的国家，在内部没有民主制度，外部没有民族独立。因此，中国革命不能走经过长期合法斗争再进行起义的道路，而应一开始就进行武装斗争。在中国，主要的斗争形式是战争，主要组织形式是军队。要通过建立红色政权来创造红军，使之成为夺取全国政权的主要工具。中国革命的力量构成决定了发动农民开展土地革命是必要的。在半殖民地半封建的中国，农民占全国人口的绝大多数，是中国革命的最主要力量，所以无产阶级要领导中国革命取得胜利，就必须深入农村发动农民起来革命。而要调动农民的革命积极性就必须满足农民对土地的愿望和要求。因此，只有进行土地革命，才能建立以农民为主体的革命军队，才能进行无产阶级领导下的农民战争，以战胜武装的反革命。开展土地革命，是无产阶级领导下的农民斗争的最好形式。毛泽东强调，中国革命的国内环境决定了以农村为重心，建立农村根据地是必要的。中国革命的敌人非常强大，并长期占据中心城市，而广大农村则是其统治的薄弱地区。因而无产阶级领导的革命只能首先在广大农村聚集力量，即把工作重心放在农村，在农村积蓄和发展力量，把农村建成巩固的革命基地，以赞成与城市敌人的对垒，借以反对敌人的进攻，借以在长期的武装斗争中以农村包围城市，最后夺取城市，进而取得全国的胜利。

既不是“两次”，也不是“一次”

在半殖民地半封建社会的中国，如何建立起社会主义？这个问题一直困扰着中国共产党。陈独秀提出了共产党要经过“两次”革命建立社会主义。留学苏联莫斯科中山大学的中共“红色理论家”王明提出了“毕其功于一役”的“一次”革命战略。“土生土长”的毛泽东提出了“两步走”的新民主主义革命理论。

陈独秀学者出身，在五四运动中创办了《青年》杂志（后改名

“新青年”）而闻名。五四运动后期，陈独秀开始接受和宣传马克思主义。1920年初在共产国际的帮助下，首先成立上海的共产党早期组织，成为中国共产党的主要创始人。在中共第一次全国代表大会上，陈独秀虽然没有出席，但被选为中央局书记。从党的一大到五大，均被选为中央委员，先后任中央局书记、中央局执行委员会委员长、中共中央委员会总书记等职务。

陈独秀对中国革命发展阶段的论述，最早见诸于1922年6月的《对于现在中国政治问题的我见》一文。在文章中陈独秀对中国社会经济和政治状况作了较为透彻的分析，并由此提出中国革命必须分为“两个阶段”的思想。

陈独秀把中国经济状况分为三种形式：一是乡村的家庭农业，二是城市的手工业，三是近代资本主义工商业。与此相适应，中国政治状况也分为三种类型：一是国际帝国主义的压迫，二是国内军阀的扰乱，三是政党的萎弱。

陈独秀认为，这种经济及政治状况决定了“中国的阶级争斗不得不分为两段路程：第一段是大的和小的资产阶级对于封建军阀之民主主义的争斗，第二段是新起的无产阶级对于资产阶级之社会主义的争斗。”

陈独秀“两个阶段”思想的核心点涉及三个方面的问题。一是有关无产阶级的领导权问题；二是有关能否越过资本主义的阶段问题；三是落后国家如何利用资本主义。

在无产阶级领导权问题上，陈独秀在分析中国社会政治状况时认为，“幼稚的中国无产阶级，眼前还没有代表他的政党出现”。在《中国共产党第一次对于时局的主张》中陈独秀指出，民主革命成功后，应该建设民主政治，这种民主政治由“民主派掌握政权”。那么，民主派又是指谁呢？陈独秀说：“中国现在的各政党，只有国民党比较是革命的民主派，比较是真的民主派。”将领导权“拱手让给国民党”导致在革命的“第一个阶段”中国共产党放弃了无产阶级的领导权，不敢放手发动群众。无产阶级领导权和革命政权是民主主义革命向社会主义革命转变的前提条件，就当时中国共产党对中国国情和马克思主义认识水平来看，还不可能解决好这一过渡的前提问题。这个问题需要中国共产党人在以后的革命实践中进一步探讨和解决。

在中国革命能否越过资本主义阶段问题上，陈独秀认为中国社会不可以跳跃资本主义阶段而进入社会主义。在《我们现在为什么争斗?》一文中陈独秀明确指出，我们“绝不幻想不经过资本主义，而可以由半封建的社会一跳便到社会主义社会”1938 年 8 月，陈独秀在《我们不要害怕资本主义》一文中更清楚地说明了这个问题。他说：“在科学社会主义者看来，资本主义无论为功为罪，而毕竟是人类社会进化所必经的过程。没有它，小有产者的社会便没有发展生产力和生产集中之可能。因此只有无产者，而不会有工业无产阶级，资本主义决不能因为人们厌恶它而不来，社会主义也不能因为人们爱好它而来。这是由于社会经济发展的条件而决定的，人们的努力，只能使可来者快点来而已。”陈独秀认定，“资本主义是中国经济发展必经的过程”。

在马克思、恩格斯有关论述中他们提出了社会主义革命的客观条件是资本主义的充分发展，生产力的高度发达，但这并不是他们在这个问题上唯一的和始终不变的思想。到了晚年，他们认为，工业落后的地区也会产生革命形势。1884 年，恩格斯在对比分析德国和英、法资本主义发展情况和阶级斗争形势时指出：“你看看多有趣。正是德国的工业落后，特别促进我们事业的胜利。”1923 年 1 月，列宁在批评苏汉诺夫时指出：“俄国生产力还没有发展到足以实现社会主义的水平”，这是一个“无可争辩的论点”。但是，不应该以此为借口，否定社会主义革命。俄国当时所处的特殊形势，使它具备了社会主义革命的条件。在这种情况下，俄国可以把社会历史发展顺序颠倒一下，即不应该像西欧国家那样，先发展生产力，发展经济和文化，再来进行社会主义革命，实现社会主义，而是首先进行社会主义革命，夺取政权，建立无产阶级专政，然后利用这个优势，大力发展生产力，在这个基础上实现社会主义。列宁指出："既然建立社会主义需要有一定的文化水平（虽然谁也说不出这个一定的文化水平究竟是什么样的，因为这在西欧国家都是不同的），我们为什么不能首先用革命手段取得达到这个一定水平的前提，然后在工农政权和苏维埃制度的基础上赶上别国人民呢？"

同样，在中国这样落后的国家搞革命，必须把马克思主义同中国的具体实际结合起来，而不是机械地搬用。可是，陈独秀"两个阶段"坚持认为，只有经过资本主义的充分发展，改变小生产的落后状况，为社会化大生产创造必要的条件，等这些条件具备之后，中国才能够发生社会主义革命，最终走向社会主义。

在如何对待资本主义的问题上，陈独秀主张利用资本主义发展中国的生产力，为社会主义革命准备必要的物质基础。1923 年 5 月，陈独秀在广州高师演讲时阐明了利用资本主义建设社会主义的思想。他认为资本主义是资本集中，财产私有，社会主义是资本集中，财产公有。所以，只要把"私"字改为"公"字，"资本主义的立脚点"就"变成社会主义的制度"。1926 年 9 月，陈独秀在《我们现在为什么争斗？》一文中指出，国民革命成功之后，"中国的资本主义当然要发展起来，也只有到那时，真正中国的资本主义才能够自由发展。"

关于落后国家利用资本主义的问题，列宁晚年从理论上和实践上都给予了明确的回答。新经济政策实行之后，俄国的资本主义经济有了一定的发展。当时，俄国党内有一些人害怕资本主义的发展，认为"资本主义是祸害，社会主义是幸福"。针对这种议论，列宁指出，既然我们还不能实现从小生产到社会主义的直接过渡，所以"作为小生产和交换的自发产物的资本主义，在一定程度上是不可避免的，所以我们应该利用资本主义（特别是要把它纳入国家资本主义的轨道）作为小生产和社会主义之间的中间环节，作为提高生产力的手段、途径、方法和方式"。

陈独秀从中国经济落后的实际出发，主张利用资本主义发展生产力，为社会主义创造物质基础，这无疑是正确的。但是，对中国这样一个经济落后的国家来说，利用资本主义发展经济是不是一定要经过一个资本主义阶段？在回答这个问题时，陈独秀把利用资本主义与中国必须经历一个资本主义发展阶段等同起来。在他看来，资本主义和社会主义这两种所有制形式在一个国家里是不能并存的。1938 年 8 月，陈独秀在《政论》旬刊上发表文章说：“资本主义和社会主义的生产制度及财产关系，都截然不能混合并行”。于是，陈独秀的答案是，中国不能超越资本主义阶段，等到资本主义有了充分发展之后，再来谈论社会主义。他指出，只有当中国近代历史由“半封建进化到资本主义时代时”“真正中国的资本主义才能够自由发展”。

陈独秀“二次革命论”的错误更多地来源于陈独秀对中国国情的认识和运用马克思主义基本原理的思维方法的错误。陈独秀“二次革命论”在得出中国革命第一阶段应该进行资产阶级民主革命的正确结论之后，却对马克思主义基本原理作了教条化的理解，片面地用经济发展程度把民主革命和社会主义革命断然分开，轻视无产阶级在政治上的准备程度，完全束缚于物质决定论，忽视主观意识的能动作用。

国共合作破裂，轰轰烈烈的大革命失败，中国革命骤然间由高潮回落到低潮。然而，共产国际却断言：“中国进到了深刻的全国危机的时期”“现在已经可以并且准备群众，去实行革命的推翻地主资产阶级联盟的政权，而建立苏维埃形式的工农独裁，积极的开展着并且日益扩大着阶级斗争的革命方式”。主持中央工作的李立三不折不扣地执行共产国际的意见，通过了《新的革命高潮与一省或几省首先胜利》的决议案。认为中国革命的形势“确已进到深刻的全国危机的时期”“中国革命和世界革命都到了大决战的前夜”。甚至认为，中国革命一爆发，就有“掀起全世界的大革命、全世界最后的阶级决战到来的可能”。强调：“无产阶级的伟大斗争，是决定胜负的力量，没有工人阶级的罢工高潮，没有中心城市的武装暴动，绝不能有一省与几省的胜利”，批评“以乡村包围城市”是一种“极错误的观念”。认定“资产阶级已经是反动联盟的一部分”，主张革命如果在一省与几省首先胜利，“要没收中国资产阶级的工厂、企业、银行”，并且“必然需要从工农专政进到无产阶级专政”。伴着李立三“左”倾盲动主义的出现，在中国革命道路问题上将“资产阶级革命”与“无产阶级革命”“毕其功于一役”的“一次革命论”开始占据上风。

李立三制订了以武汉为中心的全国中心城市武装起义和集中全国红军攻打中心城市的计划。重点是武汉暴动、南京暴动和上海总同盟罢工，并要求各路红军“会师武汉”“饮马长江”。李立三“左”倾错误在党内统治的时间虽然只有三个多月，但党为此付出了惨痛的代价。国民党统治区内，许多地方的党组织因为急于组织暴动而把原来的有限力量暴露出来，先后有 11 个省委机关遭受破坏，武汉、南京等城市的党组织几乎全部瓦解，红军在进攻大城市时也遭到很大损失。

瞿秋白取代李立三出任中共临时负责人，但共产国际认为瞿秋白“纠正立三错误”不得力。于是，比李立三、瞿秋白更“左”的王明以“立三错误清算者”“瞿秋白错误路线的终止者”的姿态出现并占据了中央的领导地位。

王明，原名陈绍禹，安徽六安人。在武昌商科大学预科学习期间积极参加学生运动，被推选为武昌学生联合会干事和湖北青年团体联合会执行委员，期间加入了中国共产党。1925 年 11 月，受党组织委派去莫斯科中山大学学习。学习期间，王明得到中山大学副校长米夫赏识，得以进入直属斯大林的小团体。

1931 年 1 月 7 日，根据共产国际的指示，中共六届四中全会在上海召开。王明在共产国际驻中国代表米夫的支持下，从一个普通的党员进入政治局——政治局委员——政治局常委，取得了中国共产党实际的最高领导地位。王明以“执行国际路线”“反对立三路线”“反对调和主义”为旗号，指责以李立三为代表的错误是在“左”的词句掩盖下的“右倾机会主义”，提出一系列比李立三冒险主义还要“左”的错误观点。

大革命失败后，中国共产党内一部分具有“左”倾思想的人，在共产国际对中国革命错误认识的影响下，无视中国革命的规律与特点，夸大资本主义在中国经济中的比重。夸大中国民主革命阶级中反对资产阶级斗争、反对富农斗争与所谓“社会主义革命成分”的意义，把反对资产阶级和反对帝国主义、封建主义并列起来，甚至认为资产阶级是革命的最危险的敌人。他们混淆了民主革命和社会主义革命的界限，企图把这两种不同性质的革命阶段，并作一步走，一举取得社会主义革命的胜利。这种错误理论被称为“一次革命论”。在王明“左”倾理论的影响下，“一次革命论”得到广泛传播。

1935年遵义会议确立了毛泽东在党内的实际领导地位，但并没有在思想上对“左”倾错误做彻底的清算。1938年，党的六届六中全会肯定了抗战以来毛泽东一直坚持的正确主张，批准了以毛泽东为代表的中央政治局的政治路线。王明表面上承认“党要团结在毛泽东领导之下”，但实际上仍然坚持过去的错误。1940年3月，王明把自己在1931年所写的，集中反映他的“左”倾错误观点的《为中共更加布尔什维克化而斗争》一书，在延安出了第三版，并且在序言中写道：“许多人要求了解这些历史事实，尤其在延安各学校学习党的建设和中共历史时，尤其需要这种材料的帮助。”在党内，广大党员干部也仍然没有认清“左”倾教条主义的危害和实质。

怎样端正全党思想，正确看待党的历史上的路线是非问题，迫切地摆在中共中央面前。为帮助全党尤其是高级干部认清“左”倾教条主义的危害，自1940年下半年开始，毛泽东亲自主持收集、编辑和研究中国共产党六大以来的主要文献，形成了历史文献集《六大以来》。在这个过程中，毛泽东读到许多他过去在中央苏区没有看到过的材料，对问题有了更系统的了解和认识，更深刻地感受到“左”倾教条主义对中国革命的严重危害。

1940年12月4日，在中共中央政治局会议上，毛泽东第一次比较集中地谈到党的历史上的右倾和“左”倾错误。他强调指出，大革命末期的右的错误和苏维埃后期的许多“左”的错误，是由于马列主义没有和实际联系起来。

为了统一干部思想，1941 年 9 月 10 日至 10 月 22 日，中共中央召开政治局扩大会议。会前，根据毛泽东的提议，中共中央先后发出王稼祥起草的《关于增强党性的决定》和毛泽东起草的《关于调查研究的决定》。中央还把《六大以来》发给大家，要求大家认真阅读，结合实际进行比较分析。这一系列措施，特别是对《六大以来》的阅读和研究，使广大干部加深了对“左”倾教条主义危害的认识，为全党的整风，以及对历史问题作出决议打下了重要基础。

胡乔木回忆说：“当时没有人提出过四中全会后的中央存在着一条‘左’倾路线。现在把这些文件编出来，说那时中央一些领导人存在主观主义、教条主义就有了可靠的根据。”在这次会议上，许多人以自我批评精神认真检讨了自己历史上所犯的错误，党的领导层对必须反对主观主义和宗派主义这个根本问题大体取得了共识。会议期间，毛泽东就苏维埃运动后期的错误起草了一份书面结论草案《关于四中全会以来中央领导路线结论草案》。

1941 年中共中央集中力量领导高级干部的整风学习。毛泽东规定中央学习组的任务是：“一方面研究马克思主义思想方法论，一方面研究六大以来的决议。”在 1942 年 3 月的中央学习组上，毛泽东就如何研究党的历史问题指出，“研究党史上的错误，不应该只恨几个人，如果只恨几个人，那是把历史看成是少数人创造的。”

1943 年，经过一年多普遍的整风运动之后，全党的马列主义理论水平空前提高。系统总结党的历史经验，从思想路线的高度对党的历次错误根源进行系统清算，并在此基础上统一全党思想的历史条件已经成熟。

1944 年 5 月 10 日，中央书记处会议决定成立党内历史问题决议准备委员会，任弼时为召集人。1945 年 4 月 20 日，中共六届七中全会原则上通过了《关于若干历史问题的决议》；8 月 9 日，中共七届一中全会第二次会议一致通过该决议。

延安整风的主要成就之一，是提出了“毛泽东思想”这一概念。但在中国共产党提出毛泽东思想后，苏联始终拒绝承认这个提法，苏联报刊绝口不提“毛泽东思想”。凡是中共文件中提了“毛泽东思想”的，苏联在发表时都给删掉。

长期以来，在国际共产主义运动中和中国共产党内，曾盛行把马克思主义教条化，把共产国际决议和苏联经验神圣化的错误倾向，中国革命也曾因此几乎陷于绝境。“毛泽东思想”正是在同这种错误倾向作斗争过程中逐步形成和发展起来的。

毛泽东思想是马克思列宁主义普遍原理和中国革命具体实践相结合的产物。它是以毛泽东为主要代表的中国共产党人，运用马克思主义的立场、观点和方法，把中国长期革命和建设实践中的一系列独创性经验作了理论概括而形成的适合中国情况的科学的指导思想。它是马克思列宁主义在中国的运用和发展，是被实践证明了的适合中国革命和建设的正确的理论原则和经验总结，是中国共产党集体智慧的结晶。

1945年4月23日至6月11日，中国共产党第七次全国代表大会在延安召开。党的七大的一个重大历史性贡献是确立毛泽东思想为党的指导思想并写入党章。新党章指出：“毛泽东思想，就是马克思列宁主义的理论与中国革命的实践之统一的思想，就是中国的共产主义，中国的马克思主义。”党章规定，中国共产党以马克思列宁主义的理论与中国革命的实践之统一的思想——毛泽东思想，作为自己一切工作的指导方针，反对任何教条主义的或经验主义的偏向。

中国半殖民地半封建社会的性质和中国革命的任务决定了中国革命的性质是资产阶级民主主义革命，而不是无产阶级社会主义革命。但是，它又不是旧式的、一般的资产阶级民主主义革命，而是新式的、特殊的资产阶级民主主义革命：革命领导权不再由资产阶级来掌握，而是由无产阶级及其政党来领导；革命的指导思想不是西方资产阶级民主思想，而是马克思主义；革命的前途不是建立资产阶级专政，而是无产阶级的社会主义。新民主主义革命是无产阶级领导的、人民大众的，反对帝国主义、封建主义和官僚资本主义的革命。

中国革命分为两个步骤：第一步改变半殖民地半封建的社会形态，使中国成为一个独立的新民主主义国家；第二步使中国革命向前发展，建立一个社会主义社会。这两者之间的关系就如文章中上篇和下篇的关系，只有上篇做好，下篇才能做好，民主革命是社会主义革命的必要准备，社会主义革命是民主革命的必然趋势。

参考文献

[1] 徐中约．中国近代史［M］．香港：香港中文大学出版社，2001.

[2] 郭廷以．近代中国史纲［M］．香港：香港中文大学出版社，1986.

[3] 费正清．剑桥中国晚清史，1800－1911 年［M］．北京：中国社会科学出版社，1985.

[4] 保罗柯文，默尔戈德曼．費正清的中国世界：同时代人的回忆［M］．北京：东方出版社，2000.

[5] 柯保安．美国的中国近代史研究：回顾与前瞻［M］．台北：台北联经出版事业公司，1991.

[6] 金耀基．中國社会与文化［M］．香港：香港牛津大学出版社，1993.

[7] 罗荣渠．东亚与中国的现代化进程［M］．北京：北京大学出版社，1997.

[8] 胡福明．中国现代化的历史进程［M］．合肥：安徽人民出版社，1994.

[9] 武克全．现代化扩展中的世界与中国［M］．上海：学林出版社，1999.

[10] 吴廷桢．坎坷的历程：近代学习西方八十年［M］．北京：中国社会出版社，1993.

[11] 茅海建．天朝的崩溃：鸦片战争再研究［M］．北京：生活·读书·新知三联书店，1995.

[12] 萧致治．鸦片战争与近代中国［M］．武汉：湖北人民出版社，1999.

[13] 广东太平天国研究会．太平天国与近代中国［M］．广州：广东人民出版社，1993.
[14] 孔飞力．中华帝国晚期的叛乱及其敌人：1796—1864 年的军事化与社会结构［M］．北京：中国社会科学院，1990.
[15] 夏东元．洋务运动史［M］．上海：华东师范大学出版社，1992.
[16] 李时岳，胡滨．从闭关到开放：晚清“洋务热”透视［M］．北京：人民出版社 1988.
[17] 李时岳．近代史新论［M］．汕头：汕头大学出版社，1993.
[18] 戚其章．甲午战争史［M］．北京：人民出版社，1990.
[19] 张显．危机中的知识分子：寻求秩序与意义［M］．太原：山西人民出版社，1988.
[20] 章开沅．辛亥革命与近代社会［M］．天津：天津人民出版社，1985.
[21] 费正清．剑桥中华民国史［M］．北京：中国社会科学出版社，1994.
[22] 费正清．伟大的中国革命：1800—1985［M］．北京：世界知识出版社，2000.
[23] 陈旭麓．近代中国社会的新陈代谢［M］．上海：上海社会科学院出版社，2006.
[24] 张玉法．中华民国史稿［M］．台北：台北联经出版事业公司，1998.
[25] 张永发．中国共产革命七十年［M］．台北：台北联经出版事业公司，1998.
[26] 胡绳．胡绳论从五四运动到中华人民共和国的成立［M］．北京：社会科学文献出版社，2001.
[27] 唐德刚．晚清七十年［M］．长沙：岳麓书社，1999.
[28] 茅海建．天朝的崩溃［M］．北京：生活·读书·新知三联书店，2005.

[29] 唐德刚．袁氏当国［M］．桂林：广西师范大学出版社，2004.
[30] 周策纵．五四运动史［M］．长沙：岳麓书社，2000.
[31] 林毓生．中国传统的创造性转化［M］．北京：生活·读书·新知三联书店，1988.
[32] 庄练．中国近代史上的关键人物［M］．北京：中华书局，1988.
[33] 袁伟时．帝国斜阳：晚清大变局［M］．深圳：海天出版社，1992.
[34] 李泽厚，刘再复．告别革命：回望二十世纪中国［M］．香港：香港大地图书出版有限公司，1995.
[35] 胡绳．中国共产党的七十年［M］．北京：中共党史出版社，1991.
[36] 余英时．中国思想传统的现代诠释［M］．南京：江苏人民出版，2003.
[37] 高华．红太阳是怎样升起的：延安整风运动前后［D］．香港：香港中文大学，2000.
[38] 李新，陈铁健．中国新民主革命通史［M］．上海：上海人民出版社，2001.
[39] 张海鹏．中国近代通史［M］．南京：江苏人民出版社，2007.
[40] 军事科学院．中国抗日战争史［M］．北京：解放军出版社，1991.

后　记

按照写作计划，我们将撰写“抉择三部曲”：第一部《困顿与抉择》，讲述的是从1840年鸦片战争到1949年新中国成立前的近代中国历史的走向；第二部《迷茫与抉择》，讲述的是从1949年新中国成立到1978年改革开放前的现代中国历史的走向；第三部《复兴与抉择》，讲述的是从1978年到党的十八大召开的当代中国历史走向。

我们是20世纪80年代的大学生。无论是所学专业，还是“业余爱好”，我们一直关注和收集相关领域的学术界研究成果。我们试图以一个新的基点和视角来解读中国百年历史走向，并尝试学术性与可读性的良好结合，提出了一些我们研究的心得。由于受到学识、资料等方面的制约，我们努力的结果可能会是“心有余而力不足”。书中的不足、疏漏，敬请读者批评指正。

经历了艰辛的写作历程后，当我们看到出版社寄来的书稿大样，我们不禁思绪万千，追忆起我们求学的校园。感谢东北师范大学杜文君教授、华东师范大学崔丕教授、中国人民大学王顺生教授，没有导师们在学术上的引领，也就不会有我们今天点滴的成绩。感谢吉林大学于传波教授、中央组织部刘大秀研究员、南京师范大学齐春风教授、烟台大学侯建明副教授，没有同学朋友们的鼓励与支持，本书的写作是不能想象的。

要感谢的人很多，抚顺石化公司的相关领导和同事、辽宁石油化工大学的相关领导和同事，以及我们周围的好朋友们。

后 记

当我们在敲打本书后记的时候，窗外雪花飞舞。洁白的雪花，让喧嚣与浮躁得到了瞬间的沉寂。银白的世界，更容易让人的心灵受到片刻的冲击和洗礼。

将本书献给我们的朋友，献给我们的家人。

毛　军　金万成

2014 年 6 月 2 日